攀大高速公路

宝鼎2号隧道施工关键技术

康海波 罗春雨 范仁玉 赵刚应 曾明生 ◎ 编著

西南交通大学出版社
·成 都·

图书在版编目（CIP）数据

攀大高速公路宝鼎 2 号隧道施工关键技术 / 康海波等编著. —成都：西南交通大学出版社，2022.11
ISBN 978-7-5643-8932-1

Ⅰ. ①攀… Ⅱ. ①康… Ⅲ. ①高速公路－公路隧道－隧道施工－攀枝花市 Ⅳ. ①U459.2

中国版本图书馆 CIP 数据核字（2022）第 175976 号

Pan-Da Gaosu Gonglu Baoding 2 Hao Suidao Shigong Guanjian Jishu
攀大高速公路宝鼎 2 号隧道施工关键技术

康海波　罗春雨　范仁玉　赵刚应　曾明生／编　著

责任编辑／王同晓
封面设计／曹天擎

西南交通大学出版社出版发行
（四川省成都市金牛区二环路北一段 111 号西南交通大学创新大厦 21 楼　610031）
发行部电话：028-87600564
网址：http://www.xnjdcbs.com
印刷：四川煤田地质制图印刷厂

成品尺寸　185 mm × 260 mm
印张　11.5　　字数　225 千
版次　2022 年 11 月第 1 版
印次　2022 年 11 月第 1 次

书号　ISBN 978-7-5643-8932-1
定价　68.00 元

图书如有印装质量问题　本社负责退换

前言 Contents

近年来，我国高速公路建设事业发展迅猛，交通路网密度及覆盖面积显著提升。随着路网向西部艰险山区延伸，涌现了大量长大公路隧道工程。受隧址区复杂地质环境影响，长大公路隧道在施工阶段常面临诸多问题，主要包括揭煤施工问题、通风问题、跨软弱层施工问题、深大竖井建造问题等。长大公路隧道施工难度极大、风险系数极高，通常被视为决定整条线路进展的控制性工程。因此，突破长大公路隧道施工技术瓶颈，实现其安全、高效、高质量建设，是我国隧道行业亟待解决的关键问题，对推动国家高速路网不断完善，促进地区间联系和交流，带动沿线经济发展等具有深远意义。

本书依托攀大高速公路宝鼎 2 号特长隧道工程，结合科研创新及技术攻关成果，系统梳理总结了复杂艰险山区特长公路隧道的施工关键技术。宝鼎 2 号特长隧道位于我国川滇地区，是攀枝花至大理高速公路的控制性工程。隧道全长约 8.7 km，沿线地质结构复杂，穿越众多煤层和软弱层，是国内穿越煤层最多、瓦斯突出段落最长的在建高速公路项目，被称为“在火药桶上爆破掘进的隧道”。针对隧道建设过程中面临的揭煤施工、高瓦斯长大隧道施工通风、跨多形态软弱层施工、深大通风竖井施工等关键技术问题，作者团队通过开展多项理论研究和技术攻关，形成了复杂环境特长公路隧道施工综合测试技术，建立了穿越含煤地层特长公路隧道揭煤施工技术方案，提出了穿越含煤地层特长公路隧道施工通风技术、跨不同形态软弱层隧道施工关键技术，以及基于短段掘砌混合作业法的深大竖井施工方法，为宝鼎 2 号隧道安全高效施工提供了技术保障，助力了攀大高速公路的成功开通运营。

本书是对上述研究成果和工程实践的系统总结。全书共7章，第1章介绍了攀大高速公路宝鼎2号特长隧道工程概况，总结了施工过程中面临的主要问题并提出总体解决思路；第2章介绍了宝鼎2号隧道工程的地质特征以及施工采用的综合测试技术；第3章介绍了穿越含煤地层特长公路隧道揭煤施工技术，涵盖技术方案、工序、实施方法和要求；第4章介绍了穿越含煤地层特长公路隧道施工通风技术；第5、6章分别论述了基于模型试验和数值模拟的跨不同形态软弱层隧道施工关键技术；第7章介绍了基于短段掘砌混合作业法的深大竖井施工方法，并与传统竖井施工方法进行对比。

在本书编著过程中，万志强、周建参与并提供了大量帮助，在此表示由衷的感谢。

由于作者水平有限，书中难免出现谬误之处，恳请同行及广大读者批评指正。联系邮箱：475100326@qq.com。

作　者

2022年7月

目录 Contents

Chapter 1

绪　论

1.1 宝鼎 2 号隧道概况

攀枝花至大理高速公路（简称攀大高速公路）是国家高速公路网调整新增线路，是四川省重要的南下出川大通道之一，是推动四川“五区协同”新发展格局的重要纽带。项目的建设对进一步完善川滇两省高速公路网络，提高高速路网交通转换效率，强化相邻省份及与东盟国家之间的联系，带动沿线经济发展都具有重要意义。攀大高速建设情况如图 1-1 所示。攀大高速公路四川段起于攀枝花市仁和区仁和镇，止于攀枝花市仁和区太平乡，包括主线和丽攀高速公路支线，线路全长约 41 km，总投资约 70.24 亿元。四川段全线设置大中桥 6 477.7 m/19 座，隧道 25 023.5 m/5.5 座，其中，特长隧道 23 200 m/4 座，长隧道 1 823.5 m/1 座，桥隧比高达 81%。线路途经区域的地质结构复杂，在施工过程中面临瓦斯突出、断层、高空作业等诸多困难和风险，施工难度极大、安全风险系数极高。

图 1-1　攀大高速公路实拍

攀大高速公路的关键控制性工程为宝鼎 2 号隧道，位于四川省攀枝花市仁和区境内，进口位于前进镇田堡村，出口位于太平乡大坝村，全长约 8 775 m，穿越煤层 47 层，其中主要可采煤层 21 层。该隧道被称为具有“四项全国之最”的隧道——全国在建高速公路最长的瓦斯突出隧道、全国在建高速公路瓦斯突出段落最长的隧道、全国在建高速公路高瓦斯段落最长的隧道、全国在建穿越煤层最多的隧道，被业内专家形象地比喻为“在火药桶上爆破掘进的隧道”。宝鼎 2 号隧道线路地理位置如图 1-2 所示。

宝鼎 2 号隧道为双向分离式越岭隧道，左洞进、出口桩号：ZK14+535～ZK23+310，全长 8 775 m，设计路面标高 1 386.80～1 492.32 m；右洞进、出口桩号：K14+560～K23+322，全长 8 762 m，设计路面标高 1 386.57～1 492.32 m，为“人”字坡，进口纵坡为 0.5%，出口纵坡为−1.8%。本隧道主要技术指标如表 1-1 所示。宝鼎 2 号隧道开挖宽度 12.74 m，高 10.09 m，最大埋深约 647 m。隧址区主要为新生界第四系全新统（Q_4）、中生界三叠系上统大箐组（T_3dq）及大荞地组（T_3d）地层，岩性包括砂岩、砾岩及砾砂岩夹泥岩等，岩体质量整体较差，以Ⅳ、Ⅴ级围岩为主。宝鼎 2 号隧道围岩分级统计情况见表 1-2。

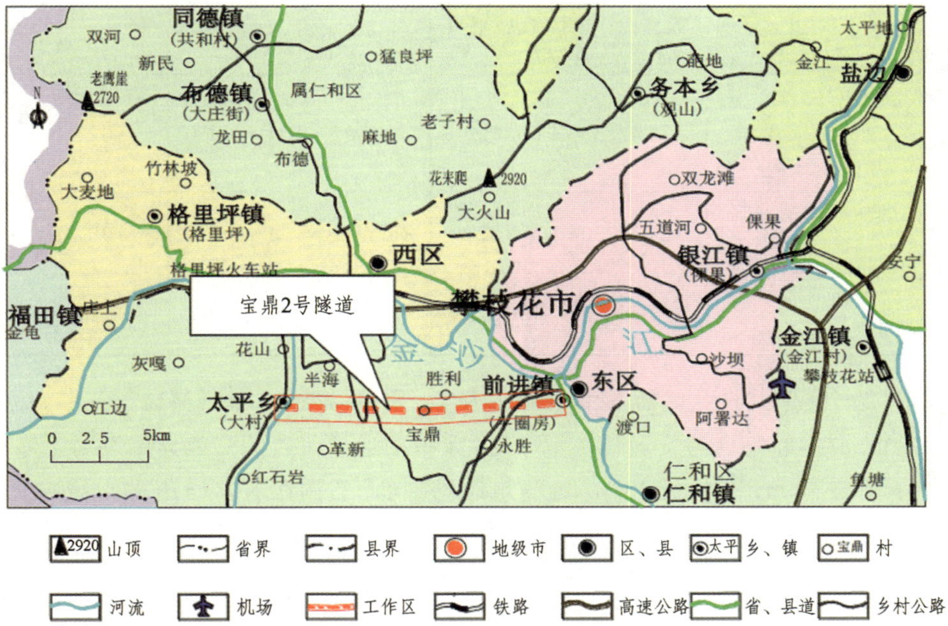

图 1-2　宝鼎 2 号隧道线路地理位置示意

表 1-1　宝鼎 2 号隧道主要技术指标

公路等级	隧道设计时速	隧道路面横坡	隧道最大纵坡	洞内路面设计荷载	隧道防水
双向四车道高速公路	80 km/h	单向坡 2%（直线段），超高不大于±4%	大于 0.3%，小于 3%	公路—Ⅰ级	二衬砼抗渗等级为 S8，隧道结构防水等级为二级

表 1-2　宝鼎 2 号隧道围岩分级统计

围岩级别	左线		右线	
	长度/m	约占比例/%	长度/m	约占比例/%
Ⅴ	1 300	14.81	1260	14.38
Ⅳ	6 695	76.30	6702	76.49
Ⅲ	780	8.89	800	9.13

宝鼎 2 号隧道施工过程中，根据工程地质条件调整开挖方法和支护参数。其中，当穿越Ⅴ级围岩段或上台阶掌子面稳定性差时，采用预留核心土环形开挖，普通Ⅳ级

围岩段采用一般台阶法开挖，衬砌参数也作相应改变，具体如表 1-3。另外，在洞身为Ⅴ级围岩及围岩稳定性较差的Ⅳ级围岩地段一般采用 ϕ42 mm 小导管超前支护；洞身为Ⅳ级围岩地段一般采用 ϕ22 mm 药卷锚杆超前支护。

表 1-3　宝鼎 2 号隧道洞身衬砌支护参数

衬砌类型	适用条件	喷砼/cm	锚杆（纵×横）/cm	钢筋网/cm	钢架/cm	预留变形量/cm	砼拱墙/cm
V_q	隧道基底位于基岩中的Ⅴ级浅埋、偏压地段	24	300（60×120）	ϕ6.5@20	Ⅰ18@60	10	50 钢筋砼 22@25
V_s	洞身Ⅴ级围岩深埋地段	24	300（80×120）	ϕ6.5@20	Ⅰ18@80	10	45 钢筋砼 22@25
Ⅳ	洞身Ⅳ级围岩深埋软岩地段	22	250（100×120）	ϕ6.5@25	Ⅰ16@100	7	40

宝鼎 2 号隧道共设变电所 5 个（洞外 1 个、洞内 4 个），车行横通道 9 个，人行横通道 22 个，洞内联络道与交通转换带 2 处；车行横通道位置的隧道异侧设紧急停车带，紧急停车带长 50 m，有效长 40 m。为满足通风要求，右洞在 K18+570 测设线右侧 60 m 设置一座通风竖井，竖井深 230 m，竖井内径为 9.6 m。

1.2　宝鼎 2 号隧道施工面临的主要问题

宝鼎 2 号隧道是国内第一条全区段含有瓦斯的特长公路隧道。在隧道施工过程中，线路穿越多种不同规模、不同形态的煤层，在揭煤施工以及洞内通风方面造成诸多问题。为严格控制作业空间气体质量，计划采用短段掘砌混合作业法进行竖井施工，但目前国内尚未存在对应的竖井施工指导方法。另外，隧道还面临着复杂地质下穿越断层破碎带处治问题，相比单纯穿越煤层的情况更加复杂。综上所述，宝鼎 2 号隧道施工过程中共面临四类主要问题，包括揭煤施工问题、通风问题、跨软弱层施工问题、深大竖井建造问题，具体总结如下：

1. 揭煤施工问题

我国西南地区为复杂多山地带，煤系地层发育，随着交通建设的推进，西南地区瓦斯隧道数量不断增加。根据工程经验和研究，瓦斯隧道在施工过程中可能发生多种病害，包括瓦斯灾害、围岩大变形，甚至失稳坍塌等。其中，在揭煤时发生的瓦斯和煤突出事故是强度最高、风险最大的一种灾害[1]。可以认为，揭煤施工是整条瓦斯隧道施工安全的关键控制性环节，如何安全高效地推进揭煤工作是需要重点关注的施工问题。截至目前，国内在针对瓦斯隧道揭煤施工方面尚缺少一套完整系统的技术体系（具体如表 1-4 所示），现有的施工方法和技术主要借鉴于煤矿巷道的建设经验，但两者在施工流程、作业面积、通风方式、结构形式等方面存在较大差异，其适配性和合理性仍需进一步探讨。

表 1-4 国内瓦斯隧道揭煤施工案例

编号	隧道名称	工程概况	现场处置措施
1	新凉垭隧道[2]	隧道为超深埋特大断面隧道揭露高瓦斯低透气性煤层群，突出危险性极高，被列为Ⅰ级高风险突出隧道	提出了多孔割缝定向水力压裂增透方法，形成以定向水力压裂增透为核心的瓦斯隧道揭煤防突体系
2	玉京山隧道[3]	隧道正洞断面约 140 m^2，全长 6 306 m，隧道最大埋深约 340 m，属极高风险的瓦斯突出隧道	依据“四位一体”防突体系“区域防突结合局部防突”的指导思想，制定了揭煤防突方案
3	天坪隧道[4]	隧道穿越的煤层主要属于龙潭组煤系地层，煤层瓦斯压力较高，同时地层中含有大量裂隙水，地质情况复杂，属Ⅰ级高风险隧道。横洞瓦斯含量高且压力大，隧道施工风险极大	提出适用于天坪隧道揭煤区域的瓦斯快速抽放技术
4	天成坝隧道[5]	隧址区二叠系上统灰岩中含煤，分布段落在洞身 K109+915 ~ K110+295，瓦斯含量较高，属高瓦斯区	采用 TRT6000 超前地质预报、隧道爆破设计、KJ90NA 安全监控系统与人工检测相结合等方法进行揭煤施工
5	发耳隧道[6]	隧道区大部分煤层虽然埋深浅，但富含瓦斯，最大瓦斯含量为 8.63 m^3/t。隧道属于二级瓦斯地段，为高瓦斯隧道	利用超前地质预报、瓦斯抽排、瓦斯监控技术，双风机双电源通风等方式保证揭煤施工

宝鼎 2 号隧道沿线分布有多层赋存高压力瓦斯的煤层（位置分布见图 1-3），导致隧道在揭煤施工过程中容易遇到煤与瓦斯突出事故，给施工带来极大的安全风险。经探测，隧道穿越大荞地组含煤段施工瓦斯绝对涌出量超过 0.5 m^3/min 界限值，属典型的高瓦斯或煤和瓦斯突出工区，全线可能存在瓦斯突出风险的段落为 K15+550 ~ K15+860（ZK15+560 ~ ZK15+850）、K16+260 ~ K17+210（ZK16+300 ~ ZK17+240），高瓦斯段落为 K14+600 ~ K15+550（ZK14+590 ~ ZK15+560）、K15+860 ~ K16+260（ZK15+850 ~ ZK16+300）、K17+210 ~ K20+240（ZK17+240 ~ ZK20+260）。

另外，由于隧道线路较长，沿线工程地质条件及煤层分布情况复杂，瓦斯分布及突涌规律不明确，对揭煤施工过程所涉及的瓦斯超前探测、瓦斯突出风险评价、防突处治措施及效果检验等工序质量均提出较高要求，且需严格保障各工序安排的周密性、工序相互衔接的协调连续性以及降低交叉工序的相互干扰。

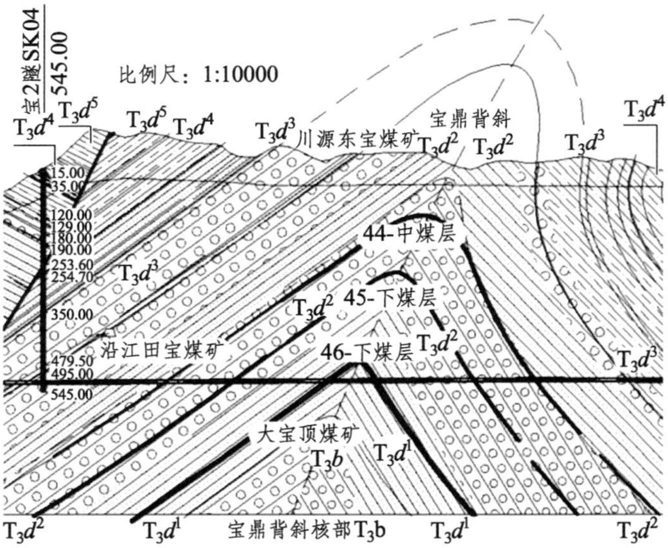

图 1-3　宝鼎 2 号隧道沿线部分煤层分布示意

2. 通风问题

隧道施工通风可为洞内的施工机械、人员等提供新鲜空气，同时稀释和排除各种有毒有害气体及粉尘，从而营造良好的劳动环境、改善施工条件，保障施工作业人员的健康与安全。相比于一般隧道，特长公路隧道具有开挖断面大、作业空间密闭狭长、多通道系统等特点，导致该类隧道在施工通风方面往往具有更高的技术要求和施工难度，主要体现在：①需风量、风机供风量以及洞内阻力增大，对供风配套设施质量和数量要求提高；②有害气体疏散困难；③通风方式的重要性凸显，具体见图 1-4。

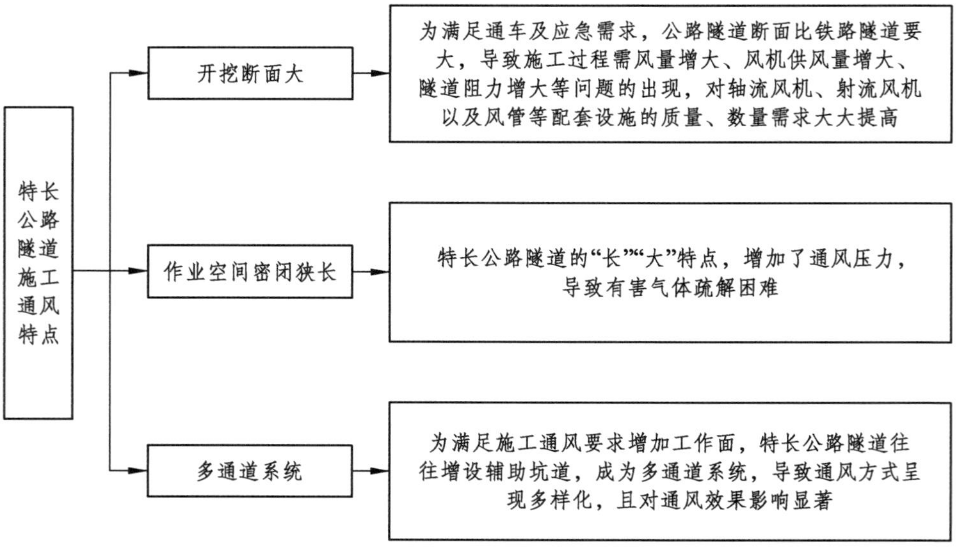

图 1-4　特长公路隧道施工通风特点及面临问题

由于我国正处于公路隧道大规模建设时期，特长公路隧道数量不断增加，如秦岭终南山公路隧道、大相岭泥巴山隧道、二郎山隧道、米仓山隧道、麦积山隧道等，各隧道针对通风问题所采取的解决方法也存在差异（表 1-5）。因此，结合实际工程的具体工程特点来确定合理的通风方式及通风参数，对于解决特长公路隧道施工通风问题尤为重要。

表 1-5 国内典型特长公路隧道施工通风方案介绍

编号	隧道名称	隧道规模	施工通风难题	辅助通风设施	通风方式
1	秦岭终南山公路隧道[7]	左线全长 18.02 km，右线全长 18.02 km，隧道净宽 9.75 m、净高 5.0 m	大断面公路隧道，且左、右线同时掘进；隧道坡度较大，不利于新鲜空气的进入；埋深大，不利于竖井建造	每 500 m 交替设置车行和人行横通道进行辅助通风，中间设三座送排风竖井，通风分段长度（3 928+4 318+4 949+4 825）m	采取以射流通风为主的巷道式施工通风方式
2	大相岭泥巴山隧道[8]	左线全长 13.43 km，右线全长 13.38 km，主洞净宽 8.75 m、净高 5 m	爆破炮烟，车辆柴油机废气，以及岩尘、炮烟、水泥尘、烟尘等造成洞内有害气体和粉尘浓度较高	每隔 700 m 左右分别设置人行横通道和车行横通道，左、右线进出口端各设置一座斜井	采取压入式通风和巷道式通风相结合的通风方式
3	二郎山隧道[9-10]	左线全长 13.43 km，右线全长 13.381 km，隧道净宽 9.0 m、净高 6.9 m	存在瓦斯等不良地段，施工风险高、难度大	雅安和康定端各设置一个通风斜井，通风分段长度为（3 680+5 320+4 406）m	采取风管式通风与巷道式通风相结合的通风方式
4	米仓山公路隧道[11-13]	左线全长 13.83 km，右线全长 13.79 km，净宽 10.25 m	埋深大，竖井建造难度高	巴中端和汉中端各设置一组斜井，中部设置通风竖井一座	采取压入式通风和巷道式通风相结合的通风方式
5	麦积山隧道[14-15]	左线全长 12.21 km，右线全长 12.26 km	隧道规模较大，施工容易导致有害气体及粉尘浓度较高	在隧道左线中部设两座通风竖井，通风分段长度为（2 988+4 120+5 178）m；隧道右线中部设三座通风竖井，通风分段长度为（3 012+3 150+3 340+2 788）m	采取分段送排式通风方式

宝鼎 2 号隧道作为典型的特长公路隧道，具备“长、大”的基本工程特征，普通隧道施工通风方式已显得捉襟见肘。另外，隧道沿线穿越多处煤层，有害气体的存在

更提高了施工通风压力，且洞内风流场复杂，有毒有害气体分布规律不明，进一步增加了通风方案的敲定难度。据钻孔有害气体检测结果显示，各煤层甲烷含量具有复杂性和不均性，最高可达 24.24 mL/g.daf。对施工过程中的有害气体检测与控制、保证施工安全，以及避免对作业人员健康造成危害，都对瓦斯排放渠道及通风稀释技术、瓦斯抽排设备提出新的要求。

3. 跨软弱层施工问题

软弱层是隧道开挖过程中一种常见的不良地质现象，其岩体完整性及强度较低，通常是地下水富集地带及高地应力地带。大多数山岭隧道围岩失稳及大变形均沿着软弱结构面发生，故软弱结构面的存在直接影响隧道岩体的变形和隧道围岩的稳定，引起围岩大变形而造成初期支护严重变形、砼开裂、支护效果丧失。若处理不当或不及时，还容易诱发突水、突泥及塌方事故，如图 1-5 所示。这些工程问题对隧道建设的安全施工与质量控制造成极大威胁[16-19]。我国是一个多山国家，山丘占全国面积的 69%，西部腹地更是山岭重重。近年来，随着交通工程建设重心向地形地质条件极端复杂的西部艰险山区转移，跨软弱层的隧道施工案例不断涌现，面临的相关工程问题也层出不穷（典型工程案例如表 1-6），经过长期的工程实践，已经形成了较为丰富的跨软弱层施工问题处治经验。但在山区复杂地质环境条件下，软弱层的空间形态差异明显、各式各样，而现有的施工处治经验大多是针对具有特定且单一形态的软弱层，缺乏对于跨不同形态软弱层隧道围岩变形规律及支护受力特征的系统认识。

表 1-6　西南地区典型跨软弱层隧道工程案例

编号	隧道名称	软弱层介绍	引发工程问题	施工方案及处治措施
1	米仓山公路隧道[20]	ZK45+910～ZK46+031 范围内存在一条隐伏挤压断裂带，围岩为Ⅴ级围岩，受构造破碎带影响，岩体呈碎裂状结构	掌子面发生多次塌落，掌子面后方 0~20 m 的初支出现不同程度的破坏	①采用卸压爆破对高地应力段进行处置，并加强开挖后的及时支护； ②采取钻应力释放孔、加长锚杆长度、径向小导管支护和双重初期支护措施
2	邓家湾隧道[21]	隧道通过安宁河断裂带东支区域，断裂带主要由多条高角度逆断层组成。由于断裂多次强烈挤压，岩体节理、裂隙发育，风化较严重，地下水丰富	容易发生坍塌、掉块、突水、突泥	①对于Ⅴ级断层破碎带，改用三台阶法加临时仰拱法； ②实施超前注浆，预设计采取了超前小导管注浆支护措施

续表

编号	隧道名称	软弱层介绍	引发工程问题	施工方案及处治措施
3	雪山梁隧道[22]	隧址区分布雪山断裂带、岷江断裂和东门沟断裂等，雪山断裂带与隧道轴线大角度相交于 K19+380 ~ K19+410，岩体较破碎—破碎，围岩级别以Ⅴ级为主	岩层产状较陡，洞内右侧及拱顶易出现滑动或掉块现象	①Ⅴ变型复合式衬砌和超前双层小导管相结合的支护方法； ②施工开挖工法采用环形开挖预留核心土法
4	芦芽山隧道[23]	断层破碎带在芦芽山隧道设计高程上宽 150 m 左右（左线：K86+800 ~ K86+950；右线：K86+790~K86+940），属逆断层	该断层的存在使得隧道围岩极不稳定，对芦芽山隧道工程的影响较为严重	①采用超前小导管支护对破碎带围岩进行预加固，形成一定的加固圈； ②采用短台阶分部开挖法在已经预加固的地段进行隧道开挖
5	金宝顶隧道[24]	金宝顶隧道 DK347+890 ~ DK348+040 段洞身穿越富禄山断层，断层在洞身附近最宽达 174 m	断层处岩体导水性较好，地下水补给源发育，洞身开挖时可能遇较大的突涌水量；岩体破碎，洞身出现坍塌及掉块现象可能性较大	①全环采用双排注浆小导管进行超前支护； ②放弃大拱脚台阶法，确定采用“上部弧形导坑预留核心土三台阶七步开挖平行流水作业法”施工

（a）掌子面坍塌　　（b）支护结构破坏

图 1-5　跨软弱层隧道施工病害

宝鼎 2 号隧道隧址区存在多处断层、褶皱等不良地质构造（主要包括大荞地背斜、宝鼎背斜、F2 断层、F5 断层、F8 断层、F9 断层及煤层），构造形式复杂，隧道轴线与主要构造轴线大角度相交，围岩在矿物成分、结构和构造、强度等方面存在较大差异。从现场调查情况看，在断层、背斜发育部位岩体节理裂隙较为发育，岩体破碎且受构造作用而产状变化频繁，局部受断层逆冲影响存在岩层陡立、倾向多变等特点，在隧道施工过程中极易发生断层破碎带引起的地质灾害风险。另外，隧址区煤系地层属沉积相地层，岩性较软，并往往与黏土岩、碎裂岩等其他软弱地层共生。当隧道埋深、地层压力较大时，施工会使其产生大量的塑性变形，容易出现坍塌冒顶等风险，对支护施工要求高。软弱层现场实拍如图 1-6 所示。

图 1-6 F8 断层破碎带实拍

另外，隧道轴线穿越多处软弱层，包括断层破碎带及煤线等。一方面，各软弱层在形态方面存在较大差异，对隧道围岩变形及支护结构受力的影响规律不明确，容易导致施工过程中存在开挖方法和支护体系不合理问题；另一方面，F9 断层与附近煤线距离较近，造成断层-隧道-煤线三者之间存在复杂的相互影响机制，对跨软弱层的隧道开挖和支护方法提出了更高要求。

4. 深大竖井施工问题

对于隧道工程而言，竖井的建造除了能够增加工作面，还是为了满足施工及营运期间的洞内通风需求[25-26]。当隧道超过一定长度后，必须采用斜井、竖井进行分段式纵向通风，典型工程案例见表 1-7。与斜井相比，竖井长度更短且能够降低通风阻力和能耗，因而越来越多的特长公路隧道开始采用竖井来进行分段纵向式通风的建设模式。在前人的努力下，目前对于直径在 8.0 m 以下、深度 300 m 以内的竖井工程施工方面已经积累了较为丰富的经验，施工方法和技术相对成熟。但是，近年来随着西南地区公路网的发展和延伸，公路隧道呈现出“长、大、深”的特点，配套通风竖井也逐渐向“直径大、深埋”方向发展。根据实际工程经验和研究发现，竖井深处位置的岩体破坏机理和埋深较浅的竖井周围岩体有着较大的区别，相关施工方法和技术不能简单套用，而且现行的《公路隧道设计规范》(JTG D70—2004)[27]和《公路隧道设计细则》(JTG D07—2010)[28]将竖井仅分成了两类：一种是直径小于5 m的竖井；另一种是直径介于5~7 m的竖井，对于直径超过7 m的大口径竖井如何进行设计和施工并未涉及。综上所述，目前关于深大竖井的可借鉴性施工经验仍比较薄弱，缺少针对深大竖井特点的科学施工指导方法，在施工建设层面存在较大的主观盲目性，从而严重影响了我国特长公路隧道施工通风保障。因此，摸索出一套能够适用于公路隧道深大竖井的施工模式是亟待解决的关键问题，对于提高竖井施工速度、降低施工难度和施工风险具有重要意义。

表1-7 长度大于10 km典型公路隧道通风井建设情况[29]

编号	隧道名称	隧道规模	通风井参数	通风分段情况/m	辅助施工情况
1	秦岭终南山隧道	左线18.02 km 右线18.02 km	1#送排风竖井/109.4 m/ϕ10.8 m 2#送排风竖井/661.1 m/ϕ11.2 m 3#送排风竖井/391.6 m/ϕ11.6 m	3 928+4 318+4 949+4 825	利用铁路隧道平导辅助主洞施工
2	西山隧道	左线13.65 km 右线13.57 km	左：1#竖井/346.8 m/46.5 m^2 左：2#斜井/424.4 m/24°/40.3 m^2 右：1#斜井/763.5 m/24°/49.9 m^2 左：2#竖井/156.8 m/50.3 m^2	左：4 930+4 135+4 581 右：3 928+4 318+4 949	进口端利用1#斜井辅助左右洞约1 km，出口端新增1 130 m无轨斜井辅助左右洞约2.5 km
3	虹梯关隧道	左线13.12 km 右线13.10 km	1#送排风斜井/730 m/23.4°/53.2 m^2 2#送排风斜井/723 m/24.2°/33.76 m^2 3#送排风斜井/723 m/20.0°/53.2 m^2 4#送排风斜井/642 m/23.3°/27.5 m^2	左：4 930+4 135+4 581 右：3 928+4 318+4 949	进口端新增1 755 m无轨斜井辅助左洞2 484 m，辅助右洞970 m
4	麦积山隧道	左线12.29 km 右线12.29 km	左：3#竖井/212 m/ϕ6.0 m/28.27 m^2 右：1#竖井/260 m/ϕ9.5 m/66 m^2 右：2#竖井/245 m/ϕ7.4 m/43 m^2 右：4#竖井/160 m/ϕ7.4 m/43 m^2	左：2 977+4 130+5 179 右：3 012+3 150+3 340+2 788	利用2#竖井辅助右洞787 m

续表

编号	隧道名称	隧道规模	通风井参数	通风分段情况/m	辅助施工情况
5	包家山隧道	左线 11.20 km 右线 11.20 km	左:3#有轨斜井/585 m/36.7°/47.2 m^2 右：1#斜井/715 m/10.5°/47.2 m^2 右：1#竖井/255 m/ϕ7.5 m/44.2 m^2 右：2#竖井/950 m/11.5°/47.2 m^2	左：5 595+5 600 右：630+3 320+3 220 +2 030	中部 3#有轨斜井辅助左右洞施工各 2 km，两端斜井辅助左右洞各约 1 km

针对宝鼎 2 号隧道隧址区的工程地质特点及通风需求，现场采用短段掘砌混合作业法进行竖井施工，但目前国内尚未存在针对性的竖井施工指导方法，对于施工流程、施工期间围岩位移和压力变化特征、开挖和支护应注意的问题、施工方法的局限性等方面仍缺乏深入的认识，导致施工过程中存在较大的盲目性，从而难以最大程度发挥该方法在施工效率、建造成本等方面的优越性。

1.3 宝鼎 2 号隧道施工面临问题总体解决思路

1.3.1 总体解决思路

宝鼎 2 号隧道是攀大高速公路全线的控制性工程之一，也是国内首条全区段含有瓦斯的特长公路隧道。隧道沿线工程地质条件极为复杂，穿越多处较大规模断层破碎带及含煤地层，在施工过程中容易存在揭煤施工、通风要求难以满足、围岩变形控制和结构安全保障困难、深大竖井施工方式欠合理等问题，对隧道施工效率及作业人员安全带来严峻挑战。随着国家交通建设重心向西部艰险山区转移，以及公路隧道朝“长、大、深”方向不断发展，类似的施工问题会日益凸显，从而成为提高施工生产效率、保障作业安全、控制工程成本的重要制约因素。

针对上述系列问题，确立总体的解决思路如下：

首先，结合工程勘察资料和现场测试技术，从地层岩性、煤层分布、不良地质、瓦斯压力及储量、洞内风流及风速等方面，系统了解宝鼎 2 号隧道的工程地质特征、结构形式和规模，以及洞内流场特点。然后，分别针对所面临的四类突出施工问题，综合采用资料调研、工程类比、理论计算、数值模拟、模型试验、现场监测等多种方法开展深入研究，形成关于瓦斯突出风险及分布规律、风流速度总体分布和风筒风量对瓦斯分布影响规律、竖井径向变形和受力规律、跨不同形态软弱层的隧道围岩变形规律及支护结构受力特征等的深入认识。最后，从工程实践角度考虑，对研究成果做进一步提炼和转化，得到对工程建设有实际指导意义的结论，并形成能够有效解决四类施工问题的特长公路隧道揭煤施工和通风技术、跨软弱层隧道施工关键技术，以及深大竖井施工方法，从而为今后国内同类施工问题的处治提供参考。总体解决思路示意如图 1-7。

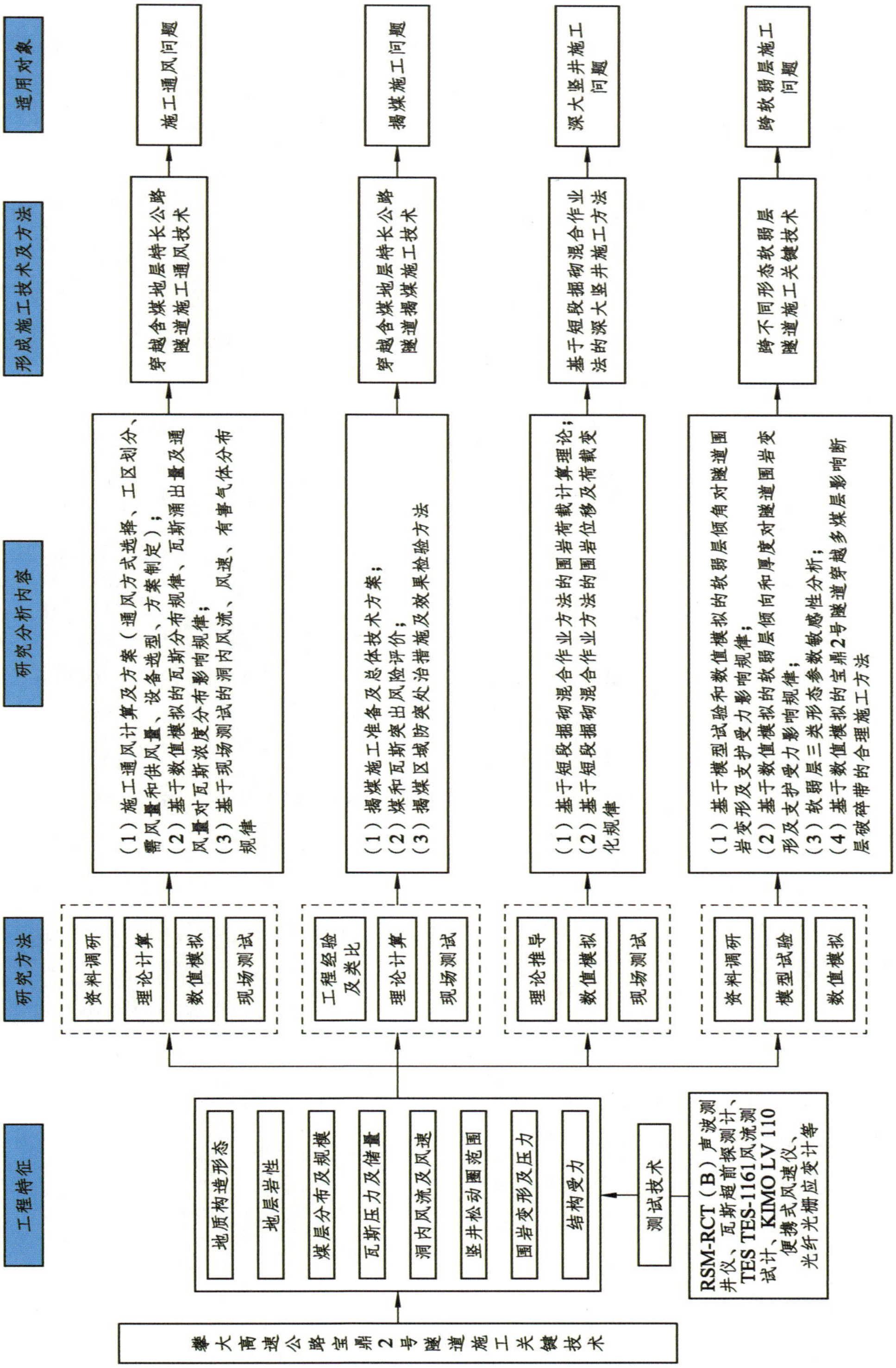

图 1-7　攀大高速公路宝鼎 2 号隧道施工面临问题总体解决思路示意

1.3.2 本书主要内容

宝鼎 2 号隧道是国内首条全区段含有瓦斯的特长公路隧道，在施工过程中面临多种复杂工程问题。因此，形成的攀大高速公路宝鼎 2 号隧道施工关键技术是一个系统工程，包括穿越含煤地层施工关键技术和穿越软弱层施工关键技术两大模块，具体细分为涵盖勘察测试技术及工程特征、揭煤施工及瓦斯防突处治、跨软弱层隧道施工关键技术、深大竖井施工方法四部分。通过对各部分内容进行深入系统的分析，最终形成一套完整的隧道施工关键技术体系，以期为国内今后同类工程建设提供借鉴。

本著作主要包括以下内容：

（1）宝鼎 2 号隧道工程地质特征及测试技术。从地形地貌、地层岩性、地质构造以及不良地质等 4 个方面，对宝鼎 2 号隧道工程地质特征进行概括；详细介绍施工过程中针对隧道工程特征所采用的多种测试技术，包括煤层超前物探及钻探、竖井松动圈范围测试等。

（2）穿越含煤地层特长公路隧道揭煤施工技术。形成宝鼎 2 号隧道揭煤总体技术方案，并针对方案所涉及的瓦斯突出风险预测、防突措施以及效果检验等工序的具体实施方法和要求进行深入探讨。

（3）穿越含煤地层特长公路隧道施工通风技术。基于特长公路隧道施工通风特点及相关计算，提出宝鼎 2 号隧道施工通风方案；结合现场实测和数值模拟，揭示了基于射流巷道式的洞内通风量及风筒位置对瓦斯分布的影响规律，以及风速、风流、有害气体的分布规律，为改善和优化通风措施提供依据。

（4）跨不同形态软弱层隧道施工关键技术。通过系统开展模型试验及数值试验，得到软弱层倾角、倾向和厚度三类形态参数对隧道围岩变形及支护结构受力影响规律；揭示三类形态参数对围岩变形、压力以及支护结构受力的敏感性差异，对跨软弱层隧道安全施工提供指导；基于数值模拟研究，提出宝鼎 2 号隧道穿越多煤层影响断层破碎带的合理施工方法。

（5）基于短段掘砌混合作业法的深大竖井施工方法。详细阐述短段掘砌混合作业法施工过程，并对施工全过程围岩位移和应力释放规律进行分析；提出适用于新型竖井施工方法的深大竖井围岩荷载模型，并结合现场监测和数值模拟进行验证；提出基于短段掘砌混合作业法的深大竖井施工方法。

Chapter 2

宝鼎 2 号隧道工程地质特征及测试技术

宝鼎 2 号隧道地处我国西南部山区，工程地质条件复杂敏感，沿线穿越众多煤层及断层破碎带，在施工过程中容易面临严峻的揭煤、跨软弱层以及隧道通风等问题。为确保隧道施工安全和效率，有必要借助相关测试技术来全面掌握隧道线路周边的工程地质信息，查明和科学评估潜在风险因素，并及时采取针对性的防范和处治措施。另外，通过测试技术实时获取地下结构和周边围岩在施工过程中的受力情况和物性状态并及时反馈施工，对于完善施工方案，提高其合理性具有重要意义。本章从地形地貌、水文及气象、地层岩性、地质构造、地震动参数与新构造运动、不良地质共 6 个方面对宝鼎 2 号隧道工程地质特征进行概括，然后详细介绍施工过程中针对隧道工程特征所采用的多种测试技术，包括瓦斯及有毒有害气体超前探测、煤层超前物探及钻探、竖井松动圈范围测试、竖井围岩压力测试。

2.1 工程地质特征

2.1.1 地形地貌

宝鼎 2 号隧道隧址区总体属低中山—中山区构造剥蚀地貌。隧道穿越前进镇与太平乡之间的山脊，该山脊总体走向约 N24°W，两侧山地斜坡地形坡度一般为 25° ~ 35°，隧址区高程在 1 320 ~ 2 530.9 m。微地貌主要受地层岩性及地质构造控制，斜坡上冲沟发育，多呈 V 形，皆为季节性流水。

宝鼎 2 号隧道隧址区主要为山地斜坡地形，沟谷地形发育。隧址区有两条较大的冲沟，一条位于隧道进口外约 25 m（傈傈沟），与路线相交于 K14+520 处，呈南北走向，长度超过 5 km，属 V 形沟谷，冲沟底宽 5 ~ 20 m，两岸坡度较陡，一般 35° ~ 45°，纵向坡度一般 5%。另一条位于隧道出口外 180 m，于路线相交于 K23+490 处，为大坝河沟，总体流向为南东至北西，河沟宽 5 ~ 20 m。隧址区地形地貌如图 2-1 所示。

（a）进口

（b）出口

图 2-1　隧址区地形地貌实拍

2.1.2 水文及气象

研究区内的河流主要为金沙江及其支流。金沙江蜿蜒曲折由西向东流，在与雅砻江汇合后由北向南流出研究区范围，境内流长 77.75 km，流域面积 1 778.15 km^2，平均流量 1 640 m^3/s，最大流量 7 570 m^3/s，最小流量 409 m^3/s。其他河溪分别由南向北流入金沙江，主要有摩梭河、灰老沟、纳拉河、裕民河等，这些河溪雨季流量大，旱季流量小（甚至断流）。隧道进、出口位置各发育一冲沟，为测区内主干河沟。其河水面宽度 5 ~ 20 m，河床纵坡约 5% ~ 10%，皆为季节性流水，雨季受大气降水补给，冲沟有水，旱季时水量小，具有山区河流暴涨暴跌特征。

项目所在区域属亚热带内陆高原干热河谷型季风气候，四季不分明，年温相差小，日温差较大，多年极端最低气温为-1.8 ℃，最高为 40.7 ℃，年平均气温 20.3 ℃。多年平均相对湿度 61%，平均气压 885.7 hPa。旱雨季分明，6 ~ 10 月为雨季，降雨量相对集中，其余时间为旱季。年日照时数 2 743 h，年降水量 450 ~ 1 250 mm，多年平均 960 mm，最大月降水量 434.80 mm（1993 年 8 月），多年平均蒸发量 2 309.5 mm，无霜期长达 300 天，春末夏初干旱炎热，冬无霜雪。多年平均风速 1.5 m/s，多年瞬时最大风速 25.1 m/s，全年主导风向为南东向。

2.1.3 地层岩性

宝鼎 2 号隧道隧址区主要穿越新生界第四系全新统人工堆积层（Q_4^{me}）、冲洪积层（Q_4^{al+pl}）、崩坡积层（Q_4^{c+dl}），中生界三叠系上统大箐组上段（T_3dq^2）、大箐组下段（T_3dq^1）及大荞地组（T_3^d）。各地层岩性特征如表 2-1 所示。

表 2-1 宝鼎 2 号隧道穿越地层岩性特征

序号	名称	分布情况	岩性特征
1	第四系全新统人工堆积层（Q_4^{me}）	主要分布于隧址区煤窑洞口外，零星分布，隧址区分布高程在 1 600 m 以上，一般堆积长度约 65 m，宽约 50 m，厚度约 25 m	岩性为人工填土，石质成分为粉砂质泥岩，呈强—中风化，松散，潮湿，透水性好
2	第四系全新统冲洪积层（Q_4^{al+pl}）	顺隧道进、出口斜坡坡脚河沟呈带状分布，厚度变化在 1 ~ 5 m	岩性为漂石，成分以砾岩和砂岩为主，呈中风化，松散，饱和，结构不均，透水性好
3	第四系全新统崩坡积层（Q_4^{c+dl}）	主要分布于山体斜坡缓坡及沟谷两岸地带，揭露最大厚度为 27 m	岩性为粉质黏土和碎（卵）石土。 ①粉质黏土：黄褐色，硬塑，土质均匀，黏性一般； ②碎（卵）石土：褐黄色，稍密~中密，石质成分为砂岩、砾岩，其余充填物为黏土

续表

序号	名称	分布情况	岩性特征
4	三叠系上统大箐组上段（T_3dq^2）	主要为隧道于 K21+040～出口范围穿越地层	岩性主要由细砂岩、粉砂质泥岩组成，局部夹砾岩、炭质页岩及煤线。 ①细砂岩：青灰色夹灰黑色，以长石、石英矿物为主，钙泥质胶结，细粒结构，中—厚层状构造。 ②粉砂质泥岩：灰色，黏土矿物为主，钙泥质胶结，粉泥质结构，薄层状构造，具饱水软化、脱水开裂风化特征
5	三叠系上统大箐组下段（T_3dq^1）	主要为隧道于 K20+240～K21+040 穿越地层	岩性主要由（巨）砾岩、细砂岩组成。 ①（巨）砾岩：灰白色，以砂岩、石英砂岩等为主，质硬，呈强—中风化，砾石成分复杂，分选性不佳。 ②细砂岩：灰色，以长石、石英矿物为主，泥钙质胶结，细粒结构，中—厚层状构造
6	三叠系上统大荞地组（T_3d）	主要为隧道于进口～K20+240 穿越地层，区内受构造作用强烈，断裂及背、向斜较为发育	主要由砾岩、砂岩、粉砂质泥岩夹炭质页岩及煤层组成。 ①砾岩：灰黄色—灰白色，砾石成分以石英岩、玄武岩、砂岩为主，质硬，基质为砂粒，钙质胶结，块状构造。 ②砂岩：灰色，以长石、石英为主，泥钙质胶结，细粒结构，中—厚层状构造，结构不均，局部泥质含量较高。 ③炭质页岩：灰—深灰色，以黏土矿物为主，泥质胶结，粉泥质结构，薄层状构造，具饱水软化、脱水开裂风化特征。 ④煤层：黑色，粉泥质结构，层状构造，主要为薄煤层及煤线

2.1.4 地质构造

宝鼎 2 号隧道隧址区在区域构造上位于川滇南北向构造带中段西侧，区内构造复杂，褶皱、断裂发育，以南北向及北东向构造为主，东西向及北西向构造次之。区域构造分布如图 2-2 所示。

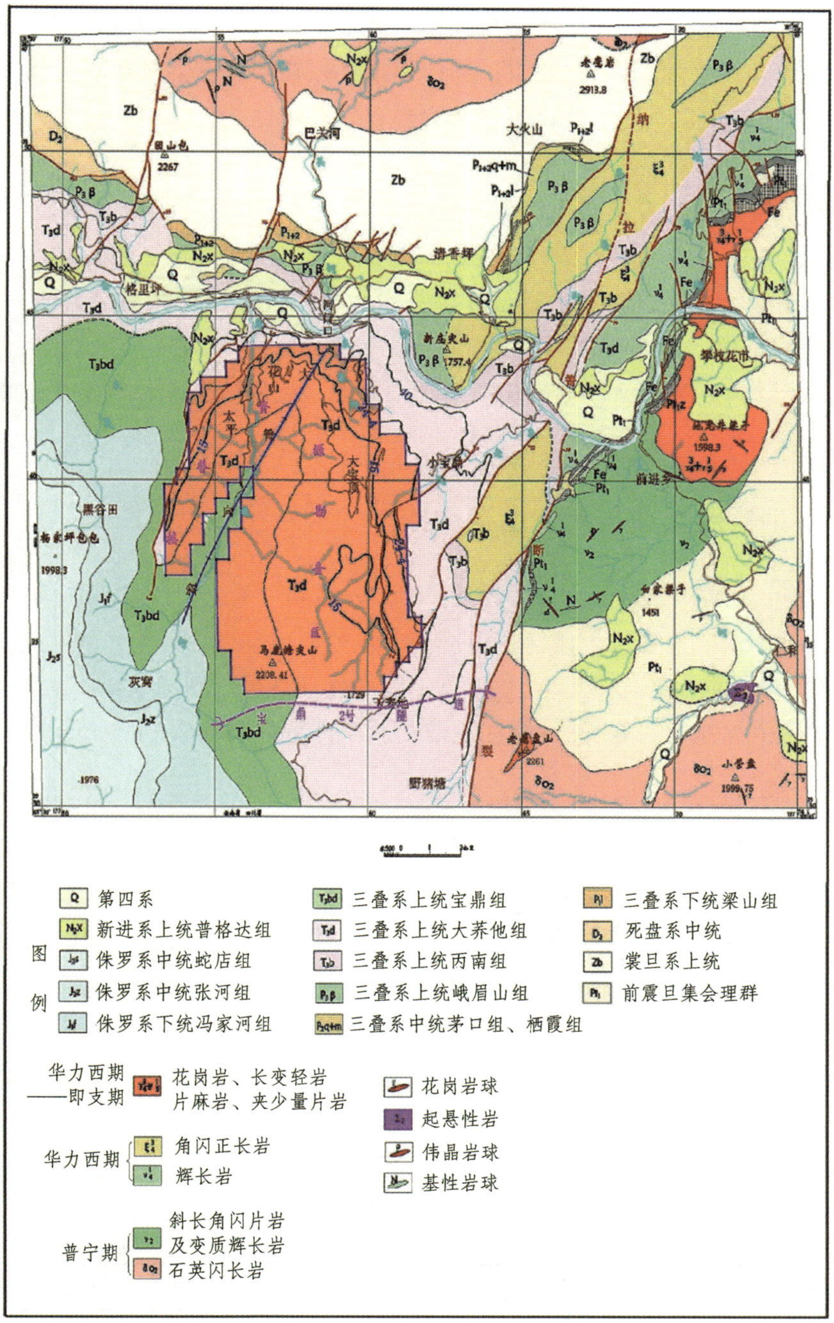

图 2-2　测区构造纲要

南北向构造以昔格达断裂带为代表。该断裂带属川滇南北向构造的西支部分，北起四川冕宁磨盘山，南经昔格达、红格和元谋，止于云南易门附近，全长 460 km。该断裂带在区内呈南北延伸略有弯曲之势，走向在北北东至北北西之间，倾向北东或北西，倾角 55° ~ 75°，破碎带宽 20 ~ 30 m，东盘以会理群变质岩系为主，西盘以闪长岩为主。断裂属压扭兼平推性质，为全新活动断裂。昔格达断裂带历史上曾多次活动，晚第四纪该断裂有明显的活动显示，特别是鱼鲊至新九段，并于1955年发生了鱼鲊6.7级地震，2008年8月30日攀枝花市仁和区、凉山彝族自治州会理县（今会理市）交界处拉鲊发生6.1级地震。隧道进口距该断裂带直线距离约35 km，隧址区及附近区域未发生过7级以上地震。

北东向断裂以纳拉箐及倮果断裂为代表，均为压扭性质。纳拉箐断裂带北起二台坡，南经弄弄坪过金沙江沿纳拉箐沟延出市区，全长74 km。走向北东15°~40°，倾向南东，倾角40°~80°，该断层于隧道进口外400 m通过，与路线相交于K14+140，走向13°，倾角达78°，破碎带宽度可达110 m，南东盘为晋宁期石英闪长岩，逆冲于三叠系上统之上。该断裂为活动断裂，但活动性微弱，近年沿断裂带曾发生过多次微震，最大震级为2.7级。

2.1.5 地震动参数与新构造运动

1. 地震动参数

攀枝花位于川滇地震带中段，新构造活动强烈，地震时有发生，历史记载的4级以上地震有9次，最大的为6.7级。根据《中国地震动参数区划图》（GB 18306—2015），测区地震动峰值加速度为0.15g，测区地震动反应谱特征周期为0.45 s。

2. 新构造运动

新构造运动是指第三纪以来的地壳运动。工作区在上新世末、早更新世初发生了一次区域性抬升，从而结束了昔格达组湖相地层的沉积。伴随这次抬升，昔格达组还产生了断层和褶皱，在红格等地可见。此后是区域性的大面积间歇性抬升，从而形成5~2级阶地，而且在有些阶地和基座沉积物中还发生了断裂和褶皱。全新世以来，抬升减弱、强度减小，形成一级阶地。现代地壳运动主要是地震活动。工作区内活动断裂有攀枝花北东向断裂带、倮果断裂带、华坪—渡口东西向断裂带，这些断裂带都是活动断裂带。隧址区新构造运动特点如图2-3所示。

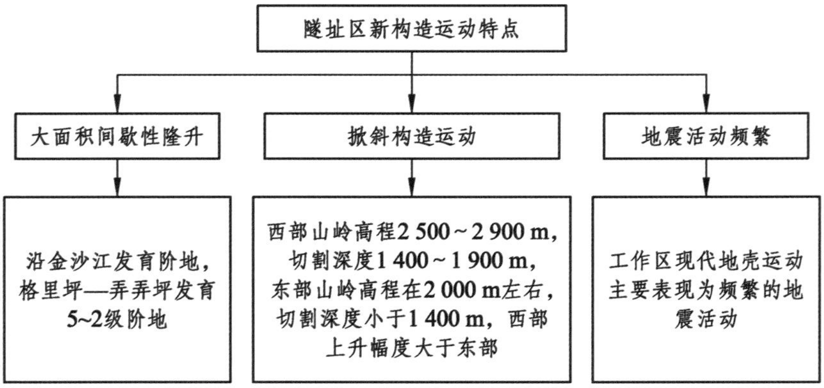

图2-3 隧址区新构造运动特点

2.1.6 不良地质

受区域构造运动及地层岩性等因素影响，宝鼎 2 号隧道隧址区的工程地质条件极为复杂，不良地质主要包括含煤地层、瓦斯、软弱层。

1. 软弱层

根据区域地质资料及地表调绘，隧道轴线主要穿越 4 条断层，分别为 F2 断层、F5 断层、F8 断层和 F9 断层。各断层的分布位置及工程地质特征如图 2-4 和表 2-2 所示。

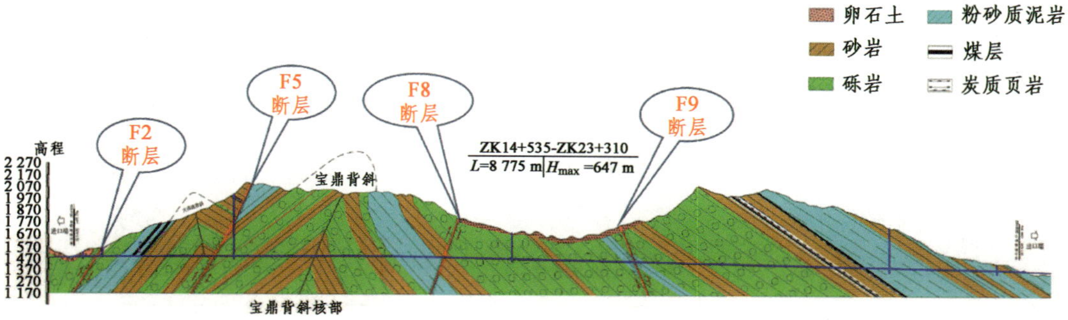

图 2-4 隧址区断层分布示意

表 2-2 宝鼎 2 号隧道软弱层概况一览

序号	软弱层代号	洞身相交位置	主要工程地质特征
1	F2	K14+745	产状 125°∠61°，切割地层有 T_3d^5、T_3d^6，近南北走向，其延伸大于 3 km，断带宽度 1～3 m，影响带宽约 40 m，表现主要为扁豆状透镜体发育，岩体破碎且不连续，呈碎石状，影响带内岩体挠曲、拖拽现象发育。断层面总体倾向东，往西方向逆冲，断裂面倾角 42°~64°，断层上盘优势产状 111°∠68°，断层下盘岩层倾角稍缓，优势产状 134°∠51°
2	F5	K15+850	产状 92°∠65°，切割地层有 T_3d^2、T_3d^5，呈北东—南西走向，其延伸大于 1.5 km，断带宽度 2～5 m，影响带宽约 50 m，表现主要为扁豆状透镜体发育，岩体破碎且不连续，呈碎石状，影响带内岩体绕曲、拖拽现象发育。断层面总体倾向南东，往北西方向逆冲，断裂面倾角 43～64°。据地面调查，其影响带附近上盘岩体优势产状 190°∠57°，断层下盘岩层优势产状 132°∠50°
3	F8	K17+950	产状 125°∠66°，切割 T_3d 地层，断裂呈北东—南西走向，其延伸大于 5 km，其断带宽度 1~4m，影响带宽约 35 m，表现主要为扁豆状透镜体发育，岩层相抵，岩体破碎且不连续，呈碎石状，影响带内岩体拖拽现象发育。断层面总体倾向南东，往北西方向逆冲，断裂面倾角 47°~66°

续表

序号	软弱层代号	洞身相交位置	主要工程地质特征
4	F9	K19+755	产状 295°∠70°，上、下盘岩性为 T_3d 砂、砾岩夹泥岩及煤层，影响带宽约 200 m，表现主要为岩层相抵，砾岩中砾石错断现象，岩体破碎且不连续，呈碎石状，砾岩局部夹砂岩扁豆状透镜体。影响带附近上盘岩体优势产状 337°∠35°，下盘岩层优势产状 290°∠25°

2. 含煤地层

宝鼎 2 号隧道隧址区含煤地层主要为三叠系上统大荞地组（T_3dq^1、T_3dq^2）及大箐组（T_3d）地层，属陆相含煤沉积。其中，大荞地组为测区主要含煤地层，地层厚 1 850 ~ 2 240 m，岩性以粗碎屑岩为主，夹细碎屑岩、泥质岩，含煤达 132 层，煤层总厚度 74.85 m，含煤系数 3.5%，其中可采煤层 73 层，可采煤层总厚度 52.28 m。根据含煤性和岩性岩相组合特征将大荞地组划分为十一个含煤段，各段存煤及可开采情况如图 2-5 所示。根据调查情况，隧道穿越的主要可采煤层有 1、15-3、15-5、18、21-2、21-3、23-2、24-1、25-2、32、33、36、38、39-1、40、40-1、41、42、44-中、45-上、46-下等煤层。

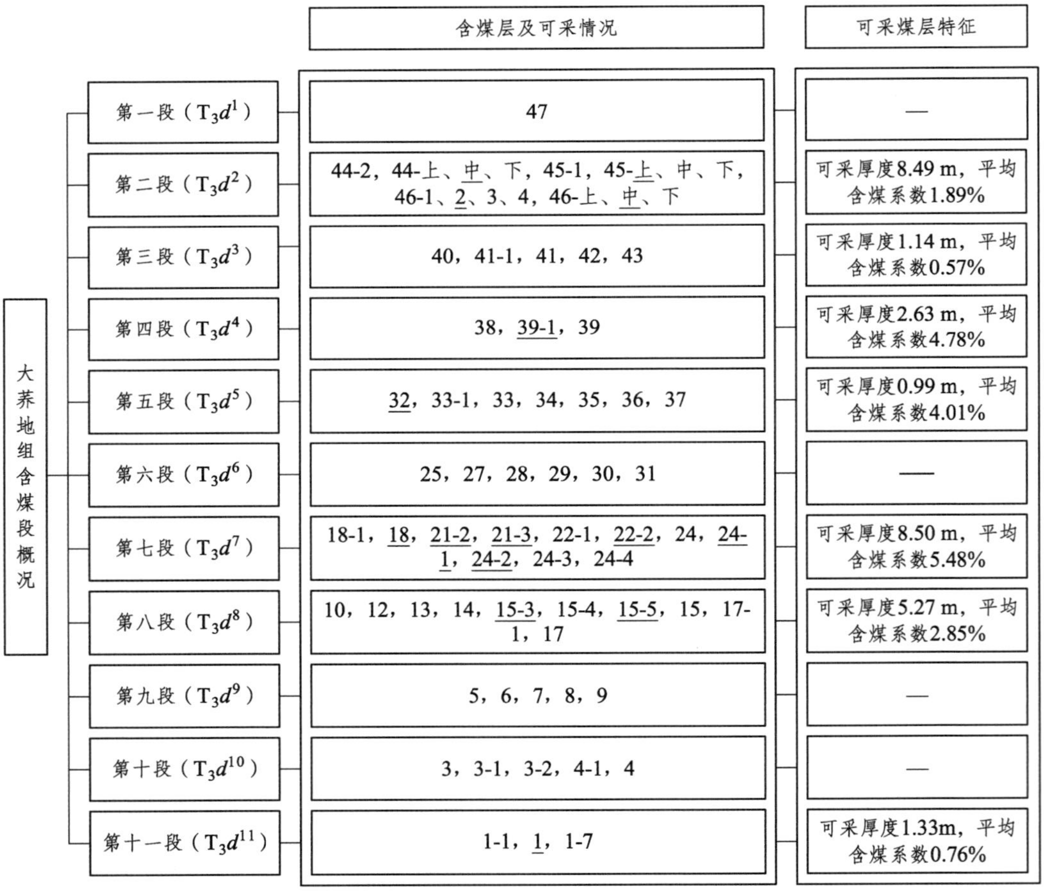

图 2-5　大荞地组含煤情况

由于线路多次穿越可开采煤层段，附近分布多个大型、小型煤矿，包括大宝鼎煤矿、沿江田堡煤矿、海兴田宝煤矿、川源东宝煤矿、升腾新堰煤矿。其中，后三个煤矿平面范围均重叠于沿江田堡煤矿范围之内，但采高或准采煤层不重叠。各煤矿的空间分布如图 2-6 所示。

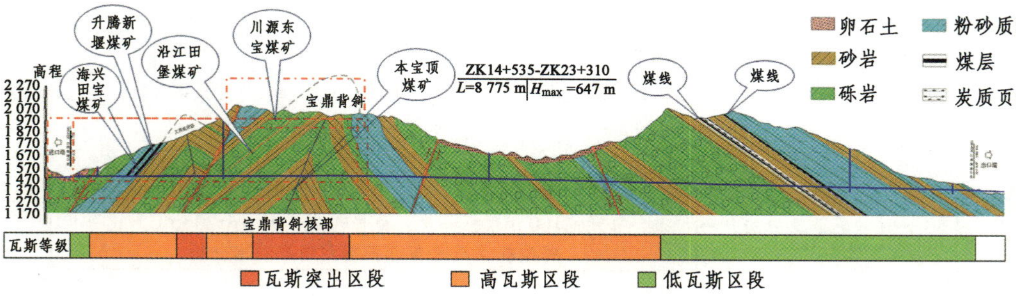

图 2-6 煤矿空间位置分布示意

3. 瓦斯

经统计分析，瓦斯成分中 CH_4 为 21.79%~99.22%，平均 77.20%；CO_2 为 0.21%~22.42%，平均 3.01%；N_2 为 0.30%~67.17%，平均 19.40%；重烃为 0.01%~5.93%，平均 0.68%；CH_4 +重烃为 21.88%~99.38%，平均 77.89%。据钻孔有害气体检测报告，钻孔中甲烷和一氧化碳含量均较高，需注意其对施工的不利影响；现场测试结果表明，隧道进口及洞身穿大荞地组含煤地层段为高瓦斯区段，瓦斯涌出量超过 0.5 m^3/min；区内测定的最大煤层瓦斯压力 3.62 MPa，最大瓦斯放散初速度 19.35 L/min，煤的坚固性系数 f 值在 0.2~0.7。煤与瓦斯突出危险性评价参数最大值均超过了突出的临界值，本隧道可定性为瓦斯突出隧道。

2.2 测试技术介绍

宝鼎 2 号隧道沿线煤层发育且富含瓦斯，在进行揭煤施工前，有必要对掌子面前方的煤层分布及瓦斯规模进行探测。另外，为满足洞内通风需求，本工程采用短段掘砌法在隧道右线 K18+570 测设线右侧 60 m 处建造了一座深约 230 m、直径约 9.6 m 的深大通风竖井。由于目前国内对特长公路隧道深大竖井的施工经验和技术方法尚十分欠缺，在建造过程中，需密切关注竖井结构受力及周边围岩状态。为确保工程建设顺利进行，在宝鼎 2 号隧道施工过程中采用了多种测试技术，主要包括：煤层超前物探及钻探、竖井松动圈测试、竖井围岩压力测试。下面对各测试技术进行系统介绍：

2.2.1 煤层超前物探及钻探

为了探明隧道煤系地层的瓦斯赋存情况及地质状况，确切掌握煤层的层位、倾角、厚度、顶底板岩性、地质构造等煤层赋存情况，为安全揭煤提供可靠的基础资料。宝鼎 2 号隧道揭煤前，必须对煤层赋存条件进行超前物探及钻探，以确定煤层的准确位置及基本参数，准确掌握其赋存情况，防止误揭煤层。

1. 超前物探

在隧道施工过程中，采用地震波反射法、瞬变电磁法、地质雷达长短距离预测相结合的物探方法，预报煤层段围岩及水文地质情况，以确定过煤层段安全、经济、快速可行的施工方案。各物探技术在使用过程中的注意问题如图 2-7 所示。

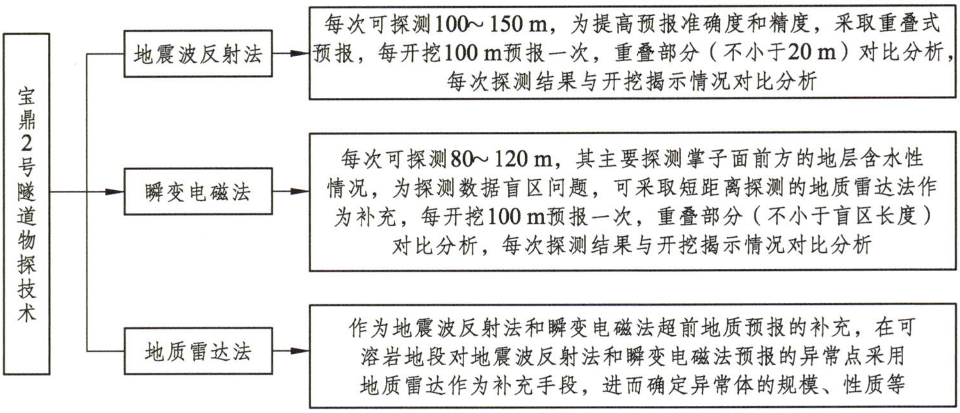

图 2-7　超前物探技术介绍

2. 超前钻探

通过钻探取样可直观且准确地获取煤层的位置及瓦斯赋存情况，为安全施工提供保障。宝鼎 2 号隧道现场钻探取芯如图 2-8 所示。

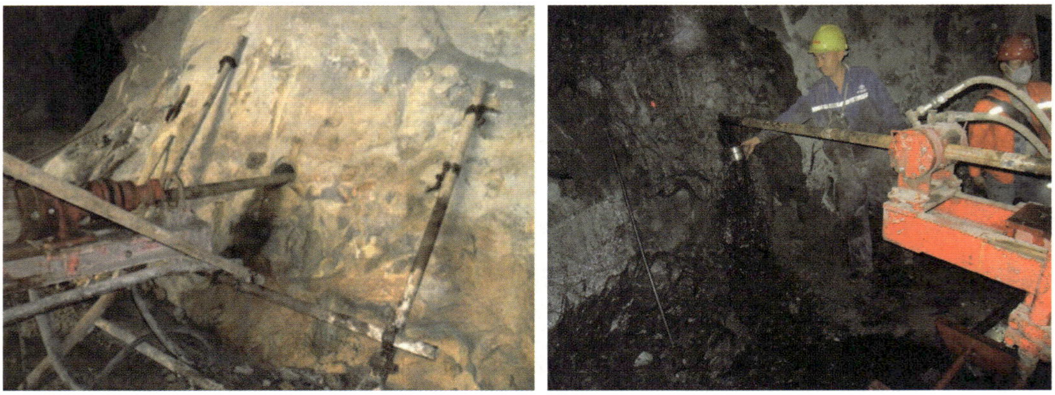

图 2-8　隧道超前钻孔（取芯）探测

当通过物探手段探明煤层距隧道掌子面前方约 50 m 时，即沿隧道掌子面前方施作一个孔深不小于 50 m 的超前水平钻孔（孔径为 75 mm），原则上施作的钻孔须穿透整个煤层厚度，且进入煤层底板不小于 0.5 m。水平超前探煤钻孔的超前距为 20 m，即工作面距上一循环水平超前探煤孔终孔 20 m 时，停止开挖，施工下一个循环水平超前探煤钻孔。水平超前探煤孔示意如图 2-9（a）所示；当通过物探手段探明煤层距隧道掌子面法线距离不小于 10 m 时，为了更加精确地确定煤层的走向、厚度及倾角等，须沿着掌子面前方施作不少于 3 个超前钻孔（孔径为 75 mm），3 个钻孔的作用有所不同，一个钻孔（仰孔）位于掌子面中心线上方，它主要作用是确定煤层的倾角；另外两个钻孔（水平边孔）位于隧道掌子面左右两侧，它的作用是确定煤层的走向。原则上施作的钻孔须穿透整个煤层厚度，且进入煤层底板不小于 0.5 m，终孔位置应控制在开挖轮廓外 5 m 左右，并取岩（煤）芯，分析煤层顶、底板岩性。在整个钻孔的施工过程中，必须严格观测并记录钻孔排出浆液以及瓦斯溢出情况，以为施工方案的制订提供相应数据。前探孔及测压钻孔布置设计示意如图 2-9（b）所示。

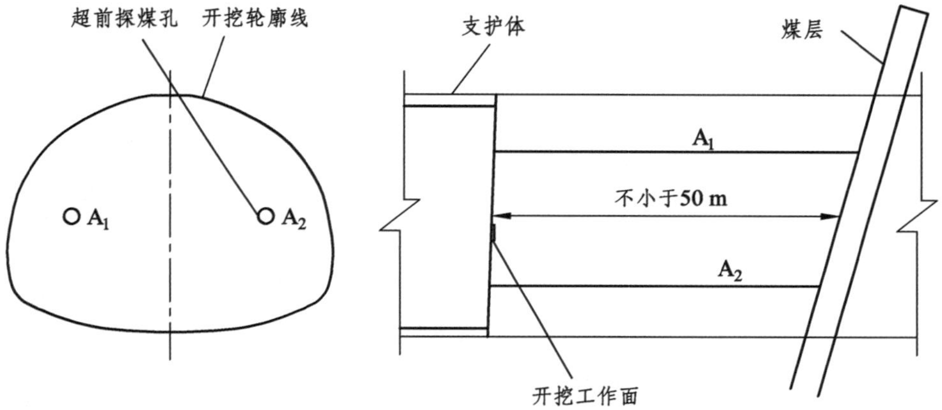

（a）水平超前探煤孔示意

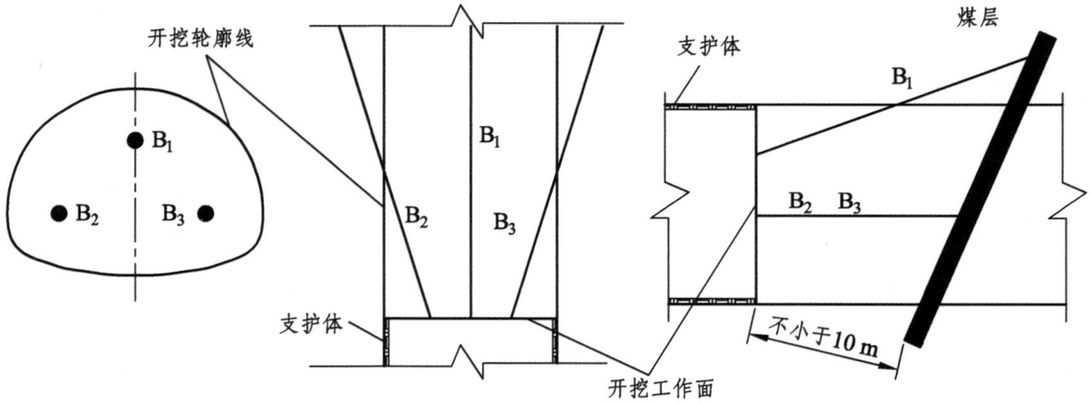

（b）前探孔及测压孔示意

图 2-9 揭煤超前钻探示意

在瓦斯突出段施工期间，增加超前钻探孔数，并扩大探测范围。若设计资料或物探显示，超前探测范围内无地质构造或异常区域，施工 5 个孔径 ϕ76 mm 或 ϕ89 mm 的超前探测钻孔，控制轮廓线外 10 m 范围，钻孔长度 50~100 m；若设计资料或物探显示，超前探测范围内存在地质构造或异常区域，则钻孔数增加为 9 个，控制轮廓线外 10 m 范围，钻孔长度 50~100 m，搭接长度不小于 5 m。以上超前探孔中至少施工一个取芯钻孔，并针对超前钻探成果进行分析，与设计提供地勘资料进行比对，若存在较大差异或者矛盾，采用补充施工钻孔或钻孔取芯等方法进一步核实地质资料。

3. 测试结果及分析

在宝鼎 2 号隧道施工过程中进行煤层超前物探及钻探测试，确定线路主要穿越的可采煤层有 1、15-3、15-5、18、21-2、21-3、23-2、24-1、25-2、32、33、36、38、39-1、40、40-1、41、42、44-中、45-上、46-下等煤层，部分煤层的具体特征如表 2-3 所示。总体来看，隧址区煤层数量众多、空间分布复杂、规模形态多样，大多数煤层结构单一，稳定性良好。对于稳定性较差或结构复杂的煤层（比如 1、38 煤层），在进行揭煤施工时应做好瓦斯防突工作，并持续性监测洞内有害气体浓度，采取必要的通风措施。

表 2-3　宝鼎 2 号隧道穿越煤层超前物探及钻探结果部分统计

煤层编号	煤层分布	性质描述
1	赋存于大荞地组第十一段底部	煤层总厚度平均 0.94 m，局部可采煤层，可采厚度平均 1.33 m，为不稳定型的薄—中厚煤层
15-3	赋存在大荞地组第八段中下部，上距 14 号煤层平均 32.70 m	层厚度变化幅度小，一般煤厚在 0.60～0.80 m，属于可采面积较大、稳定性较好的主要可采煤层之一
15-5	赋存于大荞地组第八段中下部，上距 14 号煤层 54.80 m	总厚度平均 0.82 m，可采区内煤层厚度与结构变化不大，以薄煤层为主，属较稳定型薄—中厚煤层
18	赋存于大荞地组第七段顶部，上距 15 号煤平均 42.62 m	煤层全区分布，煤层总厚平均 1.20 m，该煤层厚度变化较大，但规律明显，以较简单结构为主，属较稳定型薄—中厚煤层
21-2	赋存于大荞地组第七段中上部，上距 18 号煤层 9.60～59.30 m，且由南向北增大	该煤层为 21-3 号煤层的分岔煤层，煤层总厚平均 0.95 m；该煤层结构简单，厚度有一定变化，且规律明显，属较稳定型煤层
21-3	赋存于大荞地组第七段中上部，上距 21-2 号煤层平均 8.04 m，一般为 2.00～5.00 m	全区分布，总厚度 0.14～3.46 m，平均 1.07 m；该煤层厚度较小、变化不大，且规律明显，煤层结构以简单—较简单为主，是一层可采面积较广、厚度较大、稳定较好的主要可采煤层之一
32	赋存于大荞地组第五段中上部，F2 断裂以西均有分布，下距 33 煤层 34.83 m	煤层厚 0.52～2.24 m，平均 1.07 m，结构简单

续表

煤层编号	煤层分布	性质描述
33	赋存于大荞地组第五段中上部，F2断裂以西均有分布，下距36煤层76.02 m	煤层厚0.52~3.45 m，可采用厚度1.05 m，结构简单
36	赋存于大荞地组第五段中下部，F2断裂以西均有分布，下距38煤层62.65 m	煤层厚0~3.31 m，平均0.70 m，结构简单
38	赋存于大荞地组四段下部，F8断裂南北均有分布，下距39、39-1煤层10 m	在F8断裂以北，煤层结构简单，煤层厚0.49~2.88 m，采用厚度2.32 m；在F8断裂以南，煤层结构复杂，岩性多为砂岩、粉砂岩，煤层总厚1.86~4.1 m，纯煤厚1.68~3.45 m，平均厚度2.55 m，采用厚度1.71~3.50 m
39-1	赋存于大荞地组四段下部，分布于F8断裂以南60号背斜两翼，下距40煤层15 m	在60号背斜以西煤层结构简单，煤层平均厚度0.60 m，采用厚度0.46~0.77 m；60号背斜以东煤层结构简单，煤层平均厚度0.95 m，采用厚度0.72~1.15 m
40	赋存于大荞地组三段上部，下距40-1煤层8 m	F8断裂以北，煤层结构简单，较稳定，平均厚度0.78 m，采用厚度0.77~0.78 m；F8断裂以南，煤层结构简单，一般厚度为0.4~1.65 m，厚度变化较大，平均厚度1.55 m，采用厚度0.45~1.70 m
40-1	赋存于大荞地组三段中上部，主要分布于F8断裂以南，位于60号背斜两侧，下距41煤层15 m	煤层厚度变化较大，一般厚度为0.4~1.65 m，平均厚度0.76 m，采用厚度0.44~1.67 m；煤层结构较简单，一般2层薄夹矸，分布于煤层中部
41	赋存于大荞地组三段中部，下距42煤层25 m	F8断裂北侧，该煤层结构简单，为单一结构煤层，无夹矸，煤层厚度一般为0.76~0.90 m，平均0.8 m，采用厚度0.76~0.90 m；F8断裂以南，煤层厚度一般为0.4~1.59 m，最大1.59 m，平均0.88 m，采用厚度0.41~1.59 m
42	赋存于大荞地组三段中下部，位于F8断裂以南	该煤层结构简单，为单一结构煤层，煤层厚度一般为0.42~0.88 m，最大0.88 m，平均0.62 m，采用厚度0.42~0.88 m

2.2.2 竖井松动圈测试

1. 测试仪器及布置方案

宝鼎 2 号隧道竖井位于右洞 K18+570 测设线右侧 60 m 处（图 2-10），深约 227.5 m、直径约 9.6 m，为典型的公路隧道深大竖井。在施工过程中采用超声波探测法对竖井周边围岩进行了松动圈测试，测试仪器为 RSM-RCT（B）声波测井仪，具体如图 2-11 所示。为探究不同深度对松动圈范围的影响，测试时在 110 m 和 180 m 深度位置各布设一个监测断面。

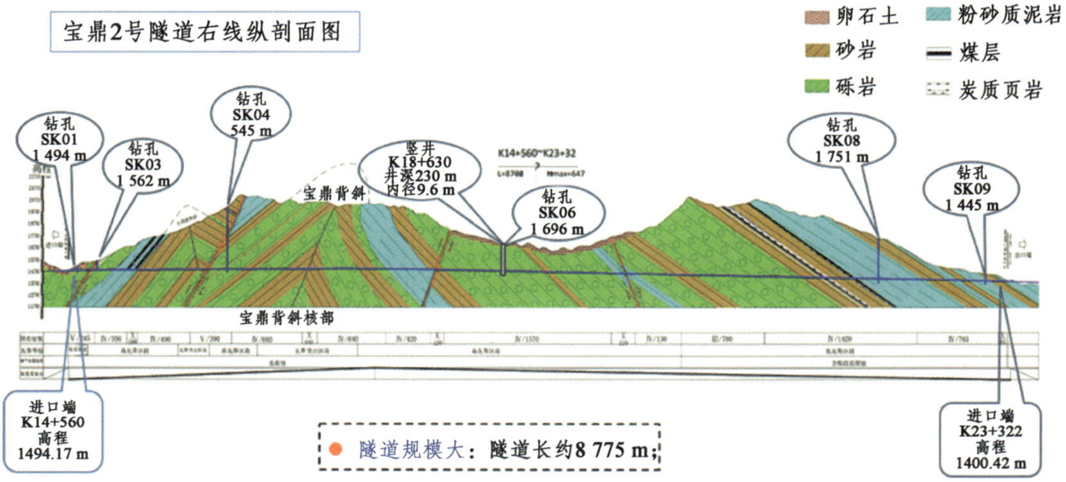

图 2-10　宝鼎 2 号隧道竖井分布位置示意

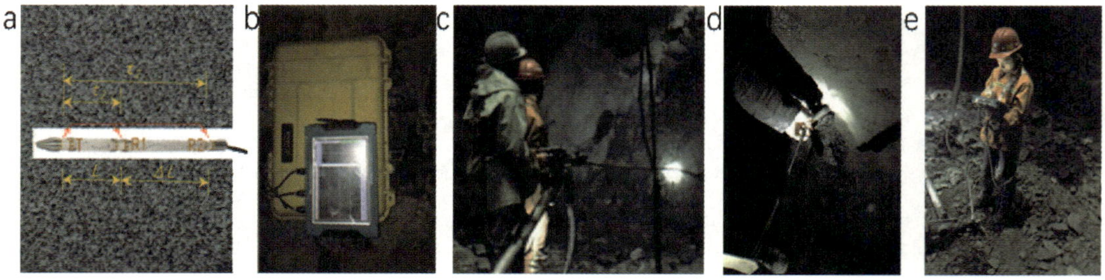

图 2-11　RSM-RCT（B）声波测井仪及使用过程

2. 测试结果及分析

宝鼎 2 号隧道竖井松动圈测试结果如图 2-12 所示。

从测试结果可以看出，竖井深度的变化与竖井围岩松动圈范围关联性不大，且同一断面内测得松动圈范围是一致的，即最大水平主应力的方向也对围岩松动圈范围影响不大。因此，影响竖井围岩松动圈范围的仅有开挖爆破活动，在实际竖井工程中可以通过控制开挖爆破效果来控制竖井松动圈范围。另外，宝鼎 2 号隧道竖井深度接近 230 m，净直径 9.6 m，其松动圈范围在 1.4 ~ 1.6 m。相对于整座竖井而言，松动圈范围很小，对竖井整体的影响非常有限。由于衬砌所受到的支护反力是这小范围的松散围岩给予的，可认为作用于两竖井支护之上的围岩荷载较小，不会影响衬砌结构安全。

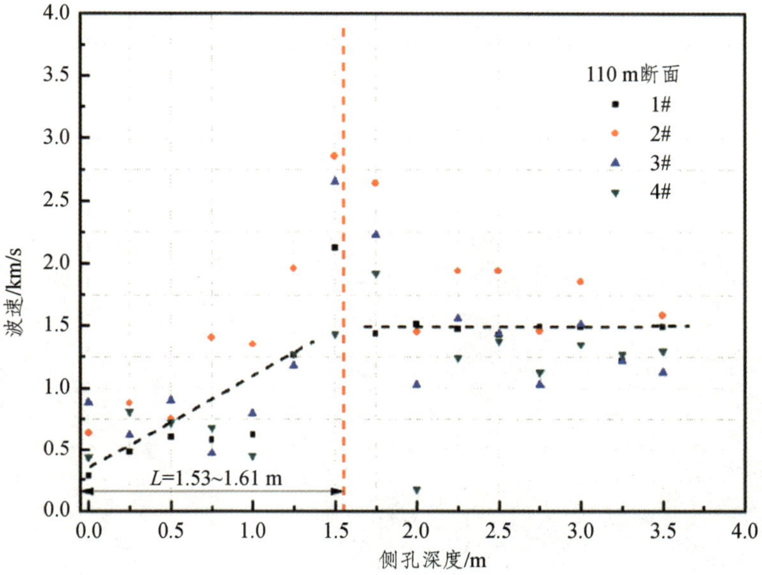

（a）断面 1 测试结果（110 m）

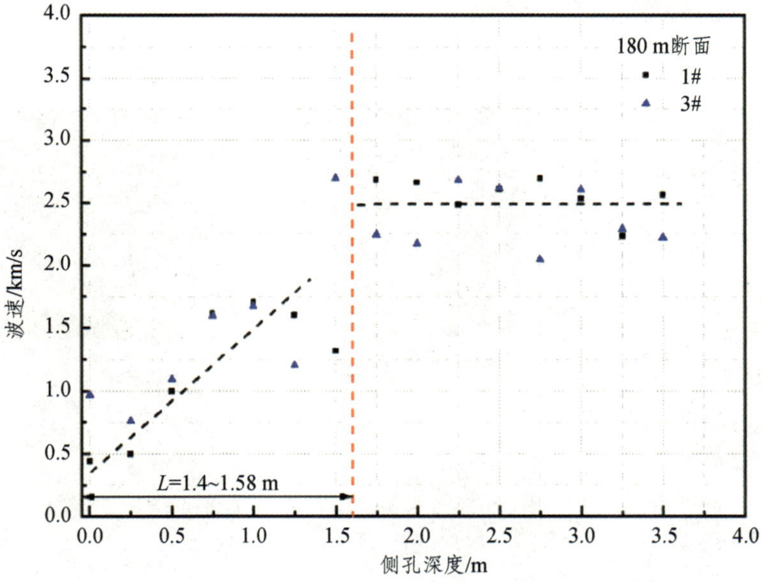

（b）断面 2 测试结果（180 m）

图 2-12　宝鼎 2 号隧道竖井松动圈测试结果

2.2.3 竖井围岩压力测试

1. 测试仪器及布置方案

宝鼎 2 号隧道施工过程中采用光栅光纤传感器对竖井井筒受力进行了监测。为实现不同深度、不同级别围岩段的测试，根据竖井的实际地质情况，在实际监测时共布置 5 个监测断面，埋深位置分别为 40 m、70 m、110 m、150 m、210 m，用以监测竖井开挖后围岩压力大小。其中，40 m 埋深断面位于五级围岩段，属于松散破碎围岩；70 m 埋深断面位于两级围岩交界处；其余断面均位于四级完整围岩段。测试仪器安装过程如图 2-13 所示。

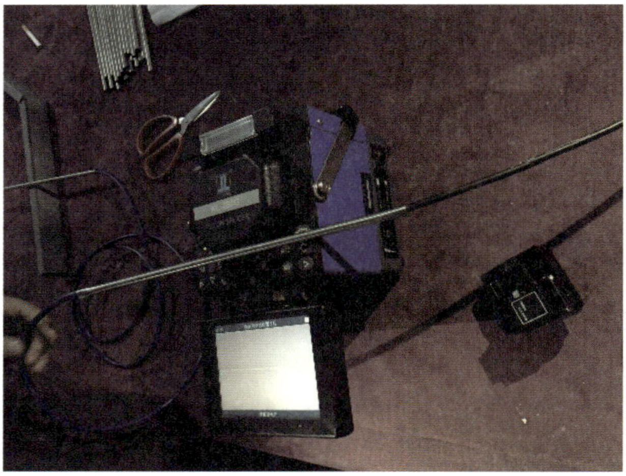

（a）熔接光纤

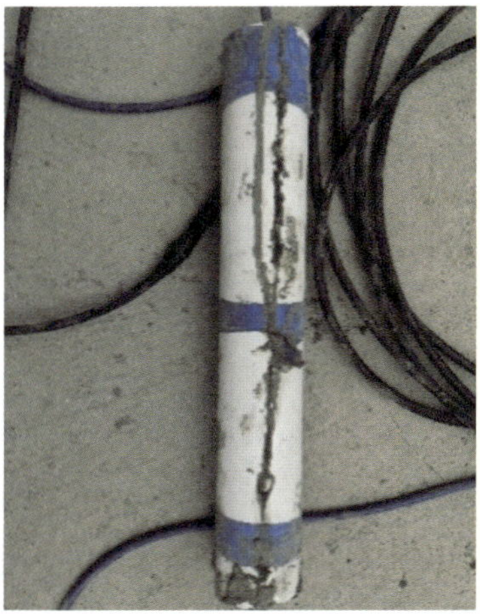

（b）仪器预备

（c）仪器安装

（d）安装成品

图 2-13　宝鼎 2 号隧道竖井受力监测仪器安装过程

2. 测试结果及分析

分别在不同时间点对竖井井壁围岩压力进行监测，分析竖井围岩压力随时间而产生的大小变化，具体如图 2-14。其中，正号为受拉，负号为受压。

根据宝鼎 2 号隧道竖井的现场围岩压力监测可以发现，竖井整体围岩压力不断波动，但是波动均在安全范围内。各断面测试得到的稳定期平均围岩压力分别为 −28.38 kPa、−109.48 kPa、−38.09 kPa、−72.38 kPa、−83.18 kPa，其中，70 m 测试断面测得围岩压力较大；部分断面的围岩压力出现受拉情况，主要是因为在衬砌砼硬化过程中，砼中的水分丧失和环境温度变化等因素会引起砼的体积收缩变化。对竖井衬砌而言，在浇筑时砼与周边围岩胶结在一起，因此，可将衬砌靠近围岩一侧视为固定边界，净空一侧视为自由边界，砼收缩会导致衬砌内部向外部收缩的现象，引起监测仪器受到干缩影响呈现受拉状态。具体如图 2-15 所示。

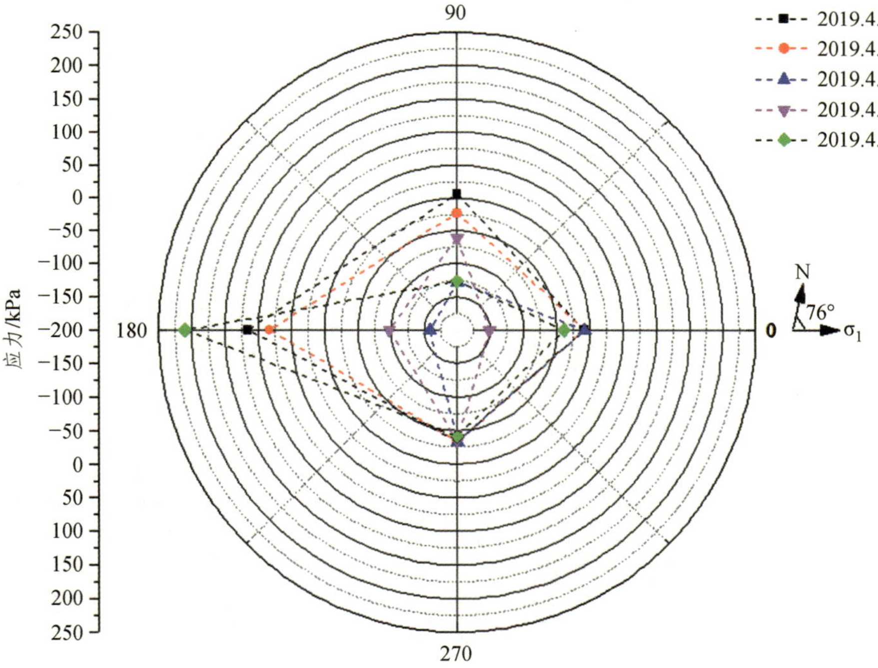

（a）40 m 断面围岩压力实测

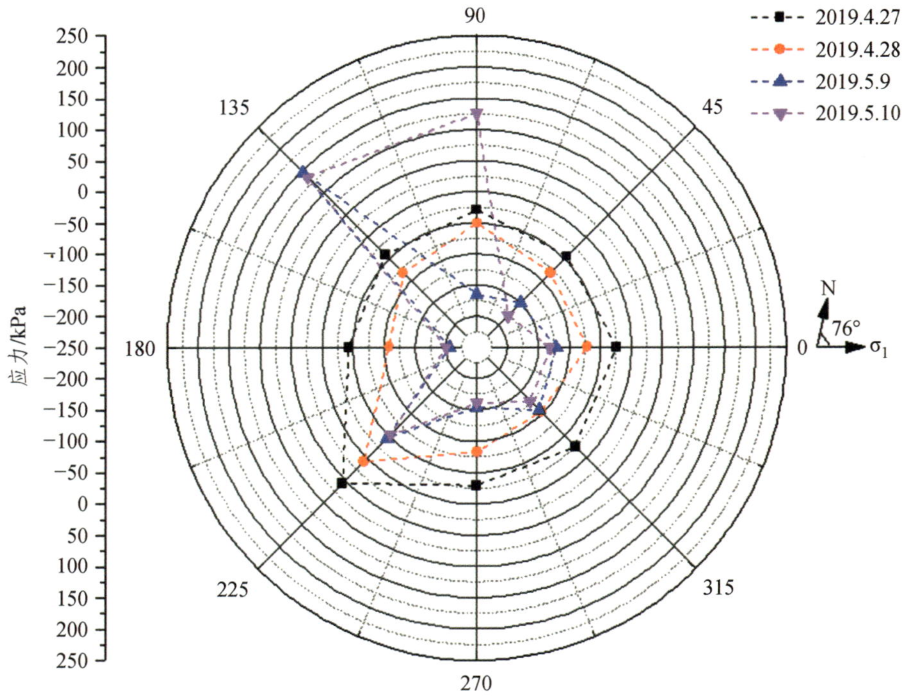

（b）70 m 断面围岩压力实测

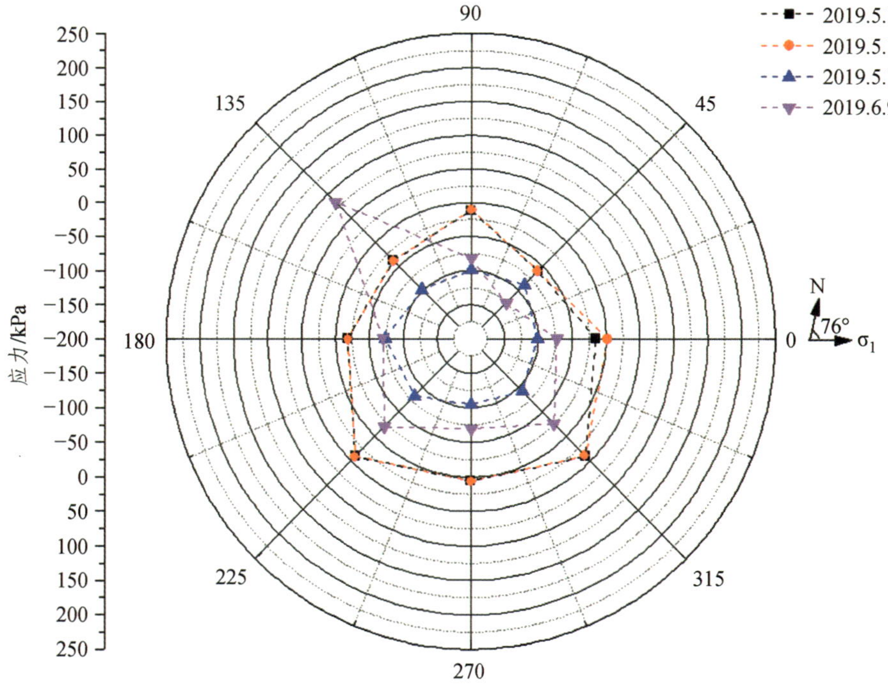

（c）110 m 断面围岩压力实测

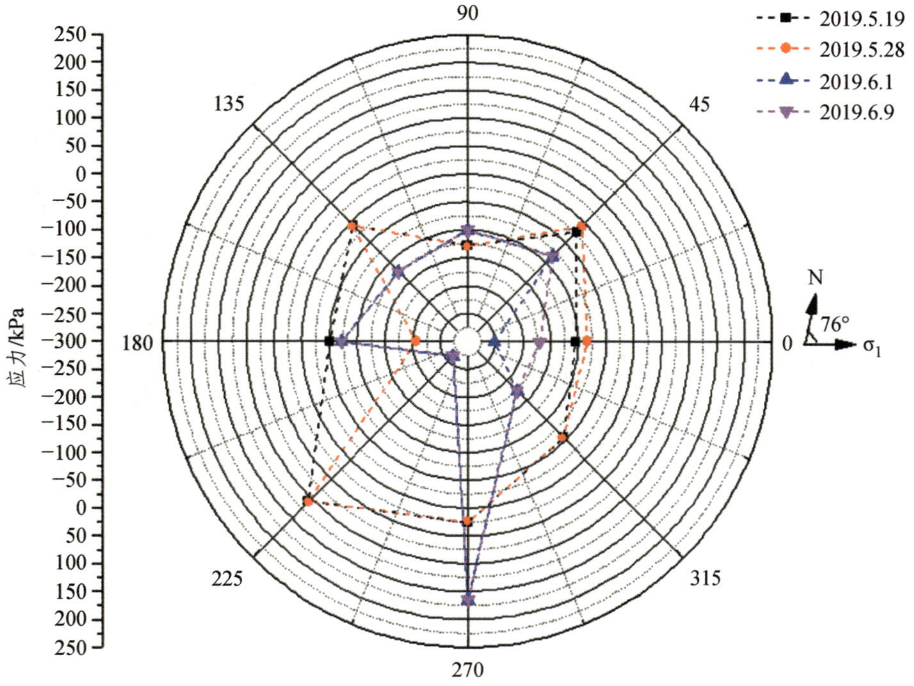

(d) 150 m 断面围岩压力实测

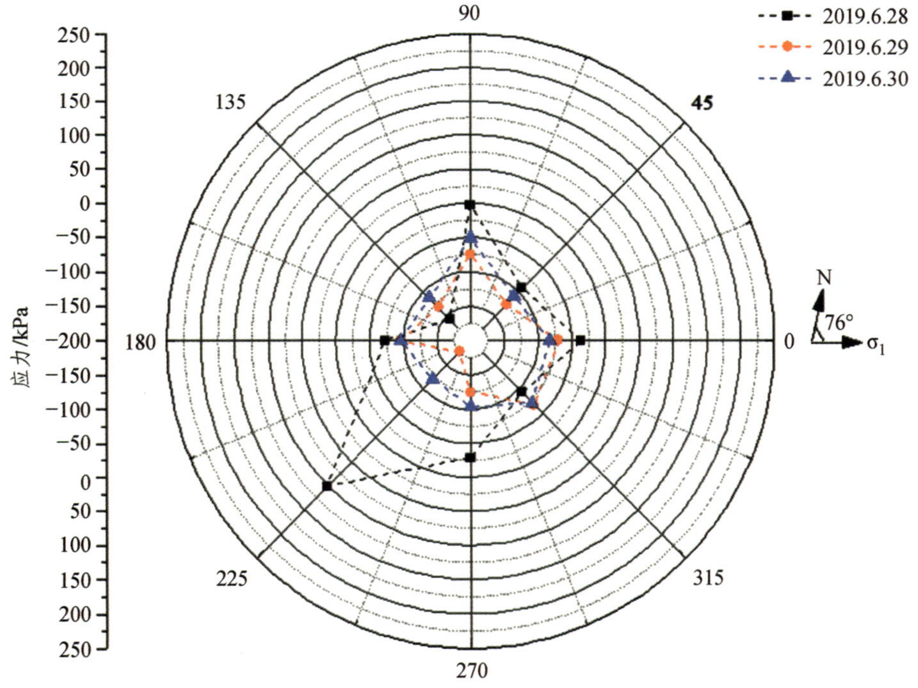

(e) 210 m 断面围岩压力实测

图 2-14　宝鼎 2 号隧道竖井现场监测数据

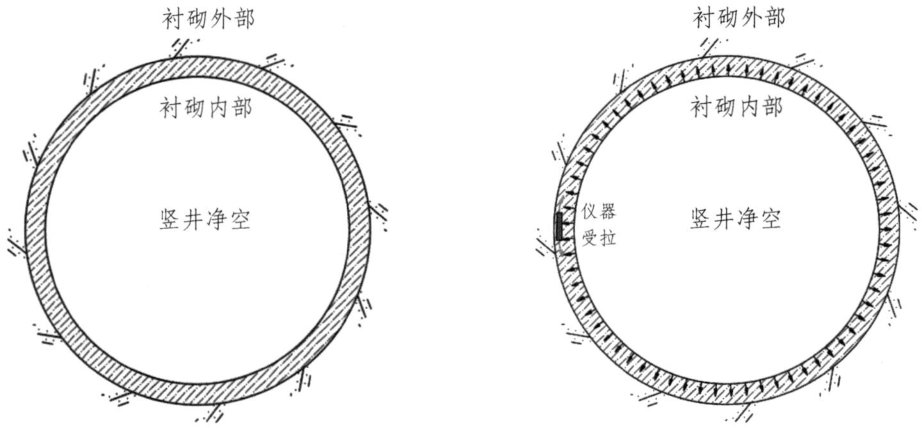

（a）衬砌边界约束　　（b）衬砌干缩变化

图 2-15　竖井衬砌边界约束及干缩变化

Chapter 3

穿越含煤地层特长公路隧道揭煤施工技术

煤系地层隧道施工面临煤层突出、瓦斯涌出等多种风险，在施工过程中如处治不当极易导致严重的施工事故。宝鼎 2 号隧道受大荞地背斜、宝鼎背斜、大荞地背斜核部 F5 断层和 F8 断层以及背斜核部三叠系大荞地组突出煤层控制，地质条件极其复杂。该区域煤层测得最大原始瓦斯压力达到 3.62 MPa（远超突出危险临界值 0.74 MPa）、最大原始瓦斯含量达到 24.24 m^3/t（远超煤层瓦斯含量临界值 8 m^3/t），给隧道穿越煤层段的安全施工带来极大困扰。本章对宝鼎 2 号隧道揭煤施工技术进行系统介绍，包括揭煤施工总体技术方案，以及涉及的瓦斯超前探测、突出风险预测、防突措施以及效果检验等环节的具体实施办法和要求，旨在为今后国内同类工程项目的顺利施建提供借鉴。

3.1 资料收集及施工准备

隧道揭煤施工前需要进行周密、全面的资料收集和施工准备工作。具体如下：

1. 资料收集

在揭穿煤层前，要收集隧址区基本地质地貌概况，隧道可能揭露各煤层的分布和规模（厚度、标高、埋深、产状等）、隧道与煤层的相互位置关系、各煤层基本的瓦斯地质资料。另外，还需要调查隧道沿线穿越的煤层开采情况，以及生产期间煤层的主要参数，包括瓦斯压力、瓦斯含量、煤样分析结果（吸附常数值、工业性分析、真假比重、孔隙率等）、煤的平均坚固性系数 f_c、瓦斯放散初速度 ΔP_g、煤层的煤尘自燃和爆炸性等参数[31]。其中，对于部分数据资料的收集需要依靠相关测试技术实现，包括瓦斯及有害气体超前探测、煤层超前物探及钻探等。

通过资料收集，了解隧道煤系地层各煤层的地质及瓦斯基本概况，定位隧道揭穿各煤层的大致位置，对煤层的突出危险性做出初步分析，为隧道揭煤施工提供参考数据资料。

2. 施工准备

在隧道揭煤施工前所需进行的准备工作主要包括以下六个方面：

（1）施工前充分熟悉设计文件，做好现场调查和图纸核对工作；

（2）进入煤系地层前，采用超前地质预报技术对隧道煤系地段进行探测；

（3）制订隧道工程穿越煤系地层的施工方案，并组织具有丰富经验的学者或技术人员对施工方案进行审查；

（4）加强现场施工人员（包括劳务人员）教育培训和考核工作，严禁考核不合格的施工人员上岗作业；

（5）低瓦斯工区的电气设备与作业机械可使用非防爆型，而高瓦斯工区及瓦斯突出工区则必须使用；

（6）除了制定相应的监控、防护及处治措施以外，还必须严格执行瓦斯隧道门禁系统，严格执行“一炮三检”和“三人连锁”放炮制度。

根据上述要求，宝鼎 2 号隧道施工过程中采用了一系列专业的防爆及监管设备，具体如图 3-1 所示。

（a）机械设备防爆改装

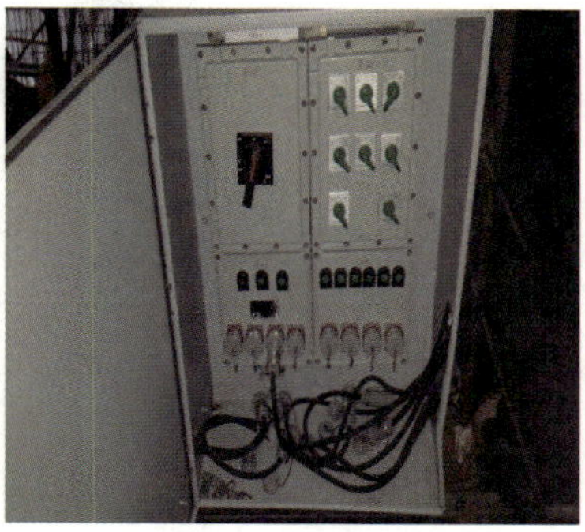

（b）防爆配电箱

（c）开挖台车拱顶挂瓦斯传感器

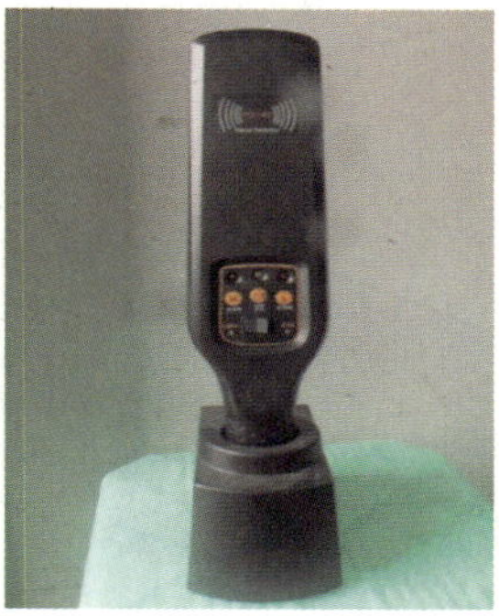

（d）门禁管理

图 3-1 宝鼎 2 号隧道防爆及监管设备

3.2 揭煤总体技术方案

为确保隧道施工安全，揭煤工作需严格按照规定程序实施，具体技术方案如图 3-2 所示。其中，在隧道距离煤系地层一定距离后，每一步的爆破施工开挖均应对前方煤层情况进行超前地质预探，以便相对精确地确定煤层与开挖隧道的相互空间位置、产状结构、瓦斯渗透压力及浓度等。当预测煤系地层揭煤施工过程中有突出的风险时，应根据预测可能发生的状况制订详细的施工预案（包括危险性预测措施、瓦斯突出的预防措施、预案实施效果检验措施以及对施工作业人员的安全防护措施的“四位一体”综合性预案），以应对下一个施工循环中可能会出现的突发危险。尤其是当预测距离煤层的法线最小距离为 5 m 时，应采取“短进尺、弱爆破、强支护”的开挖措施，并保证施工人员安全距离，实现揭煤过程的渐进性扰动、远距离放炮、逐步释放瓦斯的过程，以确保隧道施工过程安全。当预测煤系地层揭煤施工过程中暂无突出的风险时，则应做好相关的爆破施工、监控预警、通风防灾等安全防护性工作。

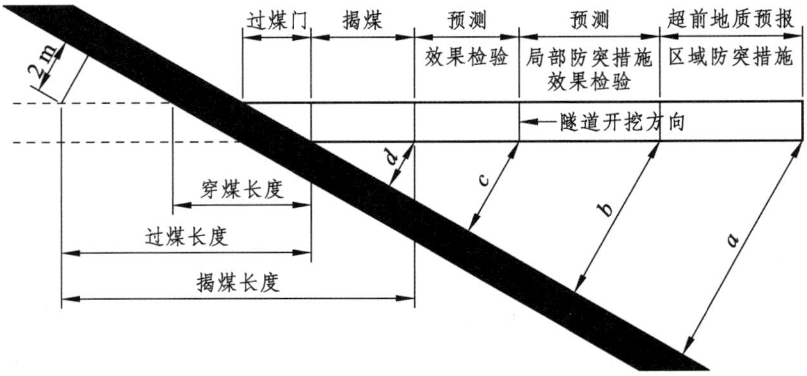

（a）揭煤施工全过程示意

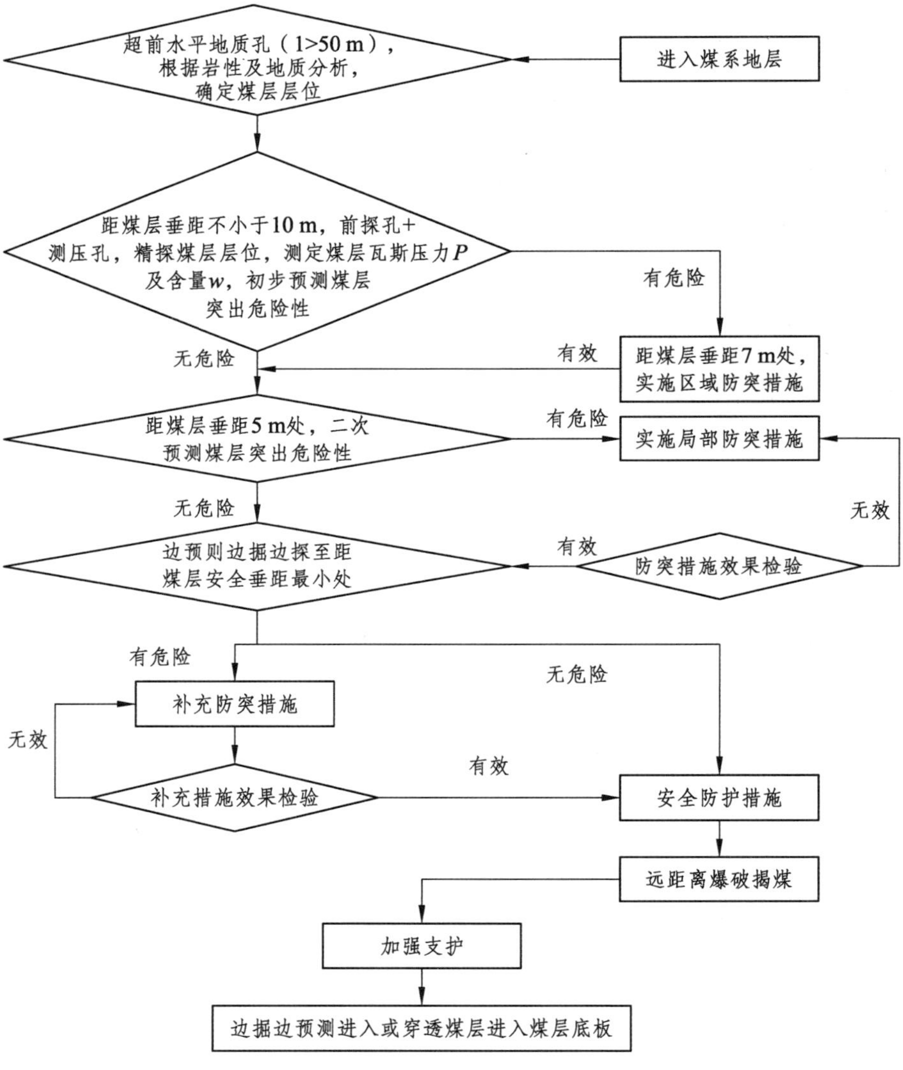

（b）揭煤施工技术流程

图 3-2　宝鼎 2 号隧道揭煤施工总体技术方案

3.3 瓦斯超前探测

3.3.1 超前探测原则

针对高瓦斯隧道采用超前钻孔对瓦斯进行探测，超前钻孔同时兼作超前地质探孔。超前钻孔施工完成后对前方围岩的瓦斯压力、钻孔瓦斯涌出量、钻孔瓦斯涌出衰减系数进行测定，并计算在隧道开挖过程中瓦斯涌出量，根据瓦斯涌出量核定施工工区的瓦斯等级，同时预测施工前方可能出现异常瓦斯涌出情况或判断是否存在煤与瓦斯突出的可能性。瓦斯超前探测流程如图 3-3 所示。

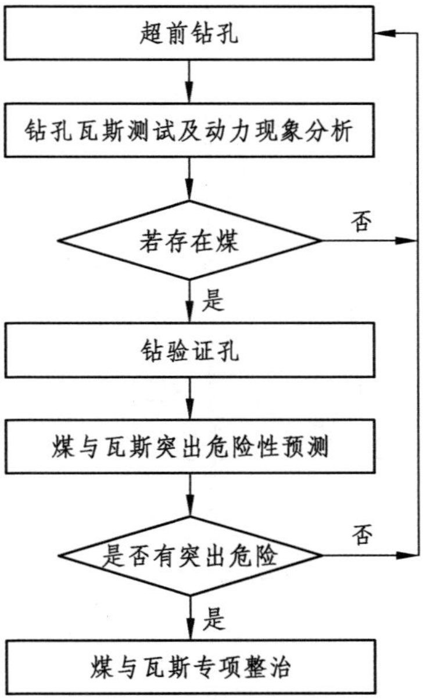

图 3-3 瓦斯超前探测流程

瓦斯及有毒有害气体超前探测目的主要有：

（1）前方岩体破碎程度及范围、岩体裂隙及发育情况、岩体空洞范围及大小探测；

（2）前方岩体瓦斯及有毒有害气体赋存情况及涌出预测；

（3）前方煤层赋存情况及瓦斯含量探测；

（4）岩体瓦斯压力、瓦斯含量、煤与瓦斯突出等预测。

瓦斯超前探测可以结合超前地质预报进行，地质预报可能能解决第一种目的，但是为了掌握瓦斯隧道施工工作面前方的瓦斯赋存和相关瓦斯参数，必须采用钻探手段。

3.3.2 技术方案

瓦斯及有毒有害气体超前探测主要涉及超前探孔、钻孔瓦斯测试及动力现象分析、瓦斯考察、超前验证孔。

1. ϕ108 mm 地质超前探孔

地质超前探孔主要是配合瓦斯测试用于确定前方是否存在煤层及瓦斯赋存情况。根据《防治煤与瓦斯突出规定》要求：所有突出煤层外的掘进巷道（包括钻场等）距离煤层的最小法向距离小于 10 m 时，必须边探边掘，确保最小法向距离不小于 5 m。因此，超前钻孔探测必须在 10 m 前发现前方煤层及瓦斯赋存情况。地质超前探孔每次探测距离应为 35 m，每 25 m 一个循环。

根据该区段围岩产状，布置瓦斯超前探孔，布置方案如图 3-4 所示。其中，钻孔深度为 35 m，孔径为 ϕ108 mm，孔数为 3 个。

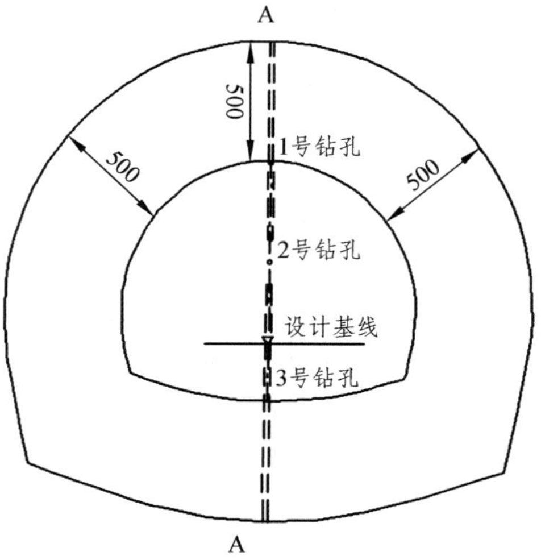

（a）横向图

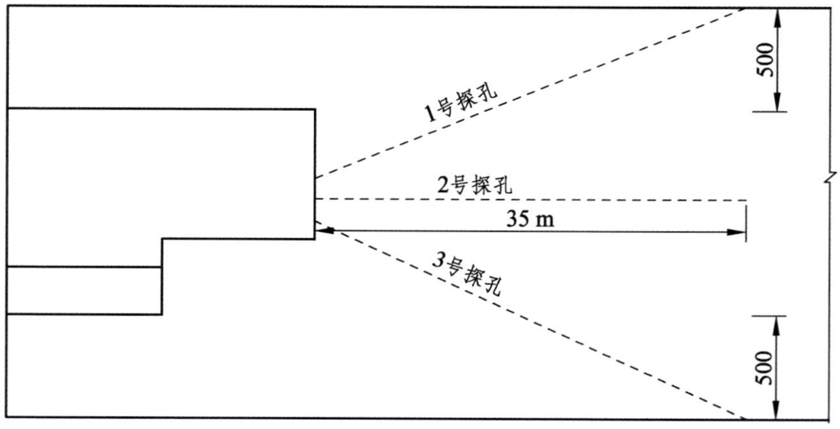

（b）纵向图

图 3-4　瓦斯工区超前钻孔布置

2. 钻孔瓦斯测试及动力现象分析

瓦斯测试的目的是结合地质超前探孔，开展相关瓦斯测试，判断本隧道掘进过程前方是否遇煤层，是否存在瓦斯突出危险性。当探测前方有煤层时，开展煤与瓦斯突出危险性测试，判别其危险性。每 25 m 循环开展钻孔瓦斯测试及动力现象分析，包括煤层探测、钻孔施工动力现象观察、钻孔瓦斯测试三项内容。其中，煤层探测通过实施 ϕ108 mm 地质超前探孔，判别前方是否存在煤层及其赋存情况；钻孔施工动力现象观察通过实施 ϕ108 mm 地质超前探孔打钻过程中的动力现象观察，分析前方瓦斯突出危险性征兆。动力现象描述包括：有（无）卡钻、有（无）顶钻、有（无）喷孔现象、钻孔水温变化；钻孔瓦斯测试包括钻孔前后瓦斯测试和钻孔瓦斯浓度测试。钻孔前后瓦斯测试对钻孔前后掌子面瓦斯浓度进行测试，了解掌子面钻孔前后的瓦斯浓度变化，包括：掌子面钻孔前瓦斯浓度、钻孔后瓦斯浓度、钻孔过程中最高瓦斯浓度。钻孔瓦斯浓度测试是指在地质超前探孔掘进过程时，测定钻孔不同深度瓦斯浓度。

3. 瓦斯考察

在每循环超前钻孔施工过程中需记录每米钻孔岩性、钻进情况、瓦斯涌出情况。钻孔施工完成后对前方煤岩体的瓦斯压力、钻孔瓦斯涌出流量、钻孔瓦斯涌出衰减系数进行测定，并预计出隧道在开挖过程中可能产生的瓦斯涌出量。

钻孔瓦斯涌出量以及钻孔瓦斯涌出衰减系数采用容积式流量计进行测定计算，涉及的封孔及测试工艺分别如图 3-5 和图 3-6 所示。

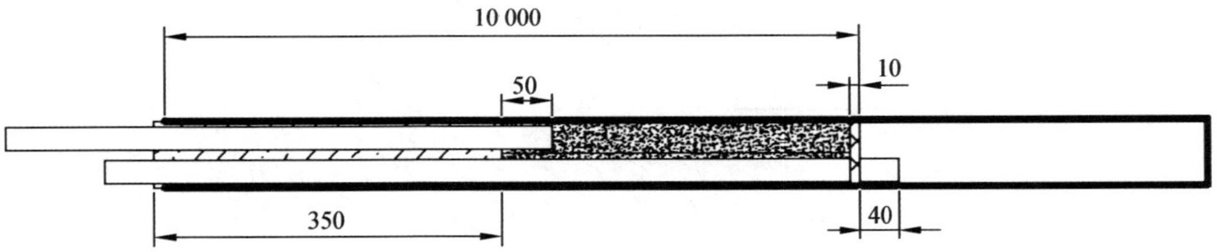

（a）水平钻孔封孔工艺

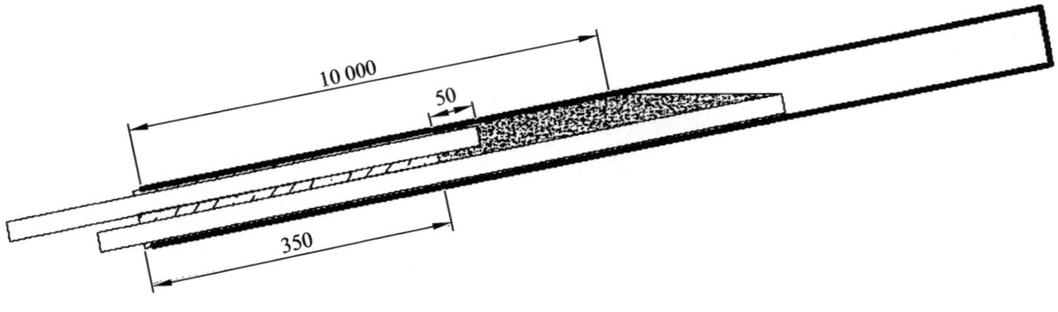

（b）倾斜钻孔封孔工艺

图 3-5　钻孔封孔工艺示意

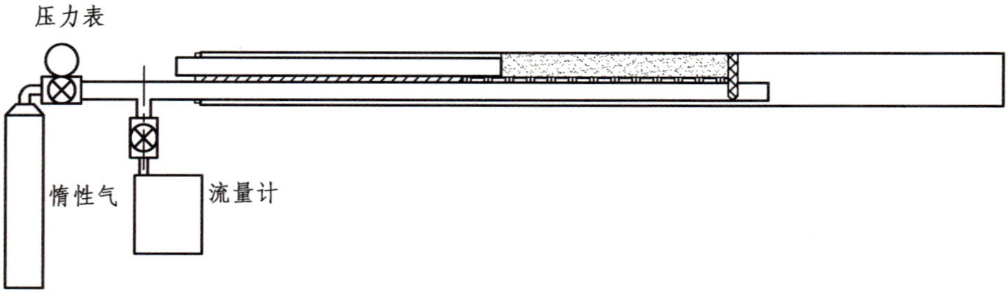

图 3-6 钻孔瓦斯测试工艺示意

4. ϕ50 mm 超前验证孔

当采用 ϕ108 mm 钻孔发现前方存在煤层时，应采用超前验证钻孔来进行瓦斯测试，从而验证前方煤层是否存在煤与瓦斯突出危险性。一般通过正洞打至少 3 个超前验证孔，确定煤层的有关参数，并判定瓦斯突出危险性。其中，突出危险性预测采用综合指标法、钻屑瓦斯解吸指标法或其他一系列方法进行。

超前验证钻布置方案如图 3-7 所示。其中，钻孔深度为 10 m，孔径为 ϕ50 mm，孔数为 3 个。

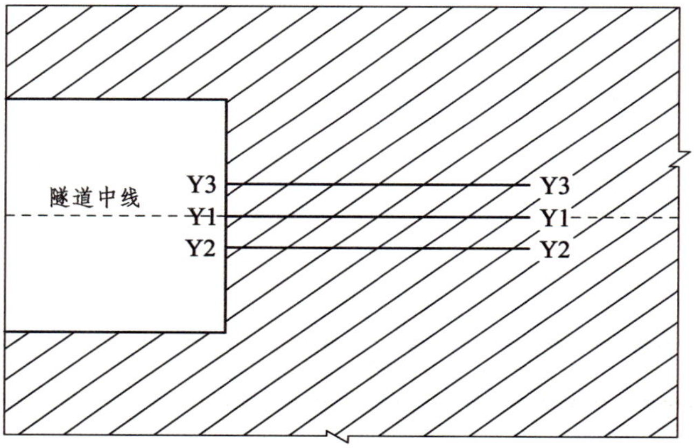

图 3-7 超前验证孔布置示意

3.4 瓦斯突出危险预测

隧道施工过程中对石门揭煤工作面危险性的预测通常分两个阶段，第一个阶段为定性判定（初步预测），包括的主要技术指标参数有瓦斯的压力和含量，以及其他部分在条件允许的情况能测定到的单项指标；第二个阶段为定量判定（二次预测），包括的主要技术指标参数有：钻屑瓦斯解析指标、钻孔瓦斯涌出初速度等。

3.4.1 初步预测

初步预测的空间距离要求是隧道掌子面距离判定煤层法线距离不小于 10 m。此阶段主要测定的技术指标为瓦斯的压力和含量，以及其他部分在条件允许的情况能测定到的单项指标（包括煤层的平均坚固性系数 f_c 值、瓦斯放散初速度 ΔP_g）[32]。根据煤层瓦斯压力或瓦斯含量进行初步预测的临界值如表 3-1 所示。

表 3-1　煤层瓦斯压力或瓦斯含量预测临界值

瓦斯压力 P_g/MPa	瓦斯含量 W_g/(m³/t)	预测结果
$P_g<0.74$	$W_g<8$	无突出危险
其他情况		突出危险

若通过测定瓦斯压力和含量预测煤层无突出性风险时，需在隧道施工掌子面距煤层法距不小于 5 m 时进行煤层突出风险性的二次预测；若初步预测的瓦斯压力和含量表明前方煤层有突出风险时，则应在隧道施工掌子面距煤层法距不小于 7 m 时，对其采取区域防突性预案，并在施工掌子面距推测煤层法距不小于 5 m 时进行二次预测。

3.4.2　二次预测

当隧道施工掌子面距推测煤层法距不小于 5 m 时，需施作 5 个 ϕ75 mm 钻孔（钻孔深度须穿透整个煤层厚度），对煤层是否存在突出风险进行二次预测。预测钻孔布置示意如图 3-8。通过钻孔需要测定钻屑瓦斯解析指标 K_1 值、钻孔瓦斯涌出初速度 q_g、平均坚固性系数 f_c 值和瓦斯放散初速度 ΔP_g 等。其中，平均坚固性系数 f_c 是通过测定每个钻孔每一米煤孔段的坚固性系数并取其平均值得到；瓦斯放散初速度指标 ΔP_g 是先选取每个钻孔中坚固性系数最小的样本，再将所有钻孔的最小样本混合得到[33]。

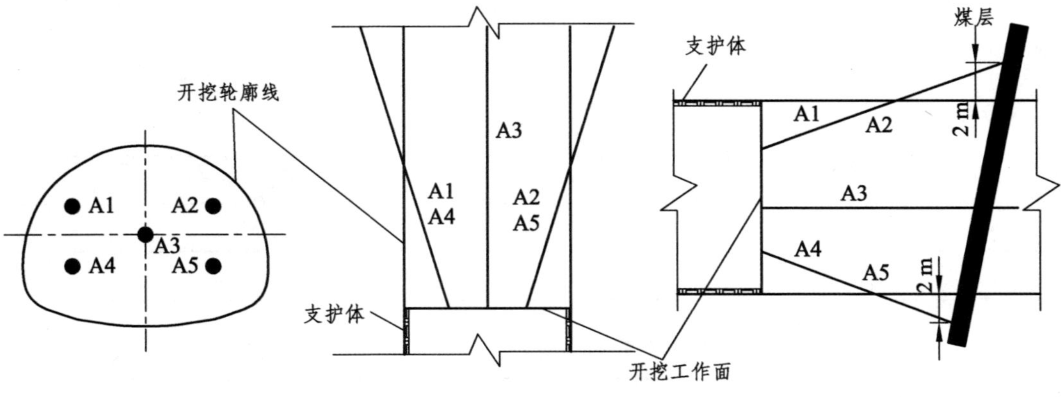

a—钻孔开孔位置平面图；b—钻孔平面图；c—钻孔剖面图。

图 3-8　预测钻孔布置示意

3.4.3 突出危险性评价

利用测定的技术参数指标，结合理论公式计算得出煤层突出风险评定综合指标 D、K 值，可对煤层的突出风险进行评价。煤层突出风险评定综合指标 D、K 值理论计算公式如下：

$$D=(0.0075H_c/f_c-3)(P_c-0.74) \quad (3\text{-}1)$$

$$K=\Delta P/f \quad (3\text{-}2)$$

式中，D、K——煤层的突出危险性综合指标；

H_c——煤层埋深，m；

P_c——煤层瓦斯压力，取两个测压钻孔实测瓦斯压力的最大值，MPa；

ΔP——软分层煤的瓦斯放散初速度指标；

f——平均坚固性系数。

综合指标 D、K 的临界值如表 3-2 所示。当计算得到的综合指标均小于临界值，或指标 D 小于临界值且式（3-1）中两括号内的计算值都为负值，并且在施作钻孔的过程中未发现其他异常现象（包括瓦斯急剧溢出导致的顶钻、喷孔、夹钻等），以及煤层地质构造结构明显急剧变化等明显存在煤层突出危险的现象时，可预测隧道开挖掌子面不存在突出风险。否则应该判定掌子面为突出危险工作面，并必须立即采取相关技术措施防突。

表 3-2 综合指标 D 和 K 预测煤层区域突出危险性临界值

煤层突出危险性综合指标 D	煤层突出危险性综合指标 K	
	无烟煤	其他煤种
0.25	20	15

根据钻屑解吸指标 K_1 值和钻孔瓦斯涌出初速度 q_g 判定隧道掌子面是否存在突出风险的临界值如表 3-3 和表 3-4 所示。当测取的值大于表中数据时，则可判定为开挖隧道掌子面为突出危险工作面。

表 3-3 钻屑指标法预测石门揭煤工作面突出危险性临界值

煤样类别	K_1/[mL/（g · min$^{1/2}$）]
干煤	0.5
湿煤	0.4

表 3-4 判断突出危险性的钻孔瓦斯涌出初速度临界值

煤的挥发分（%）	5 ~ 15	15 ~ 20	20 ~ 30	>30
q_m/（L/min）	5.0	4.5	4.0	4.5

注：q_m——瓦斯涌出初速度临界值，L/min。

3.5 防突技术措施及效果检验

根据大断面隧道的特点并结合实际情况，宝鼎 2 号隧道揭煤防突技术措施以区域防突措施为主，工作面局部防突措施为辅。实施区域防突措施时，隧道开挖工作面距突出煤层间的最小法向距离为不小于 7 m，其措施主要包括钻孔排放瓦斯溢出浓度或采用机械设备实施瓦斯抽排等。实施局部防突措施时，隧道揭煤工作面与突出煤层间的最小法向距离为：钻孔排放为 5 m，金属骨架、煤体固化措施为 3 m。当揭煤断面较大，岩石破碎程度较高时，应适当加大距离。若揭煤区域煤体瓦斯储量大、压力高、排放时间长时，为减小工期压力，也可采用机械设备实施瓦斯抽排。

3.5.1 区域防突

1. 区域防突措施

区域防突措施指上台阶施工抽放钻孔时，预抽全断面揭煤区域瓦斯。内容包括：

（1）预抽煤层瓦斯半径的确定。

根据周边矿井经验，不采取增透措施的常规抽放，抽放半径取 1 m。隧道施工揭煤段时，可由具有资质的单位针对煤层瓦斯参数、围岩环境等因素进一步考察分析，对预抽措施范围及钻孔间距等工艺参数进行调整和优化。若因煤层透气性差导致预抽瓦斯效果不佳时，可补充采用水力割缝、水力压裂等增透措施，以提高抽采效果。

（2）预抽煤层瓦斯控制范围的确定。

一般而言，石门揭急倾斜煤层区域防突措施应最少控制巷道轮廓线上方 12 m，左、右帮 12 m，底部 6 m，同时还应保证控制范围的外边缘到隧道轮廓线的最小距离不小于 5 m。考虑到宝鼎 2 号隧道开挖断面大、地层倾角大、埋深大及地质构造复杂的特点，将抽放孔控制范围暂定为隧道轮廓线外上方、左帮、右帮各 15 m，底部 10 m，同时控制范围的外边缘到隧道轮廓线最小距离不小于 5 m。

（3）抽放钻孔施工方案的确定。

隧道揭煤段抽放钻孔的施工方案应根据隧道揭煤开挖方式决定。宝鼎 2 号隧道揭煤段施工时，根据围岩级别采用一般台阶法开挖或留核心土环形法开挖。虽然两种开挖方式不同，但两种开挖方式的抽放钻孔布置方案相同，具体如表 3-5 所示。

2. 区域防突效果检验

区域防突措施实施后必须进行措施效果检验，以确认防突措施是否有效。具体操作如下：抽放一定时间后，在隧道上台阶工作面施工检验钻孔，检验孔孔数为 9 个，分别位于隧道的中上部、中部、下部和两侧。若检验结果的各项指标都在突出危险临界值以下，认为措施有效；反之，则认为措施无效，且必须采取补充防突措施。补充防突措施为在上台阶补充施工排放钻孔。实施补充防突措施后，需再次进行效果检验，直到措施有效方可继续掘进至距煤层 5 m 法距位置。其中，防突措施效果检验指标采用钻屑瓦斯解吸指标 K_1 值，其临界值如表 3-6 所示。

表 3-5　宝鼎 2 号隧道揭煤段抽放钻孔布置方案

编号	适用对象	抽放钻孔布置方案
1	台阶法开挖常规抽放	在隧道进口左右线上台阶开挖工作面距突出煤层法距 10 m 处施工穿层抽放钻孔，控制隧道开挖轮廓线内及轮廓线外上部、左帮、右帮各 15 m 范围、下部 10 m 范围，同时控制范围的外边缘到隧道轮廓线最小距离不小于 5 m；钻孔孔径为 76 mm，终孔间距 2 m。钻孔必须穿透煤层并进入煤层顶（底）板至少 0.5 m；钻孔施工前后对煤体不采取增透抽放。钻孔施工完毕后封孔接抽
2	留核心土环形法开挖常规抽放	

表 3-6　钻屑指标法预测隧道揭煤工作面突出危险性的临界值

煤样类别	K_1/[mL/(g · min$^{1/2}$)]
干煤	0.5
湿煤	0.4

3.5.2　局部防突

局部防突措施是指在工作面预测局部有突出危险时，对于指标超过临界值区域采用补充瓦斯排放的防突措施。

1. 局部防突措施

（1）局部抽排措施。

当隧道开挖掌子面距预测煤层法线距离不小于 5 m 时，须对待揭煤层突出危险进行二次预测或对区域防突实施效果进行检验。若仍存在突出危险，应采取局部抽排措施，其钻孔的孔径宜为 75 ~ 90 mm，钻孔排放半径宜为 0.75 m，钻孔的控制范围宜为隧道轮廓线上部和左右两侧外不小于 5 m，下部不小于 3 m，施作的钻孔原则上须穿透整个煤层厚度。

（2）超前支护措施

在开挖工作面距煤层法距不小于 3 m 处，对隧道上部和两帮的弧形轮廓超挖 0.7~1 m，设置超前大管棚一环、小钢导管和自进式锚杆多层交锚超前支护。锚、管外露部分用格栅钢架支撑，格栅钢架间距为 50 cm。其中，管棚、超前小导管及锚杆的施工要求如表 3-7 所示。

表 3-7　超前支护施工要求汇总

超前支护措施	施工要求
大管棚支护	钢管环向间距为 20～30 cm；管心与衬砌设计外廓线间距为 70～100 cm；倾角满足仰角 10°～12°（不包括路线纵坡）；径向钢管施工误差不大于 20 cm；进入煤层底板不小于 5 m。施工工艺流程如图 3-9 所示
超前小导管	采用 ϕ42 mm 钢管制作，导管长 9 m，环向间距 30 cm 并与大管棚交错布置，倾角 5°～8°（不包括路线纵坡），管心与衬砌设计外廓线间距为 50 cm；导管进入煤层底板不小于 2 m，若不能进入煤层底板则小导管的水平超前距为 1 m。加工示意如图 3-10 所示
R25N 自进式锚杆	锚杆环向间距为 20~30 cm；管心与衬砌设计外廓线间距为 30 cm；倾角满足仰角 3°~5°（不包括路线纵坡）；径向施工误差不大于 20 cm；每根长 9 m，若不能进入煤层底板则其水平超前距为 1 m

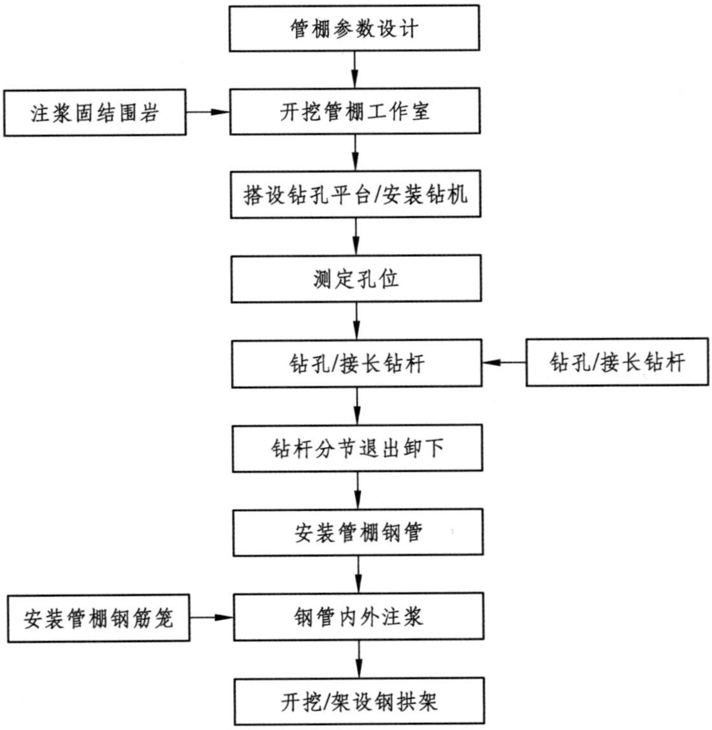

图 3-9　大管棚施工工艺流程

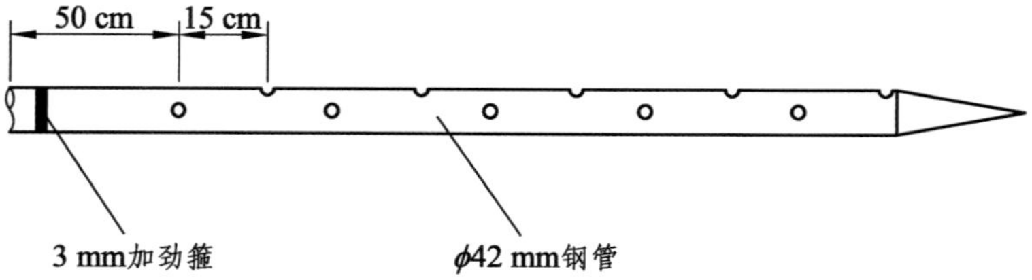

图 3-10　注浆小导管加工示意

2. 局部防突效果检验

为检验局部防突措施实施后的效果，确保隧道工程爆破施工安全，减小不必要的人员和经济损失，须对隧道工程掌子面前方施作检验孔，以确保防突措施的有效性。

防突措施效果检验孔的施作方法主要包括：检验孔的数量不得少于 5 个，且分布必须相对均匀，分别位于隧道掌子面的上、中、下部以及两侧；在布置检验孔的时候，应布置在防突措施孔的“弱侧”，即尽量远离防突措施孔，或布置在其密度较小，孔间距相对大的区域；对于煤层或地层结构相对复杂的区域应加密相应的检验孔，确保不遗漏各种可能出现的问题。检验结果的相关技术指标要求，均必须低于规定的限值要求，否则需调整或完善既定的方案措施，并对其进行重新检验，直至都满足要求后才能进行隧道工程的爆破施工。

Chapter 4

穿越含煤地层特长公路隧道施工通风技术

随着我国交通运输网向中西部地区的不断延伸，越来越多的隧洞需要在含煤复杂地层中修建，施工过程中可能受到煤与瓦斯突出、有毒有害气体、采空区等危害，严重影响施工人员安全。因此，良好的通风条件对瓦斯隧道施工安全有着重要的保障作用。本章针对宝鼎 2 号隧道施工通风特点，提出相应的施工通风方案，揭示了洞内通风量及风筒位置对瓦斯分布的影响规律，以及风速、风流、有毒有害气体的分布规律，旨在为特长瓦斯公路隧道通风措施的安排和优化提供借鉴。

4.1 宝鼎 2 号隧道施工通风特点

宝鼎 2 号隧道具有高瓦斯、大开挖断面、高海拔的特点，这些特点对隧道通风方案的确定以及洞内气体的分布和运动规律均有显著影响。具体分析如下：

（1）高瓦斯、大开挖断面。

隧道 K18+640 ~ K20+240（长约 1 600 m）为高瓦斯段落，且根据隧道横断面的分类标准，该隧道工程开挖断面为大断面隧道工程。为了确保在瓦斯区段施工过程中的安全，设计要求瓦斯区段的通风速率大于 1 m/s，因此需对该区段施工通风进行专项设计，确保其需风量满足高瓦斯隧道的要求。

（2）高海拔。

通风机的运作效率除了与电压的稳定、自身功率有关，还与其所处环境的风压有关。由式（4-1）可知，通风机的风压受所在地区海拔高度和气温影响较大，海拔高度越高或气温越高则其通风机的风压越低。该隧道 K18+640 ~ K23+322 段平均高程 1 432 m，最大海拔高度超过 1 500 m，属于高海拔的临界高程，因此该海拔高度隧道内通风机的运作性能将受很大影响。

$$P_h=\frac{P_p\times 101\,325\times(1-0.022\,57h_e)^{5.356}}{101\,325}\times\frac{273+20}{273+t_h} \tag{4-1}$$

式中，h_e——海拔高度；

P_h——海拔 h 处风机的风压；

t_h——海拔 h 处的气温；

P_p——平原地区风机的风压。

总体来讲，宝鼎 2 号隧道作为典型的特长公路隧道，其施工通风与一般隧道相比，有更加突出的特点，具体如图 4-1 所示。

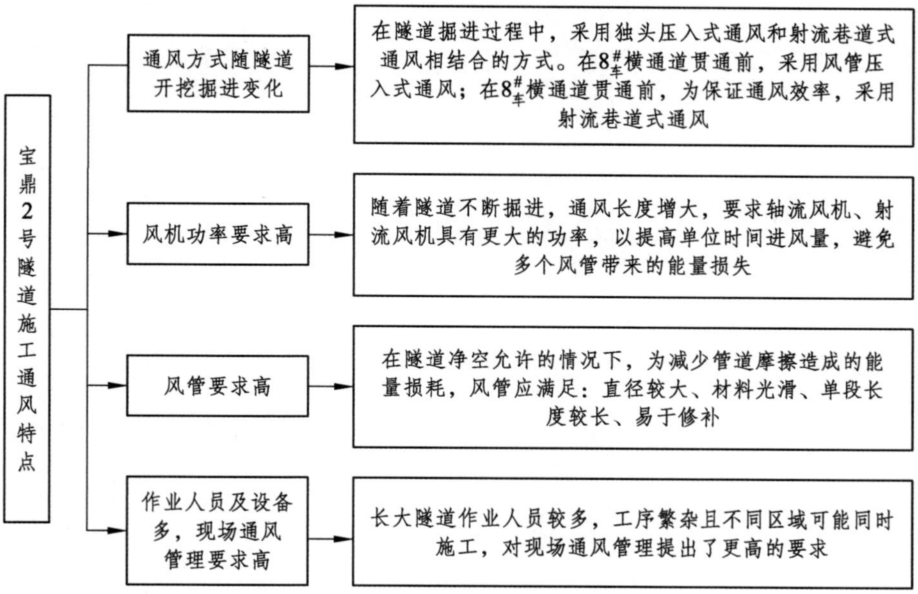

图 4-1　宝鼎 2 号隧道施工通风特点

4.2　宝鼎 2 号隧道施工通风计算及方案

4.2.1　通风方式选择

在高瓦斯隧道修建过程中，通风方式的选取尤为重要。根据相关规范[34-35]，在高瓦斯及瓦斯突出区段可采取压入式或巷道式通风。其中，压入式是将风机布置在隧道洞口以外 30 m 新鲜风流中，再将新鲜风流由风管压入洞内至掌子面前 5 m 范围内，将瓦斯等气体稀释到安全浓度（<0.5%）后，通过洞身排出；巷道式是在双洞条件下，将主扇风机布置在洞内，通过风管向掌子面供风，并且两洞分管进风和出风，双洞间只留一处敞开的通道，其他通道应处于封闭状态。

宝鼎 2 号隧道属于双洞特长高瓦斯公路隧道。为充分利用双洞之间横通道相互连接的功能特性，减小由于隧道过长引起的通风机功率要求高、电压能耗大、通风管过长等缺陷，在施工过程中采用压入式和射流巷道式相结合的通风方式。

4.2.2　工区划分

宝鼎 2 号隧道进口端存在多处煤矿及采空区，煤与瓦斯突出严重，故共分为 6 个工区，且均为高瓦斯段；出口端仅存在少量薄煤层或煤线，共划分 4 个工区。其中最靠近进口端的工区为高瓦斯段，其余为低瓦斯段。具体如表 4-1 和 4-2 所示。

表 4-1　进口端工区及通风方式划分

工区	里程	瓦斯等级	通风方式	风筒长度
1	K14+560~K15+400	高瓦斯	独头压入式	856 m
	ZK14+535~ZK15+391			840 m
2	K15+400~K16+150	高瓦斯	射流巷道式	750 m
	ZK15+391~ZK16+141			750 m
3	K16+150~K16+950	高瓦斯	射流巷道式	800 m
	ZK16+141~ZK16+941			800 m
4	K16+950~K17+650	高瓦斯	射流巷道式	700 m
	ZK16+941~ZK17+644			703 m
5	K17+650~K18+400	高瓦斯	射流巷道式	750 m
	ZK17+644~ZK18+398			754 m
6	K18+400~K18+940	高瓦斯	射流巷道式	540 m
	ZK18+398~ZK18+920			522 m

表 4-2 出口端工区及通风方式划分

工区	里程	瓦斯等级	通风方式	风筒长度
1	K23+322~K22+150	低瓦斯	独头压入式	1 172 m
	ZK23+310~ZK22+137			1 173 m
2	K22+150~K20+679	低瓦斯	射流巷道式	1 471 m
	ZK22+137~ZK20+651			1 486 m
3	K20+679~K19+900	低瓦斯	射流巷道式	779 m
	ZK20+651~ZK19+899			752 m
4	K19+900~K18+940	高瓦斯	射流巷道式	960 m
	ZK19+899~ZK18+920			979 m

4.2.3　需风量计算

分别对各区段需风量按照以下 5 个方面进行计算，最终取最大值。具体的计算公式如下：

（1）按洞内同时作业人数的最大值计算。

$$Q_1 = q_p \cdot n_p \cdot k_b \tag{4-2}$$

式中，Q_1——人员需风量，m^3/min；

q_p——洞内工人的需风量，4 m^3/（min/人）；

n_p——同时工作人数的最大值，24 人；

k_b——备用系数，取 1.45。

（2）按绝对瓦斯涌出量计算。

若作业工作面附近有瓦斯涌出，则需要足够的风量将工作面气体中的瓦斯浓度稀释到 0.5%以下。需风量可按式（4-3）计算：

$$Q_2=\frac{q_{CH_4}\cdot K_w}{C_{CH_4}} \tag{4-3}$$

式中，Q_2——稀释瓦斯需风量，m^3/min；

q_{CH_4}——洞内绝对瓦斯涌出量，取 2.843 m^3/min；

K_w——通风系数，取 1.5；

C_{CH_4}——工作面瓦斯的容许浓度，取 0.5%。

（3）按允许最低风速计算。

$$Q_3=60\cdot v_{min}\cdot S_e \tag{4-4}$$

式中，Q_3——最低风速需风量，m^3/min；

v_{min}——保证通风安全风流的最小风速，高瓦斯段取 1.0 m/s，低瓦斯地段取 0.5 m/s；

S_e——开挖断面面积，m^2。其中，对于Ⅴ级围岩段的开挖断面最大，初期支护后断面面积为 97.78 m^2。考虑抑拱回填距离工作面仅 30~50 m，工作面附近射流风机和局扇可防止瓦斯积聚，施工通风断面取仰拱回填后断面（考虑预留沉降量），为 70.41 m^2；对于Ⅳ级围岩段，仰拱回填后断面面积为 69.33 m^2；对于Ⅲ级围岩段，断面面积为 68.12 m^2。

（4）爆破排烟需风量计算。

当风管出风口到掌子面的间距为 $(4\sim5)\sqrt{S_e}$ 时，排出爆破产生的烟尘风量按式（4-5）计算。

$$Q_4=\frac{0.456}{t_h}\sqrt{\frac{A_e b_{CO} {S_e}^2 {L_h}^2}{{P_w}^2 C_{CO}}} \tag{4-5}$$

式中，Q_4——排出爆破烟尘需风量，m^3/min；

A_e——同时爆破炸药量，取 280 kg；

b_{CO}——每千克炸药产生的 CO 当量，取 40 L/kg；

P_w——风管始末端风量之比，取 1.2；

L_h——巷道通风长度；

C_{CO}——通风要求达到的 CO 浓度，取值为 0.0025%。

另外，排烟安全距离 L_s 采用公式（4-6）计算。

$$L_s = \frac{0.1A_e b_{CO}}{C_{CO} S_e} \tag{4-6}$$

对于钻爆法开挖，通风长度 L_h 取排烟安全距离与二衬步距（掌子面至二衬台车间距）中的最小值，由于四级围岩段二衬步距不超过 90 m，五级围岩段二衬步距不超过 70 m，计算得到安全排烟距离明显大于 90 m，故保守取 L_h 为 90 m。

（5）按排解内燃机产生的废气需风量计算。

$$Q_5 = H_p \cdot q_w \cdot k_p \tag{4-7}$$

式中，Q_5——内燃机械需风量，m^3/min；

H_p——内燃机械总功率，kW；

q_w——内燃机械单位功率供风量，取 4.5 m^3/（kW · min）；

k_p——功率系数，取 0.6。

作业范围内有挖机 1 台，140 kW；装载机 2 台，2×162 kW；自卸式汽车 1 台，247 kW，砼罐车 1 台，247 kW。因此，洞内机械总功率为 958 kW。

通过以上 5 个方面的计算，进出口各工区需风量见表 4-3 和表 4-4 所示。

表 4-3　进口各工区需风量

计算类型	各工区需风量/（m^3/min）					
	1	2	3	4	5	6
Q_1	139.2	139.2	139.2	139.2	139.2	139.2
Q_2	852.9	852.9	852.9	852.9	852.9	852.9
Q_3	4 225	4 225	4 225	4 225	4 225	4 225
Q_4	560	560	560	560	560	560
Q_5	2 586	2 586	2 586	2 586	2 586	2 586
Q_{max}	4 225	4 225	4 225	4 225	4 225	4 225

表 4-4　出口各工区需风量

计算类型	各工区需风量/（m^3/min）			
	1	2	3	4
Q_1	139.2	139.2	139.2	139.2
Q_2	—	—	—	852.9
Q_3	2 112	2 112	2 112	4 224
Q_4	560	560	560	560
Q_5	2 586	2 586	2 586	2 586
Q_{max}	2 586	2 586	2 586	4 224

4.2.4 风机供风量计算

风机供风量按式（4-8）和式（4-9）计算。

$$Q_6 = \frac{Q_{max}}{k_1} \tag{4-8}$$

$$k_w = 1 - \eta_{100} \frac{L_p}{100} \tag{4-9}$$

式中，Q_6——风机供风量，m^3/min；

Q_{max}——最大需风量，m^3/min；

k_w——有效风量率；

η_{100}——管路平均百米漏风率，目前新型拉链软风管百米漏风率通常在 1%以下，考虑到施工时其他因素的影响，取为 1%；

L_p——管路长度，m。

进口、出口各工区的风机供风量计算结果分别如表 4-5 和表 4-6 所示。

表 4-5　进口风机供风量

工　区	1	2	3	4	5	6
L/m	880	810	860	760	810	600
k_w	0.913	0.919	0.914	0.924	0.92	0.94
Q_6/（m^3/min）	4 633	4 597	4 623	4 573	4 597	4 495

表 4-6　出口风机供风量

工　区	1	2	3	4
L/m	1 200	1 540	840	1 020
k_w	0.881	0.846	0.916	0.898
Q_6/（m^3/min）	2 939	3 057	2 823	4 704

4.2.5 通风阻力计算及设备配置

1. 风管阻力计算及轴流风机配置

风管的阻力由风管的摩擦风阻和局部风阻组成。

（1）风管的摩擦风阻。

$$R_f = \frac{\alpha_f L_p U_p}{S_p^3} \tag{4-10}$$

式中，R_f——风管对风流的摩擦阻力，kg/m^7；

α_f——摩擦阻力系数，值为 0.001 76（$N \cdot s/m^4$）；

U_p——风管周长，m；

S_p——风管截面积，m^2。

（2）风管的局部阻力。

$$R_r = \zeta_r \times \frac{\rho_a}{2S_p^2} \tag{4-11}$$

式中，R_r——风管局部风阻，kg/m^7；

ζ_r——风管局部阻力系数；

ρ_a——空气密度，取 1.06 kg/m^3。

（3）风管的阻力。

$$H_f = \frac{(R_f + R)_r \times Q_6 \times Q_7}{3\,600} \tag{4-12}$$

式中，H_f——风管阻力之和，Pa；

Q_7——风筒出口风量，m^3/min。

（4）轴流风机供压。

轴流风机的选择应当满足各通风区段供风量及风压。风机全压按式（4-13）计算。

$$H_m = H_f + \frac{\rho_a}{2} v_e^{\,2} \tag{4-13}$$

式中，H_m——压入式风机全压力，Pa；

v_e——风管出口风速，m/s。

由于宝鼎 2 号隧道海拔高度在 1 500 m 左右，风流密度相较于平原地区有所下降，风机的性能在该地区比平原地区偏低。根据文献[36]，确立轴流风机风压与海拔高度关系如下。

$$H_h = (1 - 0.0767 h_e) \times H_p = 0.885 H_p \tag{4-14}$$

式中，H_h——高海拔地区轴流风机实际风压，Pa；

H_p——平原地区风机风压，Pa；

h_e——海拔高度，取 1.5km。

最终确立轴流风机需供压力为：

$$H' = H / 0.885 \tag{4-15}$$

计算得到进出口各工区的风管阻力如表 4-7 和表 4-8 所示。其中，全线各区段风管选用 ϕ1 600 mm 拉链软风管、双管布置、百米漏风率 η_{100}<1%、摩擦系数 $\lambda \leqslant 0.014$，瓦斯区段风管末尾出口到掌子面的间距<5 m。

表 4-7 进口端风管阻力计算结果

工区	1	2	3	4	5	6
最大通风长度/m	870	810	860	760	810	600
风管直径/mm	1 600					
风管数量	双管					
单台风机供风量/（m^3/min）	2 446	2 452	2 273	2 431	2 431	2 421
每管风管风阻/（kg/m^7）	1.04	1.41	1.47	1.36	1.41	1.18
每管阻力损失/（Pa）	1 635	2 207	2 145	2 100	2 188	1 784
风筒出口风速/（m/s）	23.2					
单台风机需满足的风压/Pa	2 209	2 856	2 786	2 735	2 834	2 378

表 4-8 出口端风管阻力计算结果

工区	1	2	3	4
最大通风长度/m	1 190	1 540	840	1 020
风管直径/mm	1 600			
风管数量	双管			
单台风机供风量/（m^3/min）	2 393	2 277	2 291	2 217
每管风管风阻/（kg/m^7）	1.38	1.88	1.44	1.64
每管阻力损失/（Pa）	2 195	2 708	2 099	2 239
风筒出口风速/（m/s）	23.2			
单台风机需满足的风压/Pa	2 842	3 422	2 734	2 892

轴流风机选用 SDF（B）-No14 型防爆轴流风机，功率为 2×160 kW，风量为 1 936~3 772 m^3/min，风压为 1 017~6 472 Pa，进口端压入式风机共 6 台，其中左右线各工作风机 2 台，备用风机 1 台；出口端低瓦斯段压入式风机的数量为 4 台，其中左右线各工作 1 台和备用 1 台，高瓦斯段压入式风机 6 台，其中左右线各工作 2 台、备用 1 台。低瓦斯段使用正常工作的风机，在检测出瓦斯后进行双风管通风。

2. 隧道阻力计算及射流风机配置

隧道通风阻力的计算公式与风管通风阻力计算公式（4-10）~式（4-12）相同，只要带入相对应的参数进行计算，计算结果如表 4-9 和表 4-10 所示。其中，隧道采用（B）SDS100K-4P/22 型号的防爆型射流风机，其口径为 100 cm，功率为 22 kW，升压力为：

$$H_s=\rho_a v_j^2 \frac{S_s}{S_e}\left(1-\frac{v_d}{v_j}\right)\eta \tag{4-16}$$

式中，v_j——射流风机出口速度，31.2 m/s；

v_d——隧道设计风速，1.0 m/s；

S_s——射流风机出口面积，0.785 m^2；

S_e——隧道全断面面积，70.41 m^2；

η——射流风机位置的摩阻损失折减系数，取 0.87。

表 4-9　进口端隧道阻力及射流风机计算

工区	1	2	3	4	5	6
最大通风长度/m	870	1 680	2 540	3 300	4 110	4 710
隧道通风阻力/Pa	11.2	18.9	27.0	33.3	41.0	44.5
单台射流风机升压力/Pa	9.28					
总射流风机数/台	4	5	7	9	11	13

表 4-10　出口端隧道阻力及射流风机计算

工区	1	2	3	4
最大通风长度/m	1 190	2 730	3 570	4 590
隧道通风阻力/Pa	5.8	13.1	22.6	46.5
单台射流风机升压力/Pa	9.28			
总射流风机数/台	4	5	7	13

对瓦斯易于产生积聚的位置，可选用 FBD（Y）-No4.5 隔爆压入式轴流局部通风机，功率为 2×4 kW，风量为 220~150 m^3/min，全压在 300~2 300 Pa，能有效防止在初支或二衬台车、紧急停车带等局部发生瓦斯积聚。

4.2.6　施工通风方案

1. 进口端各工区通风方案

（1）进口 1 号高瓦斯工区。

进口至 $1^{\#}_{车}$横通道末端为 1 号高瓦斯工区，采取独头压入式通风。在距离洞口 30 m 位置设置 6 台压入式轴流风机，其中左、右洞工作风机各 2 台，备用风机各 1 台；设置射流风机 4 台，左、右洞各 2 台。其中，为防止施工台车前发生瓦斯积聚，在左、右洞二衬台车前各设置 1 台，在左、右洞内距进口 100 m 位置处各设置 1 台，且风流方向都为吹向进口。在该工区施工期间为防止窜风发生，$1^{\#}_{人}$、$2^{\#}_{人}$与 $1^{\#}_{车}$均封闭。独头压入式风机配置如图 4-2 所示。

（2）进口 2 号高瓦斯工区。

$1^{\#}_{车}$横通道至 $2^{\#}_{车}$横通道末端为 2 号高瓦斯工区，采取巷道式通风。在距 $1^{\#}_{车}$横通道前 30 m 位置处设置轴流风机 6 台，左、右洞各工作 2 台，备用 1 台；设置射流风机 5

台，具体设置为：在右洞距进口 100 m 处各设置 1 台（风向为洞内）；在左、右洞二衬台车前各设置 1 台（风向为洞外），在左洞距进口 100 m 处各设置 1 台（风向为洞外）；在 $1^{\#}_{\text{车}}$横通道内设置 1 台（风向为吹向左洞）。在该工区施工期间为防止窜风，$1^{\#}_{\text{人}}$至 $4^{\#}_{\text{人}}$与 $2^{\#}_{\text{车}}$均封闭，在 $1^{\#}_{\text{车}}$横通道与轴流风机间设置风门，仅 $1^{\#}_{\text{车}}$处于敞开状态。

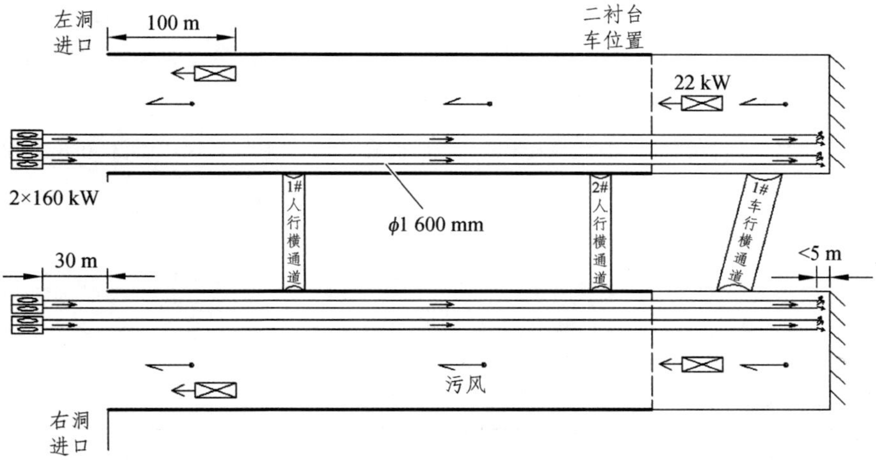

图 4-2　进口 1 号高瓦斯工区风机配置示意

（3）进口 3 号高瓦斯工区。

$2^{\#}_{\text{车}}$横通道至 $3^{\#}_{\text{车}}$横通道末端为 3 号高瓦斯工区，采取巷道式通风。轴流风机配置与 2 号高瓦斯工区相同，设置在 $2^{\#}_{\text{车}}$横通道前 30 m 处。射流风机共 7 台，具体设置为：在左、右洞二衬台车前各设置 1 台（风向为洞外），在右洞距进口 100 m、1 200 m 处各设置 1 台（风向为洞内）；在左洞距进口 100 m、1 250 m 处各设置 1 台，并在加宽带前后位置设置 2 台局扇（风向为洞外）；$2^{\#}_{\text{车}}$横通道内设置 1 台（风向为吹向左洞）。为防止风流乱窜，$1^{\#}_{\text{车}}$、$3^{\#}_{\text{车}}$和 $1^{\#}_{\text{人}}$~$6^{\#}_{\text{人}}$均封闭，并在 $2^{\#}_{\text{车}}$横通道与轴流风机间设置风门，仅 $2^{\#}_{\text{车}}$处于敞开状态。

（4）进口 4 号高瓦斯工区。

$3^{\#}_{\text{车}}$横通道至 $1^{\#}$洞内联络道末端为 4 号高瓦斯工区，巷道式通风，轴流风机配置与 2 号高瓦斯工区相同，设置在 $3^{\#}_{\text{车}}$横通道前 30 m 处。射流风机共 9 台，具体设置为：在左、右洞二衬台车间各设置 1 台（风向为洞外）；在右洞距进口 100 m、1 700 m、2 500 m 处各设置 1 台（风向为洞内）；在左洞距进口 100 m、1 700 m、2 500 m 处各设置 1 台，并在加宽带处设置 2 台局扇（风向为洞外）；$3^{\#}_{\text{车}}$横通道内设置 1 台（风向为左洞）。为防止风流乱窜，$1^{\#}_{\text{车}}$、$2^{\#}_{\text{车}}$和 $1^{\#}_{\text{人}}$~$8^{\#}_{\text{人}}$及 $1^{\#}$洞内联络道均封闭，在 $3^{\#}_{\text{车}}$横通道与轴流风机间设置风门，仅 $3^{\#}_{\text{车}}$处于敞开状态。

（5）进口 5 号高瓦斯工区。

$1^{\#}$洞内联络道至 $4^{\#}_{\text{车}}$横通道末端为 5 号高瓦斯工区，巷道式通风，轴流风机配置与 2 号高瓦斯工区相同，设置在 $1^{\#}$洞内联络道前 30 m 处。射流风机共 11 台，具体设置为：在左右洞二衬台车前各设置 1 台（风向为洞外），在右洞距洞口 100 m、1 700 m、2 500 m、

3 300 m 处各设置 1 台（风向为洞内）；在左洞距洞口 100 m、1 700 m、2 500 m、3 300 m 处各设置 1 台，并在加宽带处设置 2 台局扇（风向为洞外）；1$^{\#}$洞内联络道内设置 1 台射流风机和 1 台局扇（风向为左洞）。1$^{\#}_{\text{车}}$、2$^{\#}_{\text{车}}$、3$^{\#}_{\text{车}}$和 1$^{\#}_{\text{人}}$~10$^{\#}_{\text{人}}$均封闭，在 1$^{\#}$洞内联络道与轴流风机间设置风门，仅 1$^{\#}$洞内联络道处于敞开状态。

（6）进口 6 号高瓦斯工区。

4$^{\#}_{\text{车}}$横通道至里程 K18+940 位置为 6 号高瓦斯工区，巷道式通风，轴流风机配置与 2 号高瓦斯工区相同，设置在 4$^{\#}_{\text{车}}$横通道前 30 m 处。射流风机共 13 台，具体设置为：在左右洞二衬台车前各设置 1 台（风向为洞外），在右洞距洞口 100 m、1 700 m、2 500 m、3 300 m 处各设置 1 台（风向为洞内）；在左洞距洞口 100 m、1 700 m、2 500 m、3 300 m 处各设置 1 台，并在加宽带处设置 2 台局扇（风向为洞外）；4$^{\#}_{\text{车}}$横通道内设置 1 台（风向为吹向左洞）。1$^{\#}_{\text{车}}$、2$^{\#}_{\text{车}}$、3$^{\#}_{\text{车}}$和 1$^{\#}_{\text{人}}$~12$^{\#}_{\text{人}}$及 1$^{\#}$洞内联络道均封闭，在 4$^{\#}_{\text{车}}$横通道与轴流风机间设置风门，仅 4$^{\#}_{\text{车}}$处于敞开状态。巷道式风机配置如图 4-3 所示。

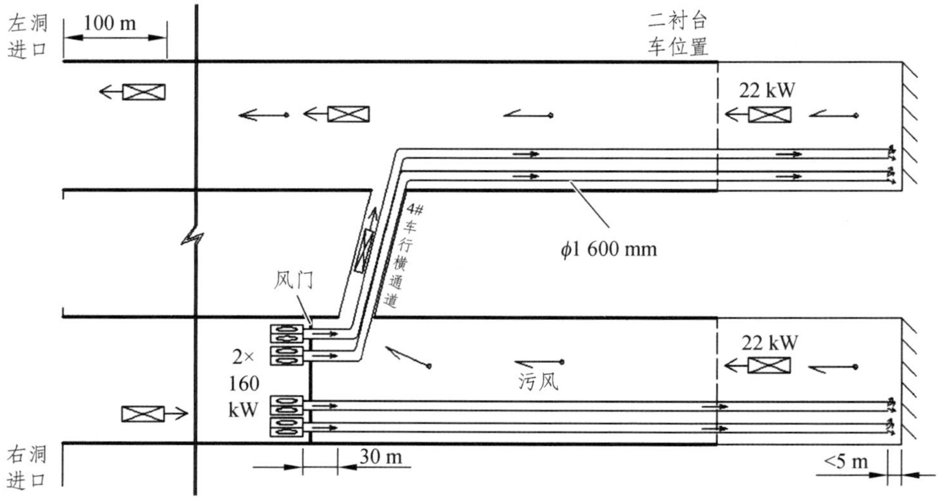

图 4-3　进口 6 号高瓦斯工区风机布置示意

2. 出口端各工区通风方案

（1）出口 1 号低瓦斯工区。

出口至 8$^{\#}_{\text{车}}$横通道末端为 1 号低瓦斯工区，采用独头压入式通风，在距洞口 30 m 位置设置 4 台轴流风机，左、右洞各工作 1 台，备用 1 台。射流风机共 4 台，具体设置为：在左、右洞二衬台车前各设置 1 台，在左、右洞内距出口 100 m 位置处各设置 1 台（风向为洞外）。在每个加宽带前、后位置共设置 2 台局扇，防止有害气体积聚。为防止窜风，9$^{\#}_{\text{车}}$、8$^{\#}_{\text{车}}$与 22$^{\#}_{\text{人}}$、21$^{\#}_{\text{人}}$均为封闭状态。

（2）出口 2 号低瓦斯工区。

8$^{\#}_{\text{车}}$横通道至 2$^{\#}$洞内联络道为 2 号低瓦斯工区，采取巷道式通风，在距 8$^{\#}_{\text{车}}$横通道前 30 m 位置设置 4 台轴流风机，左、右洞各工作 1 台，备用 1 台。射流风机共 5 台，具体设置为：在左、右洞二衬台车前各设置 1 台；在右洞内距出口 100 m 位置处，设置 1 台（风向为洞外）；在左洞内距出口 100 m 位置处，各设置 1 台（风向为洞内）；在 $8^{\#}_{\text{车}}$横通道内设置 1 台（风向为吹向右洞）。在每个加宽带前后位置处设置 2 台局扇。为防止窜风，$9^{\#}_{\text{车}}$、$7^{\#}_{\text{车}}$与 $17^{\#}_{\text{人}}$~$22^{\#}_{\text{人}}$均为封闭状态，在 $8^{\#}_{\text{车}}$横通道与轴流风机间设置风门，仅 $8^{\#}_{\text{车}}$处于敞开状态。

（3）出口 3 号低瓦斯工区。

$2^{\#}$洞内联络道至 $6^{\#}_{\text{车}}$横通道为 3 号低瓦斯工区，采取巷道式通风，在距 $2^{\#}$洞内联络道前 30 m 位置设置 4 台轴流风机，左、右洞各工作 1 台，备用 1 台。射流风机共 7 台，具体设置为：在左、右洞二衬台车前各设置 1 台（风向为洞外），在左洞距出口 100 m、2 000 m 处各设置 1 台（风向为洞内）；在右洞距出口 100 m、2 000 m 处各设置 1 台，并在每个加宽带处设置 2 台局扇（风向为洞外）；在 $2^{\#}$洞内联络道内设置 1 台（风向为吹向右洞）。为防止窜风，$6^{\#}_{\text{车}}$至 $9^{\#}_{\text{车}}$与 $15^{\#}_{\text{人}}$~$22^{\#}_{\text{人}}$均为封闭状态，在 $2^{\#}$洞内联络道与轴流风机间设置风门，仅 $2^{\#}$洞内联络道处于敞开状态。

（4）出口 4 号高瓦斯工区。

$6^{\#}_{\text{车}}$横通道至里程 K18+940 位置为 4 号高瓦斯工区，采取巷道式通风，轴流风机共 6 台，左、右洞各工作 2 台，备用 1 台，设置在 $6^{\#}_{\text{车}}$横通道前 30 m 处。射流风机共 13 台，具体设置为：在左、右洞二衬台车间各设置 1 台（风向为洞外），在右洞距出口 100 m、1 200 m、2 700 m、3 600 m 处各设置 1 台（风向为洞内）；在左洞距出口 100 m、1 200 m、2 700 m、3 600 m 处各设置 1 台，并在右洞每个加宽带处设置 2 台局扇（风向为洞外）；$6^{\#}_{\text{车}}$横通道内设置 1 台（风向为吹向左洞）。为防止窜风，$5^{\#}_{\text{车}}$、$7^{\#}_{\text{车}}$、$8^{\#}_{\text{车}}$、$9^{\#}_{\text{车}}$与 $13^{\#}_{\text{人}}$~$22^{\#}_{\text{人}}$及 $2^{\#}$洞内联络道均为封闭状态，在 $6^{\#}_{\text{车}}$横通道与轴流风机间设置风门，仅 $6^{\#}_{\text{车}}$处于敞开状态。巷道式风机配置如图 4-4 所示。

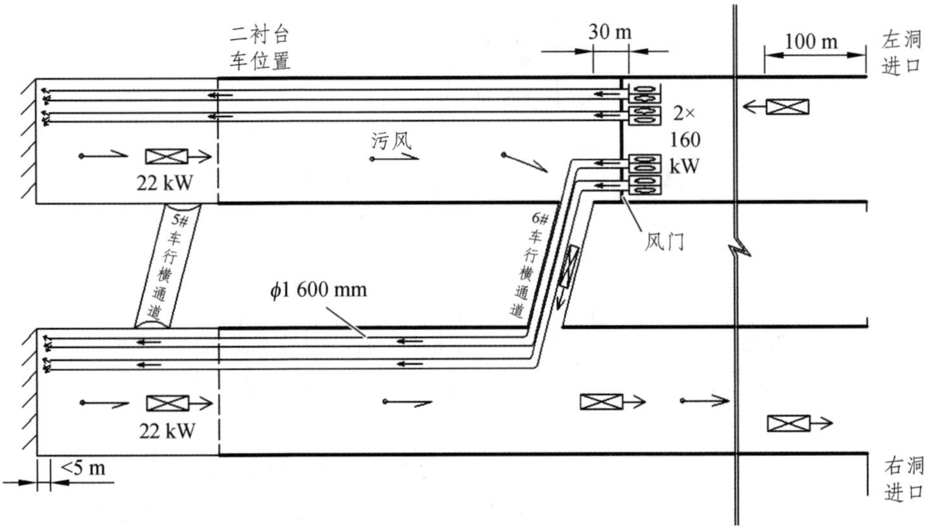

图 4-4 出口 4 号高瓦斯工区风机布置示意

4.3　射流巷道式通风数值模拟

隧道射流巷道式施工通风是一个复杂的问题。风从风管管口射出后的流动形态受到隧道壁面的限制后，射流与周围气体质点所发生的能量交换、横通道与主洞连接处的局部阻力等都涉及流体力学的问题，简单依靠试验研究和经验公式难以全面准确地反映隧道施工通风时的风流分布特性。基于计算流体力学理论（CFD）的数值模拟法，具有成本低、能模拟较复杂或较理想的流动过程、能推出多种优化的物理模型、对每一种物理问题的流动特点都具有相适应的数值解法等优点，被认为是目前求解各种流动问题的最有效的数值计算方法。这里采用 CFD 专业计算软件 FLUENT 进行巷道式通风局部流场数值模拟，对通风过程中隧道内风流流速、压力分布等进行研究，分析通风效果影响因素，为实际工程中通风方案设计提供参考指导。

4.3.1　计算模型介绍

1. 基本假设

（1）通风气流视为三维黏性不可压缩流体，忽略空气密度随压力的变化；

（2）壁面绝热且等温通风，忽略由流体黏性力做功引起的耗散热；

（3）隧道内风流流动形态为稳态紊流。

2. 数学模型

对于紊流问题的模拟通常有直接模拟法（DNS）、大涡模拟方法（LES），Reynolds 平均法（RANS）及统计平均法等。其中，RANS 是目前应用最广泛的紊流数值模拟方法。FLUENT 中提供的 RANS 紊流模型分类如图 4-5 所示。在大量的资料调研及初步计算的基础上拟采用标准k-ε双方程紊流模型。

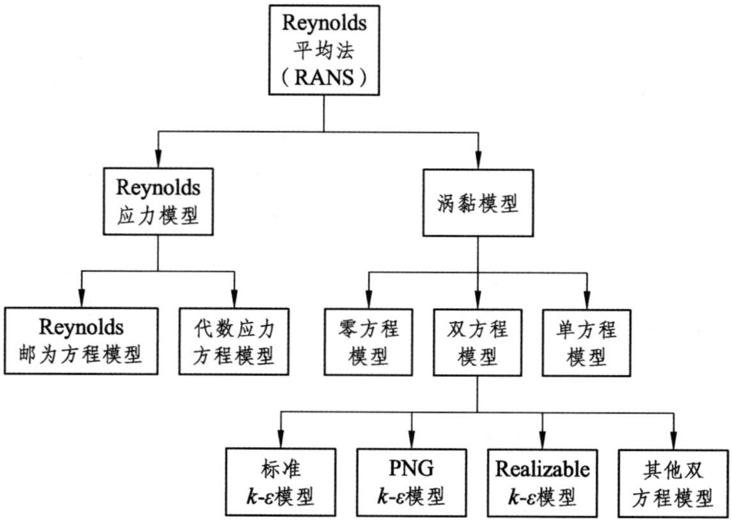

图 4-5　RANS 对应的紊流模型分类

3. 计算模型

利用 Gambit 建立隧道射流巷道式通风三维模型。为方便模拟分析，选取基本几何尺寸为：模拟隧道长度 300 m，送风管直径 1.6 m，射流风机直径 1 m。利用 FLUENT 前处理器 GAMBIT 对模型进行网格划分，涉及的网格划分类型有 Cooper 及 Tet/Hybrid 两种，体网格元素主要为四面体网格和六面体网格。整个模型共计 950 712 个单元、2 055 044 个面和 256 884 个网格节点。隧道通风几何模型和网格划分情况如图 4-6 所示。

（a）几何模型展示

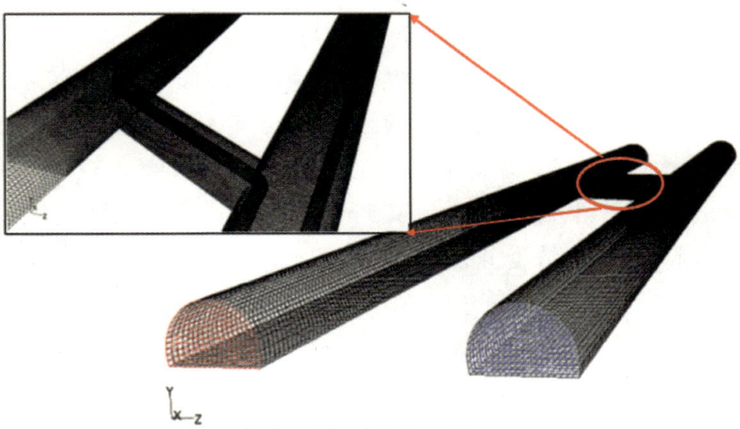

（b）网格划分效果展示

图 4-6　隧道通风三维计算模型示意

4. 边界条件

本计算确立计算模型边界条件如下：

（1）左、右双洞中两送风管出风口均为入口边界，类型为 Velocity-Inlet，且 $v_1 = v_2 = 19.397\ \text{m/s}$；

（2）左、右双洞及横通道中三台射流风机出风口均为入口边界，类型为 Velocity-Inlet，$v = 34.2\ \text{m/s}$；射流风机吸风口为入口边界，类型为 Mass-Flow Inlet，且 $Q = 26.9\ \text{m}^3/\text{s}$；

（3）右洞进口断面为入口边界，类型为 Pressure-Inlet，左洞进口断面为出口边界，类型为 Pressure-Outlet。各种压力值的大小均是相对于 operating condition 中参考压力

（101 325 Pa）的值；

（4）隧道壁面及风管管壁边界类型均为固壁边界（Wall），且满足无滑移条件。

5. 离散化方程及求解方法

对于不同的流场，应选用合适的离散格式来对相应的方程进行离散，离散格式的不同主要是由于方程中对流项所采用的离散格式不同所致，这种离散格式通常被称为空间差分格式。FLUENT 中提供的差分格式主要有：中心差分、一阶迎风格式、二阶迎风格式、QUICK 格式、三阶 MUCSL 格式以及隐式或显式的时间差分格式等。对于隧道射流巷道式施工通风局部流场，Pressure 压力差值方式采用 Standard 格式，为了克服或减轻数值计算中的假扩散误差，Momentum、k 方程和 epsilon 方程的离散格式均采用一阶迎风格式。

对离散完成的差分方程组有各种不同的解法，FLUENT 中提供的 pressure-velocity coupling 压力速度耦合方式算法有 SIMPLE、SIMPLEC、PISO 算法，现采用 SIMPLEC 算法进行解算以加速模拟收敛速度。

4.3.2 工作面横向瓦斯分布规律

在局部通风情况下，掘进工作面的风流状态为紊流流动，排除瓦斯的过程包括新鲜空气与瓦斯的对流和空气紊流流动引起的瓦斯紊流扩散。本部分主要研究一般情况下工作面的风流和瓦斯分布情况。其中，风管布置在右边墙，风筒风量 Q=2 340 m^3/min，瓦斯从掘进巷道迎头断面上均匀涌出且涌出量为 0.325 m^3/min（回风平均瓦斯浓度为 4.5%）。

不同隧道横断面的瓦斯浓度分布如图 4-7 所示。其中，x 方向为隧道轴向，瓦斯涌出面为 x=50.0 m。

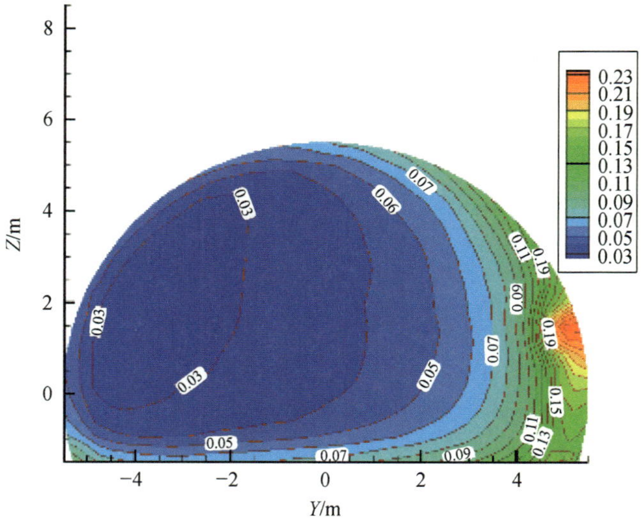

（a）X=49.7 m

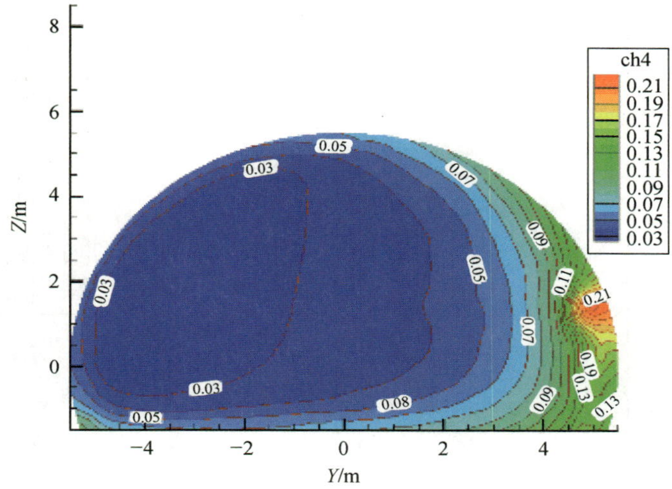

（b）X=49.5 m

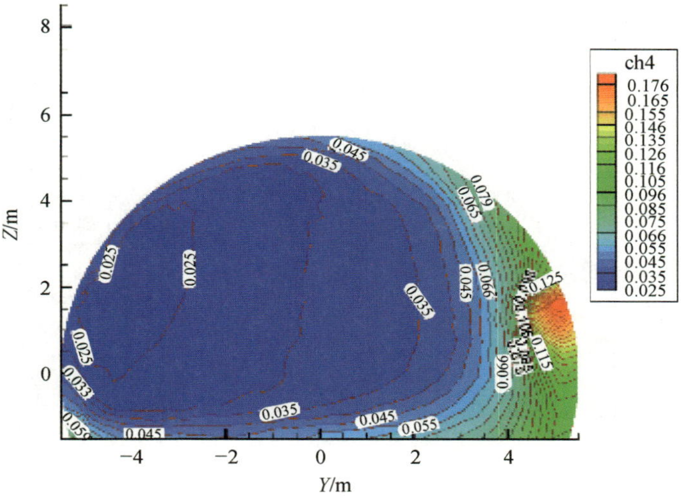

（c）X=49.0 m

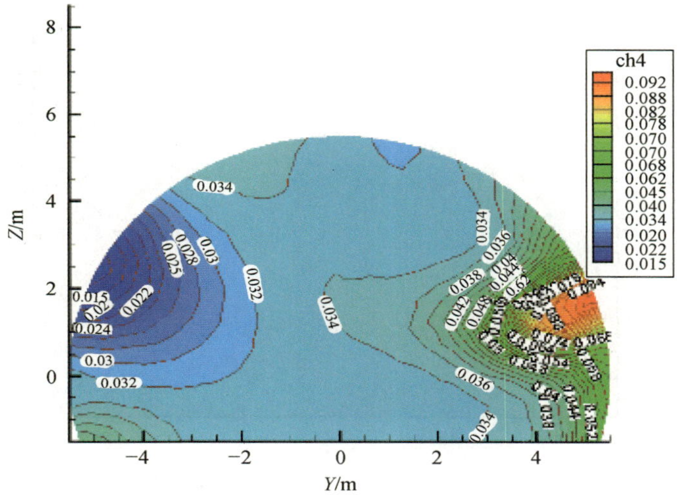

（d）X=45.0 m

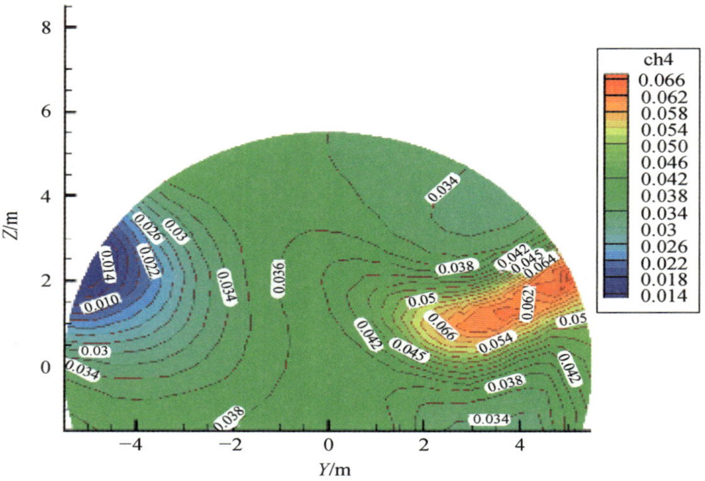

（e）X=40.0 m

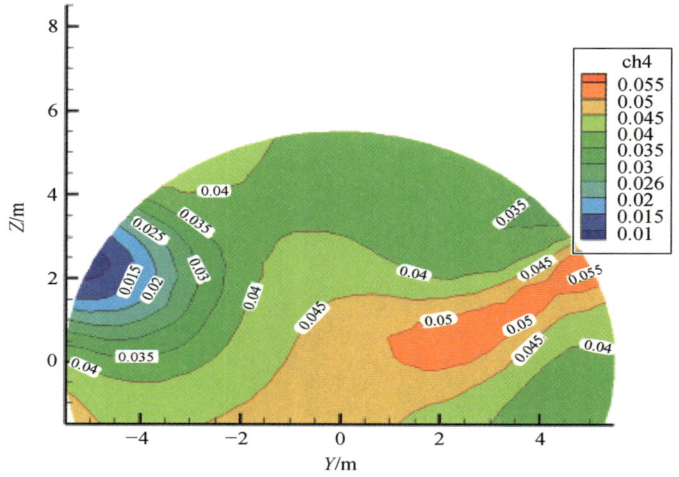

（f）X=35.0 m

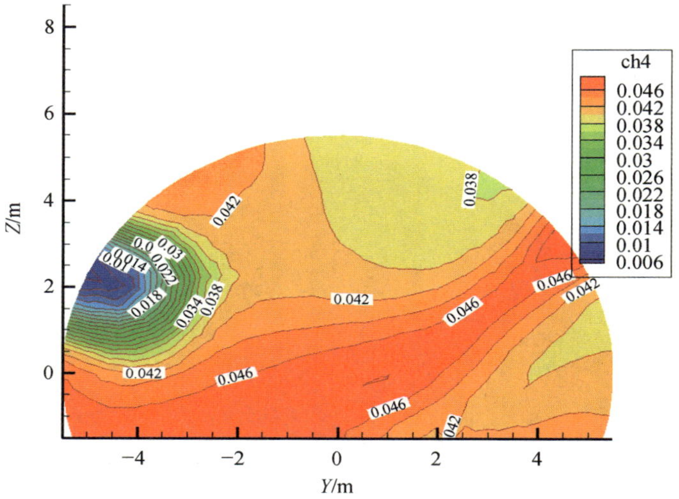

（g）X=30.0 m

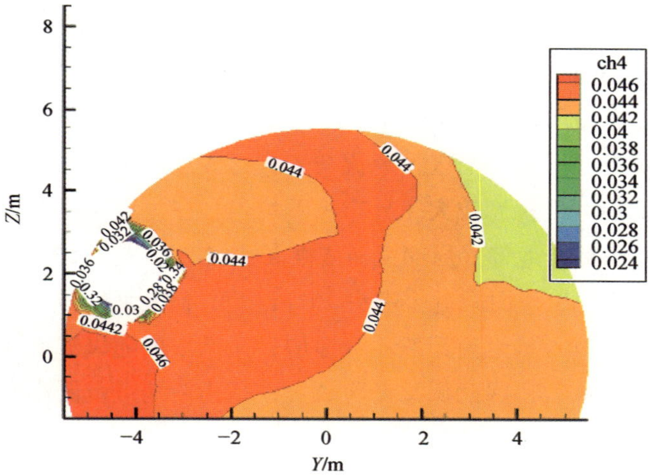

（h）X=25.0 m

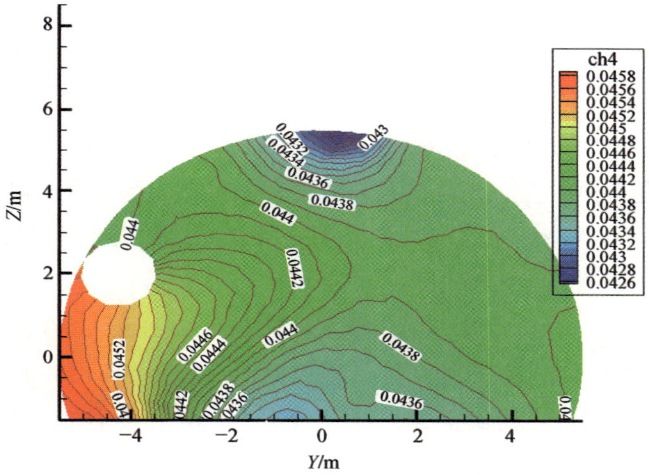

（i）X=20.0 m

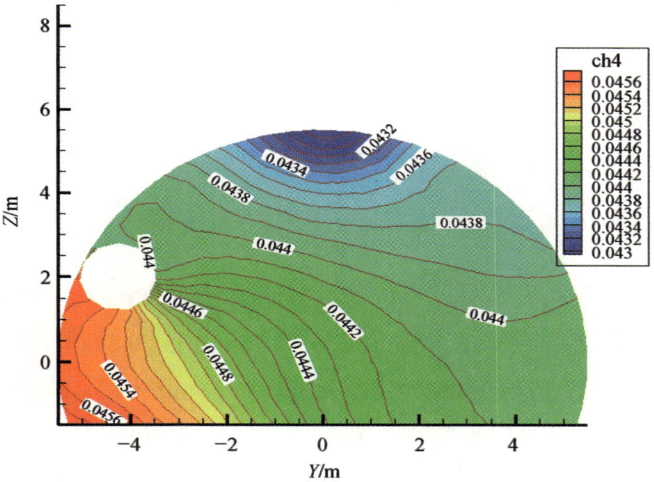

（j）X=15.0 m

图 4-7　不同隧道横断面的瓦斯浓度分布

由图 4-7（a）~（c）分析可知，距离迎头 0.3 m、0.5 m、1.0 m（x=49.7 m、49.5 m、49.0 m）断面上隧道通风口一侧分布浓度小，由于风筒射流作用瓦斯浓度梯度小变化慢，射流风速较低，席卷作用较小，风流尚不能与瓦斯混合，瓦斯浓度基本保持在 2.0%左右；通风口另一侧处于风流回流区，风流与工作面涌出的瓦斯方向相同，与空气接触开始充分混合，瓦斯浓度梯度较大，分布极不均匀，在风筒对称贴近隧道壁面区域形成一个较小范围的高瓦斯地带，局部瓦斯浓度高达 23%，是平均浓度的十倍以上。整体上而言，在瓦斯涌出工作面附近（迎头 1.0 m 内），高瓦斯区域瓦斯浓度分布梯度很大；瓦斯梯度从出风口区域至高瓦斯地带递增；瓦斯浓度随风流流动的影响较大，由于射流区域比回流区域大，因此低瓦斯区域大，高瓦斯地带范围小而浓度较高，射流区瓦斯浓度低于回流区。

由图 4-7（d）~（f）分析可知，当距离迎头 5.0 m、10.0 m、15.0 m（x=45.0 m、40.0 m、35.0 m）时，随着距离瓦斯涌出面越来越远，瓦斯浓度整体分布逐渐开始均匀化发展，高瓦斯地带中心浓度达到了 6.4%，高瓦斯地带开始向隧道中央扩散，且范围开始增大；由于隧道内空气与瓦斯充分混合，低瓦斯浓度区域范围越来越小，与出风口右侧的高瓦斯区域基本对称。不过由于压入式通风射流作用的存在，且距离工作面越远，射流作用越强烈，在该范围内瓦斯浓度仍然较低，浓度为 1.4%左右。加之射流作用的席卷作用，使得高速空气流动低瓦斯区域周围瓦斯浓度梯度较高，风速越快，风流周围瓦斯梯度越大。

由图 4-7（g）~（j）分析可知，当距离迎头 20.0 m、25.0 m、30.0 m、35 m（x=30.0 m、25.0 m、20.0 m、15.0 m）时，在整个隧道横断面上，瓦斯分布已经基本开始趋于平衡，瓦斯分布逐渐趋于均匀，之前低于 2%的低瓦斯区域和高于 6%的高瓦斯地带开始消失。此时低瓦斯区域出现在隧道拱顶面，高瓦斯区域出现在由于回风流风速较小的风管下方，形成新的高瓦斯地段和低瓦斯地段，不过瓦斯浓度差距不大，浓度最低为 4.3%，浓度最高为 4.6%左右。模拟该工况时，隧道内平均风速为 1 m/s，可见隧道内的风速 1 m/s 能较好地解决隧道回风浓度 4.5%以下的瓦斯涌出和对流扩散问题，克服瓦斯浮升力不能在隧道顶部发生急聚集。

4.3.3 瓦斯涌出量对工作面瓦斯分布影响规律

为研究瓦斯涌出量的大小对隧道工作面空间内瓦斯的分布影响，在风量不变的情况下，对瓦斯涌出量（回风平均瓦斯浓度）为 11.7 m^3/min（0.5%）、23.4 m^3/min（1.0%）、81.9 m^3/min（3.5%）、163.8 m^3/min（7.0%）、351.0 m^3/min（15.0%）共 5 种工况进行模拟。深入探究随着瓦斯涌出量的增大，隧道空间内风流流场的变化以及瓦斯分布的变化规律。

不同回风平均瓦斯浓度下的隧道轴向流场及瓦斯分布分别如图 4-8 和图 4-9 所示。

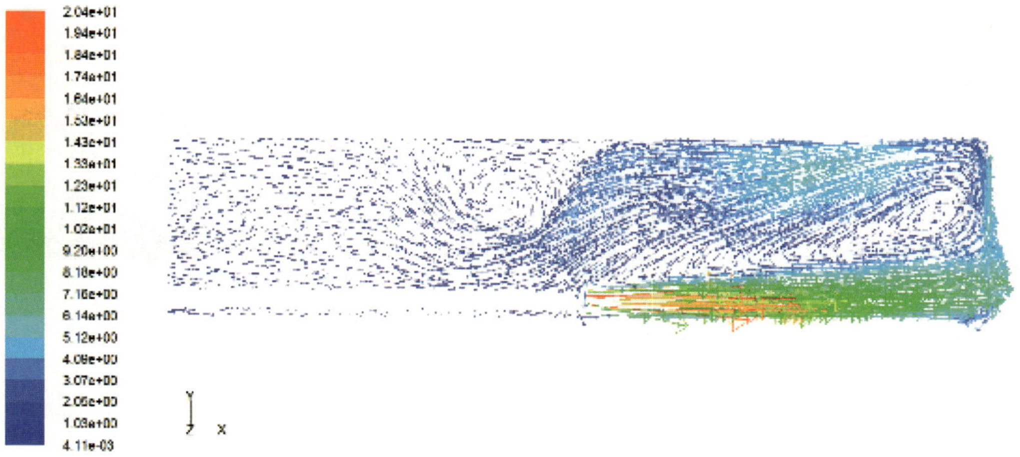

（a）回风浓度 0.5%

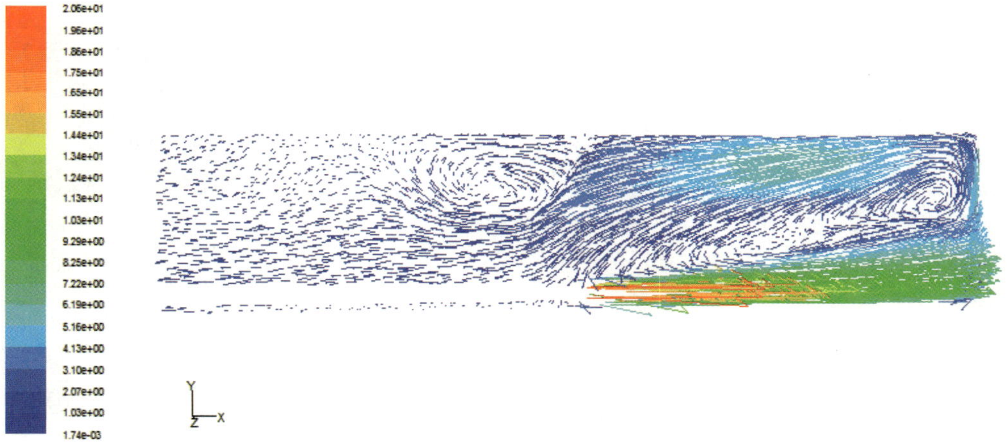

（b）回风浓度 1.0%

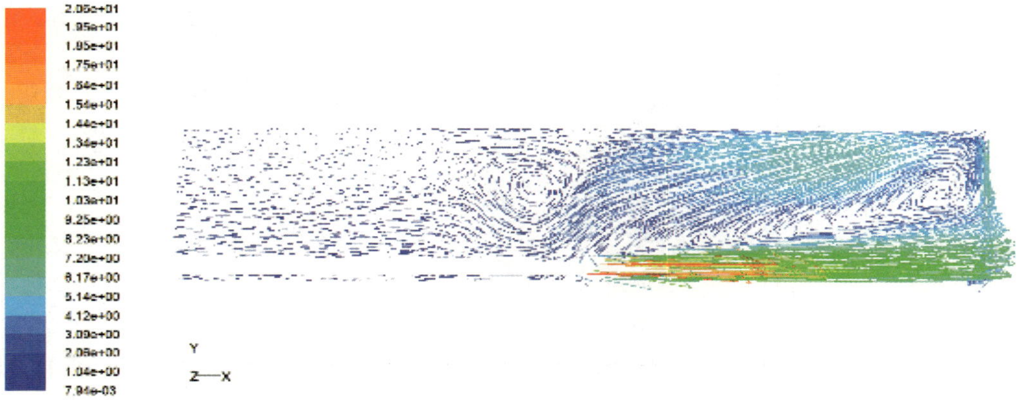

（c）回风浓度 3.5%

（d）回风浓度 7.0%

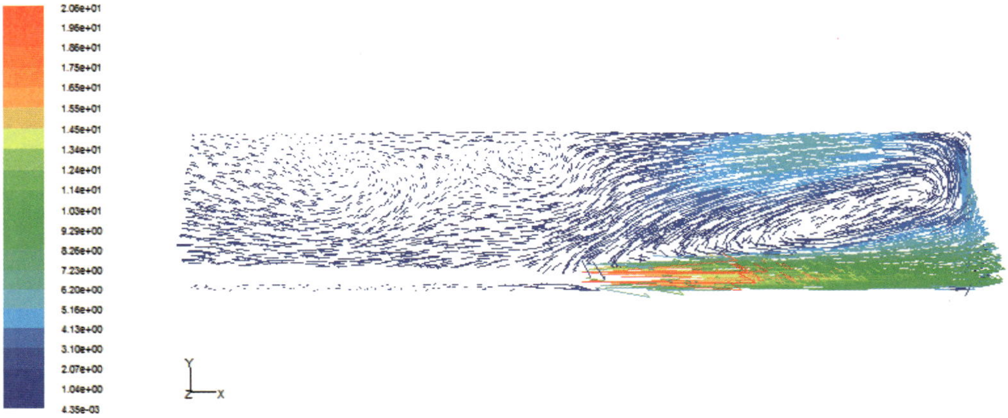

（e）回风浓度 15.0%

图 4-8　流场分布（Z=1.5 m）

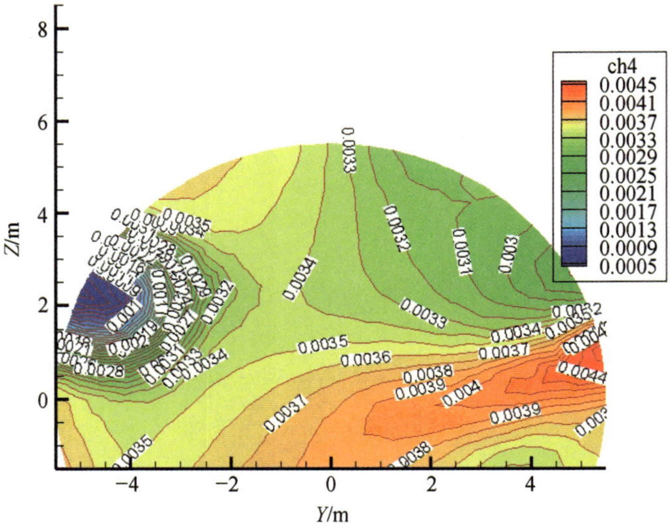

（a）回风浓度 0.5%

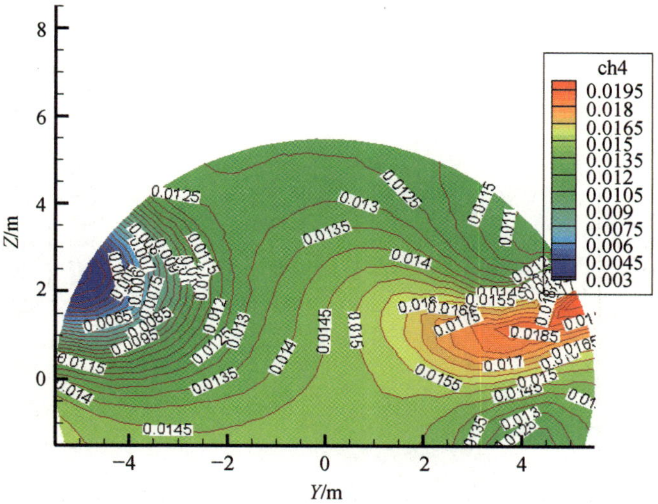

（b）回风浓度 1.0%

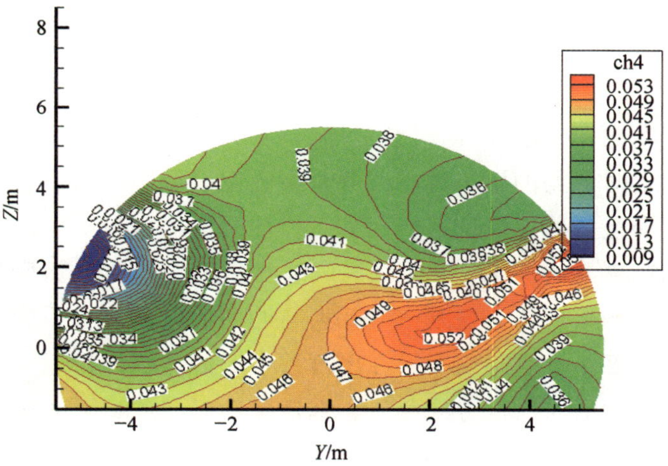

（c）回风浓度 3.5%

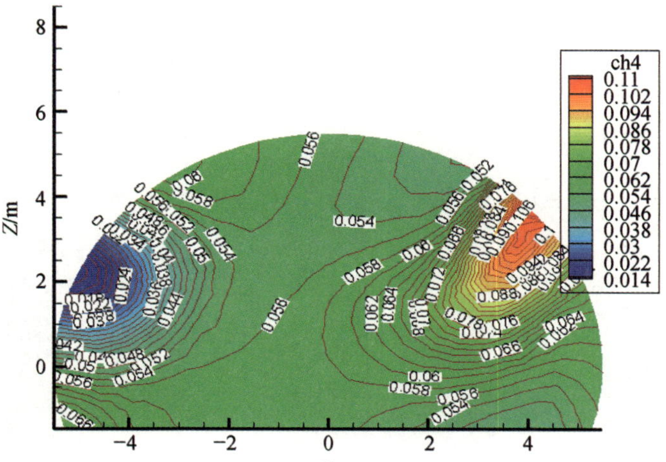

（d）回风浓度 7.0%

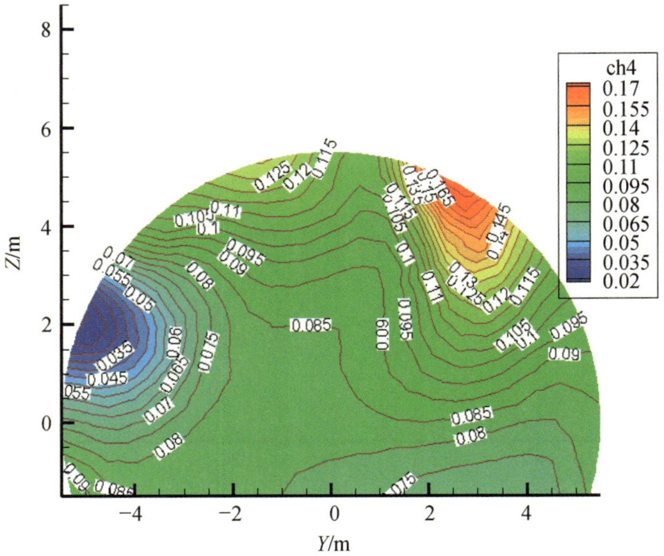

（e）回风浓度 15.0%

图 4-9　瓦斯浓度分布比较（X=35 m）

结合洞内流场及瓦斯浓度分布情况可知，当回风平均瓦斯浓度（瓦斯涌出量）较低时，瓦斯涌出对流场的影响较小，并且高瓦斯区域出现的位置较低，未出现瓦斯拱顶出现积聚和流场的明显变化；随着工作面瓦斯涌出量增大，流场变化明显，且受浓度的影响越来越大。在隧道瓦斯回风浓度达到 7.0%时，瓦斯开始向隧道拱顶上移，出现了瓦斯积聚现象。这是由于瓦斯与迎面的风速混合后会发生对流和扩散作用，且瓦斯的密度小于空气密度，在密度差引起的体积力作用下，瓦斯会出现上浮。其中，一部分瓦斯与风流方向相反，在风速动量和体积力的作用下沿隧道拱顶逆风斜向流动，从而在拱顶一定部位形成漩涡。漩涡的存在容易造成隧道内瓦斯的局部积聚，引起漩涡的瓦斯浓度明显高于隧道射流区和回流区的瓦斯浓度，干扰了原流程的流动。另外，瓦斯涌出量越大，体积力的作用则越强，促使瓦斯沿顶板逆流的距离变长，以及漩涡范围增大，导致局部瓦斯积聚的范围变宽，对洞内通风效果产生不利影响。

4.3.4　通风量对工作面瓦斯分布影响规律

本部分通过减小和增大通风量（风量分别为 1 810 m^3/min 和 2 870 m^3/min），并严格保证瓦斯涌出量、风筒位置、风筒直径不变，深入探究通风量对隧道掘进工作面瓦斯分布的影响规律。

不同通风量下的隧道工作面瓦斯浓度分布分别如图 4-10 所示。其中，x 方向为隧道轴向，瓦斯涌出面为 x=50.0 m。

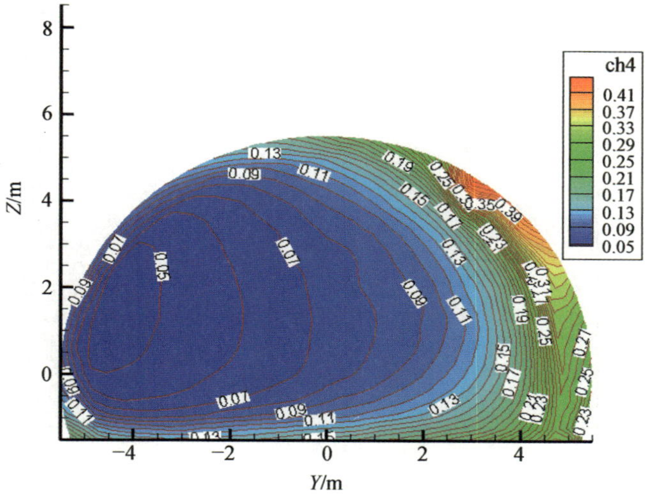

（a）X=49.7 m，减小风量

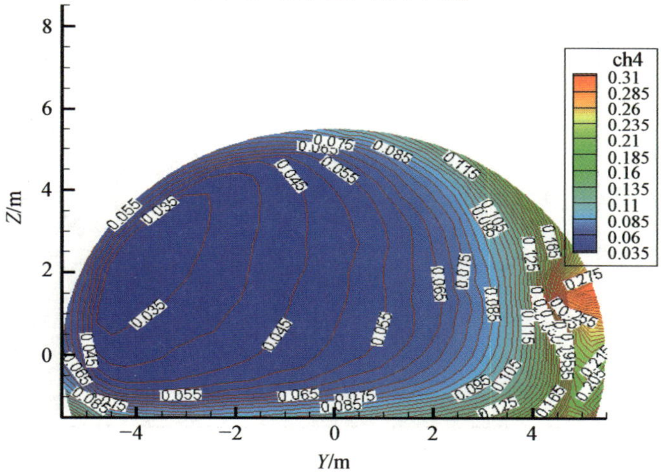

（b）X=49.7 m，增大风量

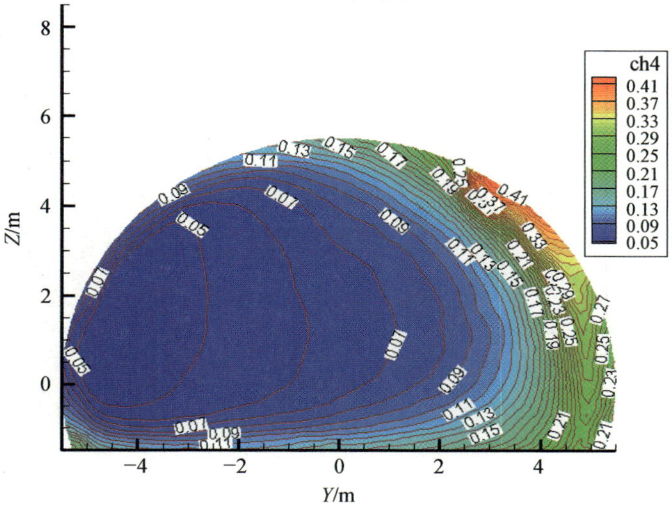

（c）X=49.5 m，减小风量

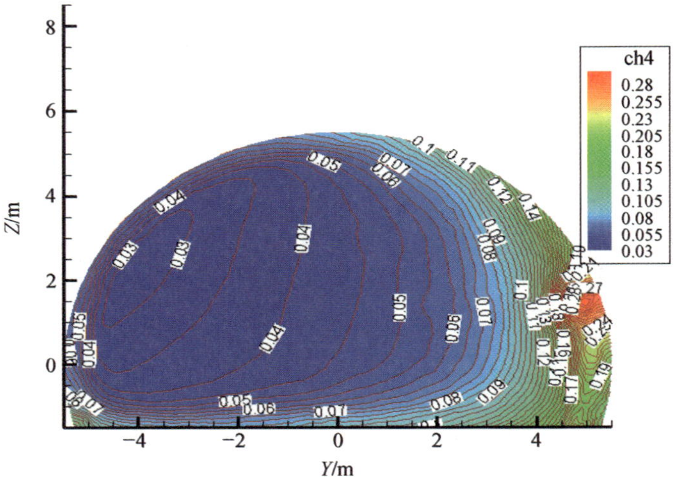

（d）X=49.5 m，增大风量

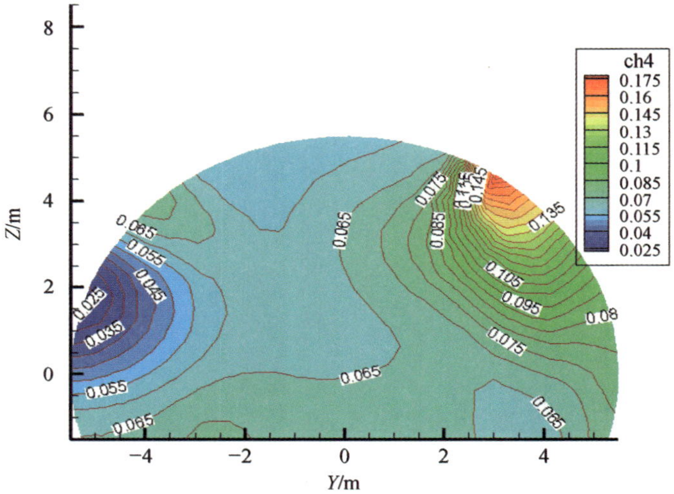

（e）X=40.0 m，减小风量

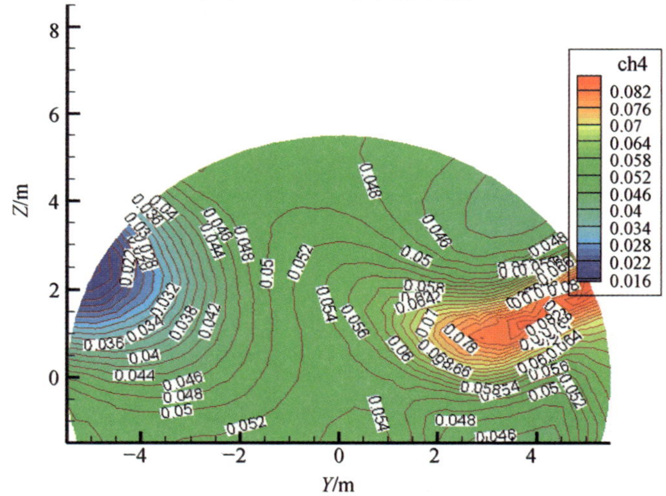

（f）X=40.0 m，减小风量

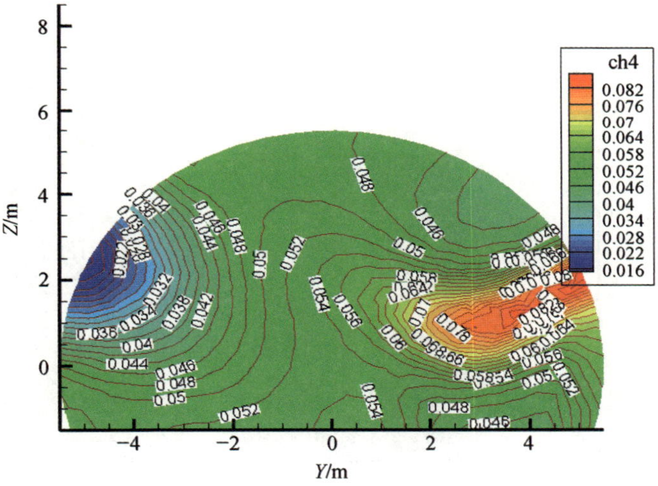

（g）X=40.0 m，增大风量

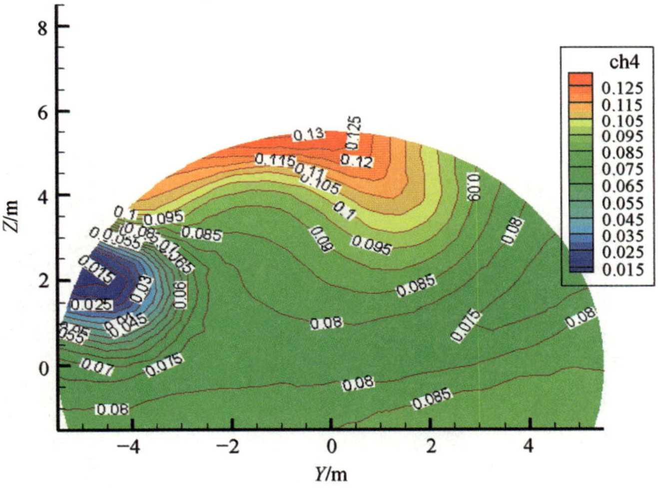

（h）X=30.0 m，减小风量

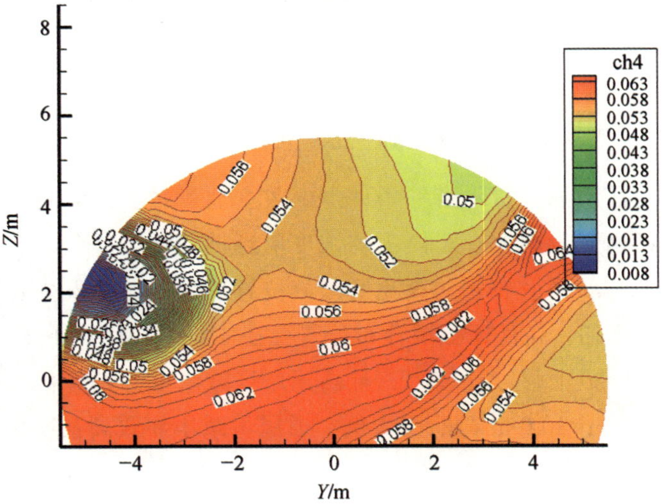

（i）X=30.0 m，增大风量

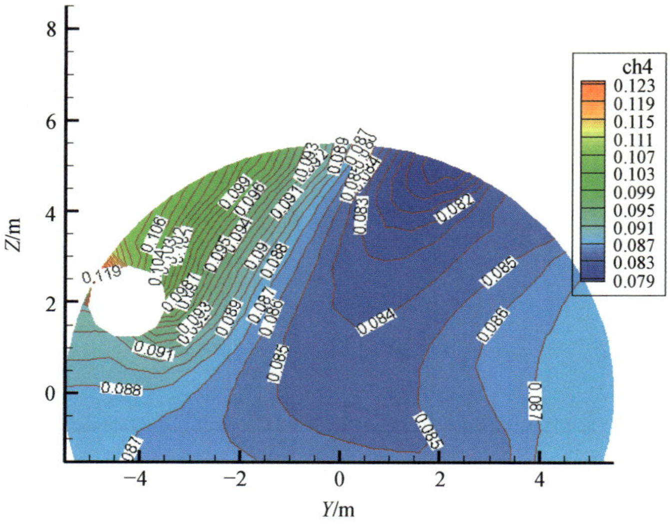

（j）X=20.0 m，减小风量

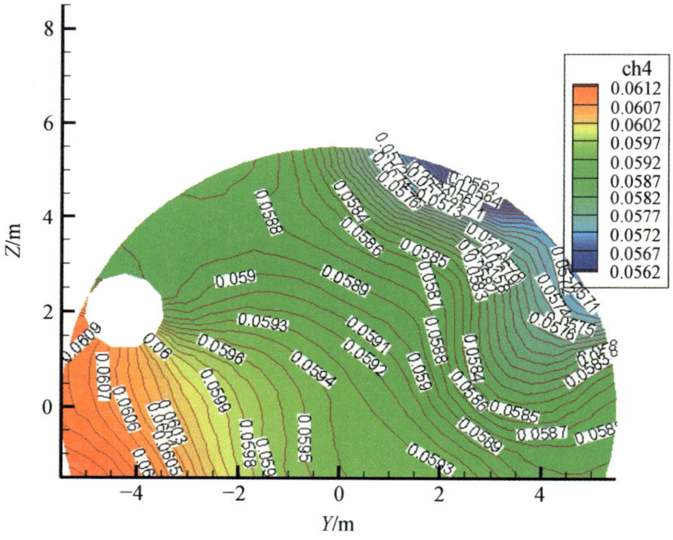

（k）X=20.0 m，增大风量

图 4-10　不同通风量下的隧道工作面瓦斯浓度分布

分析可知，在瓦斯涌出量不变的条件下，改变通风量会导致隧道断面上的瓦斯浓度值发生变化，且通风量越大，瓦斯平均浓度值越低，两者呈负相关关系；在通风量减少的情况下，同一断面上右侧的高瓦斯区域位置较高，容易发生瓦斯积聚现象。随着与迎头面距离的增加，高瓦斯区域分布位置会在体积力的作用下上升。相比较而言，增加通风量的工况明显上移浮动较小，且高瓦斯区域浓度开始降低，使空气和瓦斯混合逐步均匀一致。以 x=30.0 m 横断面为例，通风量减小导致高瓦斯区域分布于拱顶位置，局部瓦斯浓度高达 12.5%，远超平均回风瓦斯浓度。当风量增大时，瓦斯分布较均匀，最高浓度小于 6.3%，可见增加通风量能较好地解决工作面瓦斯涌出集聚问题。

4.4 施工通风现场测试

隧道爆破后，产生的粉尘、碳氧化合物、氮氧化合物等有害气体在短时间内剧增。由于隧道纵向距离较长，空气换气受阻，在温度和湿度的影响下，施工环境将迅速恶化，对施工人员的身体健康产生严重的危害。为验证和改善施工通风效果，保证隧道施工安全和施工人员的健康，对宝鼎 2 号隧道施工过程中的空气质量进行现场测试，通过对隧道内不同部位风速、风流和有害气体的测试，得到有害气体在隧道内的分布规律，为改善和优化通风措施提供依据。

4.4.1 隧道通风测试仪器及方案

施工通风现场监测主要涉及风速测试、风流测试以及有害气体测试 3 项。各项测试所需仪器和具体实施方案如下：

1. 风速测试

（1）测试仪器。

采用 KIMO LV 110 便携式风速仪测试隧道内的风速及风向。该仪器可检测各种复杂环境中的风速，具有直读显示、测值准确、使用方便等特点。在现场测试风速时，首先开启 KIMO LV 110 便携式风速仪，将风速仪放置于测试部位风流中，待风流稳定后开始测量风速。当仪器上的读数区域稳定时，记下风速，连续上述步骤 3 次，计算出平均风速，即认为是此部位的风速。测试仪器及现场使用情况如图 4-11 所示。

（a）KIMO LV 110 便携式风速仪　　（b）现场风速测试

图 4-11　风速测试仪器及现场使用情况

（2）测试方案。

由于空气具有黏性且隧道洞壁壁面有一定的粗糙度，风速在洞壁周边处风速最小，从洞壁向隧道轴心方向，风速逐渐增大。因此测定隧道平均风速时，不能使风速计停在某一固定点，而应该在隧道横断面上多点测定，其数据才能真实地反映出隧道的平均风速。因此，测风速时可按定点法，即将隧道断面分为 3 格（图 4-12），风速仪在每格内停留相等的时间进行测试，然后求出平均风速。

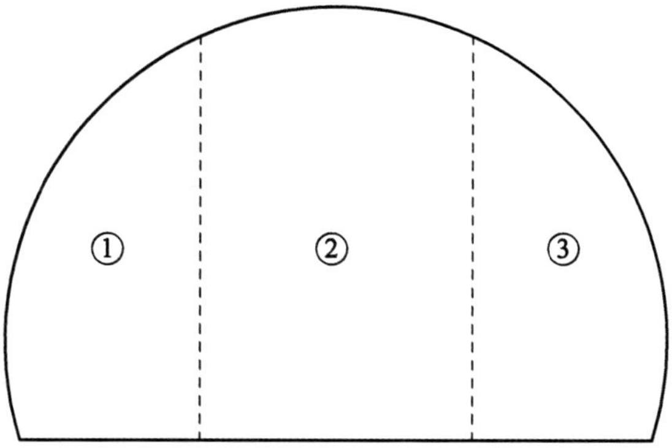

图 4-12　风速测试分区示意

为获取隧道内各断面的风流方向及大小，使用风速仪对指定断面进行测试，分别在距掌子面的距离分别为 10 m、200 m、700 m、900 m、1 200 m、1 500 m、1 800 m、2 100 m、2 350 m、3 090 m、3 690 m 和 4 290 m 处布置测点，共计 24 个测点。测试过程中应注意以下问题：

①在某一断面进行测风时，每个测定点测风次数不少于 3 次，每次测量误差不应超过 5%，然后取 3 次测风结果的平均值；

②在测得隧道内风速后，必须用皮尺或钢尺细致地量出测风地点的隧道各部尺寸；

③在测定的风速的同时，注意记录风向，看有无异常。

2. 风流测试

（1）测试仪器。

采用 TES TES-1161 温度/湿度/大气压力计测试隧道内部风流，包括温度、湿度以及大气压力。仪器如图 4-13（a）所示。该仪器待数据稳定后即可读数，具有直读显示、测值准确、及时储存、使用方便等特点。在进行风流测试时，打开 TES TES-1161 温度/湿度/大气压力计，待仪器自动进入测量界面后，将仪器置于测试环境中便可同时读出温度、湿度以及大气压力的数值。

（2）测试方案。

具体的测点布置要求同风速测试，这里不再赘述。

3. 有害气体测试

（1）测试仪器。

有害气体的测试包括隧道测试部位 CO、H_2S 的含量及其变化情况。采用便携式五合一有毒有害气体检测仪进行检测，如图 4-13（b）所示，该仪器具有多种气体的检测及报警功能，具有直读显示、测值准确、及时储存、使用方便等特点。在进行现场有害气体测试时，于爆破准备阶段提前将检测仪放置在隧道不同部位，并开启数据存储功能，每 30 s 自动记录一次数据。

（2）测试方案。

分别在距左线掌子面 110 m、1 600 m 位置处各布置一个测点。检测仪应垂直悬挂在拱顶下不大于 30 cm，距侧壁不小于 20 cm 处，其迎风流和背风流 0.5 m 内不得有阻挡物，并距离掌子面一定距离以防爆破时损坏，悬挂处支护良好无滴水。另外，检测仪不得悬挂在风筒出风口和漏风处。

（a）TES TES-1161 温度/湿度/大气压力计

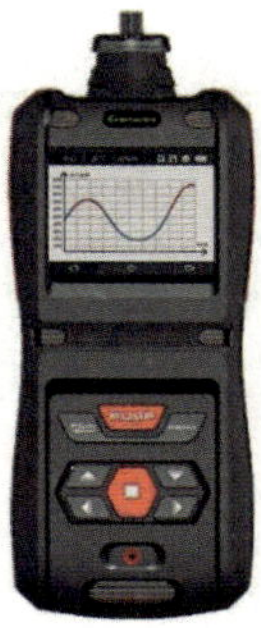

（b）五合一有毒有害气体检测仪

图 4-13　风流及有害气体测试仪器

4.4.2　测试结果分析

1. 风速测试结果分析

风速测试是沿隧道掘进方向进行测试。根据测试数据，绘制出左右线风速变化曲线如图 4-14 所示。

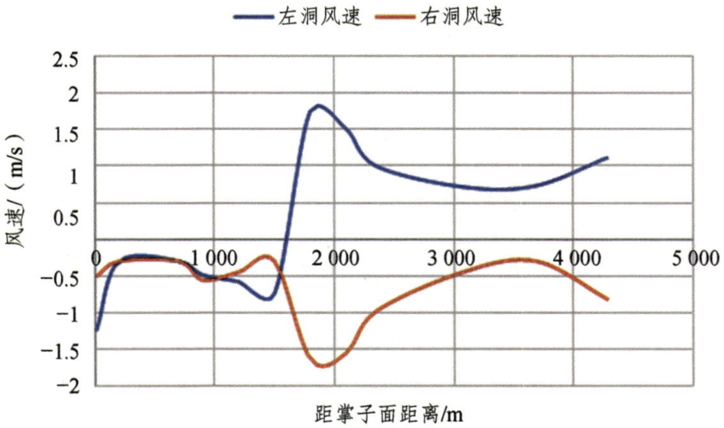

图 4-14　左右线风速变化

可以看出，射流巷道式通风系统运行正常，洞内空气质量良好。轴流风机至掌子面的区域，洞内平均风速为 0.3~0.6 m/s，掌子面附近的风速为 0.6 m/s 左右，基本满足排出烟尘和有害气体的最小风速，说明洞内轴流风机功率和位置、射流风机台数和功率适宜。洞内风速随着与掌子面距离增大而逐渐减小，轴流风机至洞口的区域，洞内平均风速为 0.3~1.7 m/s，受左洞轴流风机和右洞射流风机的影响，洞内风速升高明显，风机的作用效果随距离增大而逐渐减小。

2. 风流测试结果分析

沿隧道掘进方向进行的温度、相对湿度和气压测试结果如图 4-15 所示。

根据图 4-15（a）分析可知，在轴流风机至掌子面区间，隧道左右线的温度呈现一致的变化趋势，越接近掌子面，隧道内部温度越高。对于左线隧道，温度变化范围 18.2~26.6 ℃。在轴流风机处，受风帐的阻隔作用，温度在较短距离从 25.5 ℃下降到 21.1 ℃，在轴流风机到洞口的区间也保持相对较低的水平；对于右线隧道，温度变化范围 23.3~27.2 ℃，无明显突变。掌子面处最高温度达 27.2 ℃，符合《公路隧道施工技术规范》（JTG F60—2009）内规定的隧道内气温不宜大于 28 ℃的标准。

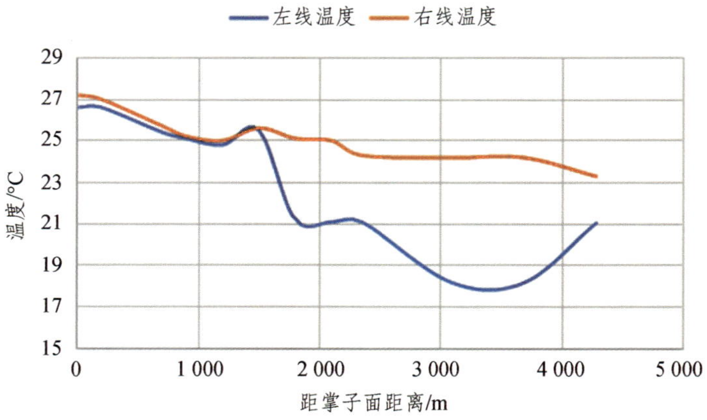

（a）隧道内温度变化曲线

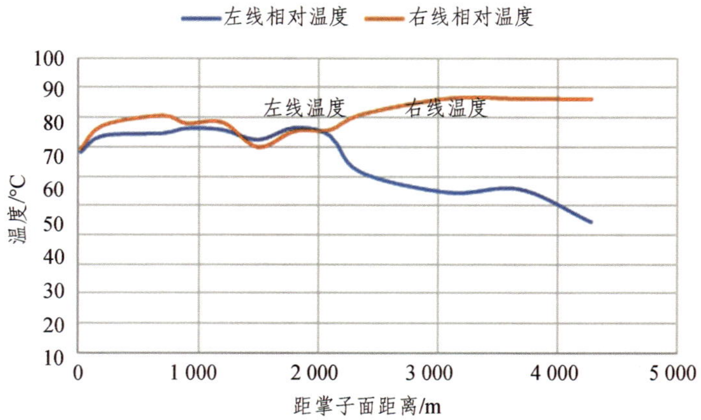

（b）隧道内相对湿度变化曲线

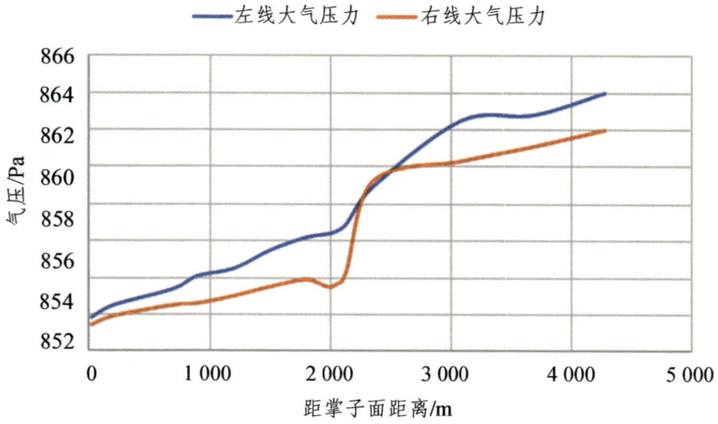

（c）隧道内气压变化曲线

图 4-15　风流测试结果

根据图 4-15（b）分析可知，在轴流风机至掌子面区间，隧道左右线的相对湿度呈现一致的变化趋势，在 67.8%~80.7%变化。在轴流风机至洞口区间，随着距掌子面的距离逐渐增大，隧道左线的相对湿度逐渐下降至 44%，隧道右线的相对湿度逐渐升高到 86.3%。

根据图 4-15（c）分析可知，在轴流风机至掌子面区间，隧道左右线的气压呈现一致的变化趋势。在掌子面位置处的气压值基本相同，越远离掌子面，隧道内部气压越高，且左线提升更明显。

3. 有害气体测试结果分析

针对 CO 和 H_2S 在隧道开挖爆破后的扩散规律开展有害气体测试，具体如图 4-16 和图 4-17 所示。其中，测点 1、测点 2 分别距左线掌子面 110 m、1600 m。另外，根据《工作场所有害因素职业接触限值 第 1 部分：化学有害因素》（GBZ 2.1—2007）中关于有害物质的相关规定，隧道内空气中化学物质容许浓度限值如下：CO 短时间（15 min）接触容许浓度为 24 ppm，最高允许浓度为 16 ppm；H_2S 短时间（15 min）接触容许浓度为 9.9 ppm，最高容许浓度为 6.6 ppm。

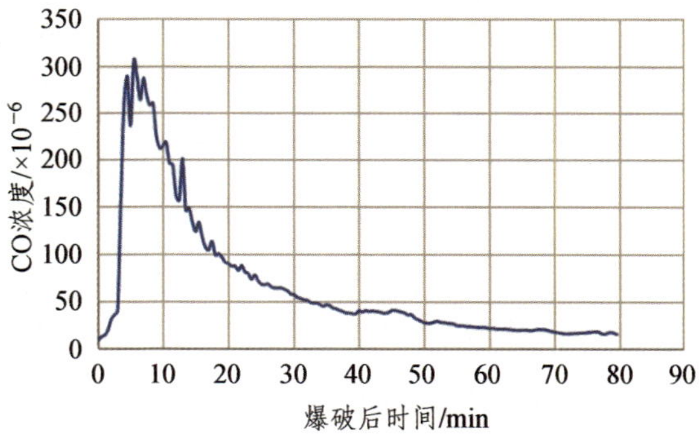

（a）测点 1

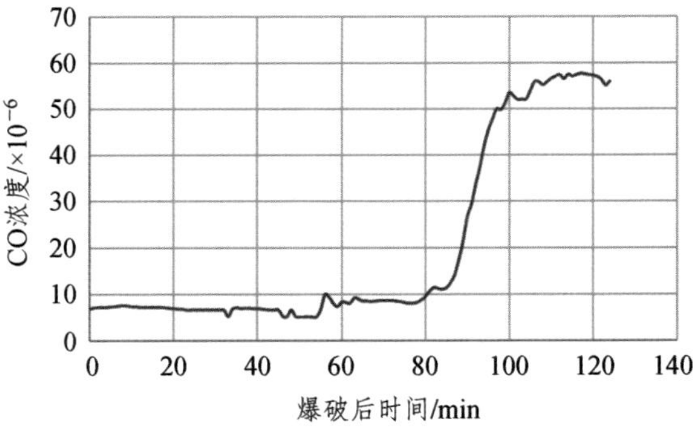

（b）测点 2

图 4-16　隧道爆破后 CO 浓度随时间变化图

由图 4-16 可知，在开挖爆破进行机械通风 5 min 后，测点 1 的 CO 浓度达到峰值 306.2 ppm，55 min 后，测点 1 的 CO 浓度基本降低到允许浓度内。测点 2 处的 CO 浓度在爆破 85 min 后开始上升，峰值 55.9 ppm，且在随后一段时间保持不变，其原因是检测仪放置在洞内联络通道的侧壁处。

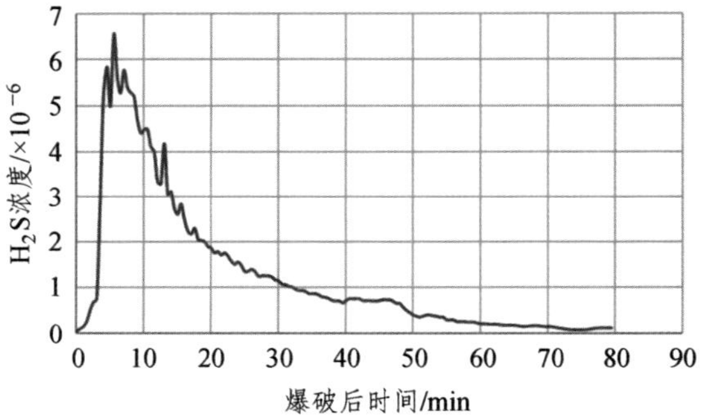

（a）测点 1

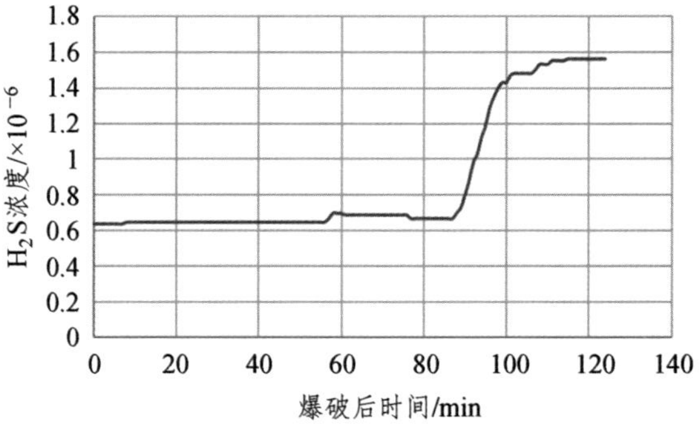

（b）测点 2

图 4-17　隧道爆破后 H_2S 浓度随时间变化图

由图 4-17 可知，在开挖爆破进行机械通风 5 min 后，测点 1 的 H_2S 浓度达到峰值 6.56 ppm，在允许浓度范围内。测点 2 处的 H_2S 浓度在爆破 86 min 后开始上升，峰值 1.56 ppm，且在随后一段时间保持不变，这同样是由检测仪放置在洞内联络通道的侧壁处造成。

Chapter 5

基于模型试验的跨不同倾角软弱层隧道施工关键技术研究

宝鼎 2 号隧道沿线穿越多处不同产状的断层或煤线，对施工过程中的围岩稳定性及衬砌结构受力产生显著影响。目前国内虽已经形成较为丰富的跨软弱层施工处治经验，但由于西南艰险山区的地质构造十分复杂，软弱层在空间形态方面存在较大差异，针对具有特定且单一形态软弱层的施工技术未必能够直接套用。为形成关于跨不同倾角软弱层隧道围岩变形规律及支护受力特征的系统认识，本章通过自主设计并开展力学模型试验，对不同倾角下的围岩变形、围岩与初期支护接触压力以及初期支护钢拱架受力规律进行深入研究，旨在为今后国内同类工程项目的顺利施建提供借鉴。

5.1　相似关系的确定

由于试验箱体的尺寸为 2 m×1.5 m×0.9 m（长×高×宽），本次实验隧道开挖跨度约为 12.78 m，开挖高度约为 10.13 m。因此本试验拟采用 1/45 的几何相似比和 1/1 的容重相似比为基础相似比，根据相似理论，文献[37]推得泊松比、应变、摩擦角、强度、应力、凝聚力、弹性模量等相似比，通过在弹性范围内实现各物理力学参数的全相似性，根据相似准则推得各物理力学参数原型值与模型值的相似比如表 5-1 所示。

表 5-1　土体各物理量相似比关系

物理量	符号	单位	相似比
几何尺寸	l	m	45∶1
容重	γ	N/m^3	1∶1
泊松比	μ	—	1∶1
内摩擦角	φ	°	1∶1
黏聚力	c	Pa	45∶1
弹性模量	E	Pa	45∶1
应力	σ	Pa	45∶1
应变	ε	m	1∶1
位移	δ	m	45∶1
弯矩	M	N·m	45^4∶1
轴力	N	N	45^3∶1

5.2　相似材料的制作

5.2.1　确定围岩力学参数

根据隧道施工设计资料可知，软弱层为Ⅴ级围岩，不含软弱层的正常段围岩为Ⅳ围岩。根据《公路隧道设计规范》（JTG/T D70—2010）[38]，将Ⅳ级围岩物理力学指标上限作为Ⅳ级正常段围岩相似材料的目标参数，Ⅴ级围岩物理力学指标下限作为Ⅴ级软弱层围岩相似材料的目标参数。最终根据不同力学参数的相似比，确定模型试验软弱层围岩相似材料和正常围岩相似材料力学参数，如表 5-2 所示。

表 5-2 试验用土物理参数

材料类型	γ/(kN·m^3)	E/MPa	c/kPa	φ/(°)	μ
软弱层（Ⅴ级）	19	27	2.56	26	0.37
正常围岩（Ⅳ级）	21	83	15.2	35	0.32

5.2.2 制作围岩相似材料

1. 选择材料

通过文献调研可知，围岩相似材料的配制通常使用天然材料如（重晶石、河沙、石英砂、铁精石粉、石膏粉、石灰粉等）作为骨料，如（松香、酒精、机油、石蜡、凡士林等）作为黏结剂，不同天然材料按照质量比均匀混合而成，最终形成所需的人工岩土体。通过大量的配比实验总结规律可知：通过改变胶结剂的比重，如改变机油的比重，可以调节围岩相似材料的 c、φ 及弹性模量 E，但对围岩相似材料的密度影响较小；但骨料的含量，比如重金石，铁晶粉的比重对材料的密度以及弹性模量影响很大。最终本书中试验确定以河沙、石英砂、粉煤灰及机油作为围岩的相似材料。

2. 相似材料力学参数检测方法

相似材料的主要力学参数包括抗剪指标 c、φ 以及弹性模量 E。其中，抗剪强度指标通过直剪试验获得，弹性模量通过三轴试验获得。两种试验检测方法的操作步骤如下：

（1）直剪试验。

①人工配土：首先配制试验所需的人工岩土体，围岩相似材料的配制以河砂、石英砂作为主骨料，用以调节围岩相似材料的强度和弹性模量；机油作为黏结剂；粉煤灰和石英砂作调节剂。考虑到材料种类较多，先用河砂、粉煤灰与机油配置 2 种参数不同的围岩相似材料，2 种相似材料河砂、粉煤灰与机油配比分别为 1∶0.25∶0.245 和 1∶0.028∶0.028，根据 2 种相似材料的颜色不同分别命名为黑土和灰土，然后添加石英砂与粉煤灰调节相似材料的摩擦角与黏聚力以及弹性模量。配制的黑土以及灰土相似材料如图 5-1 所示。

②制作试样：制样器所制作的试样大小规格一致，即直径为 61.8 mm、高度为 20 mm 因此根据围岩相似材料的密度可以换算成一个环刀试样的质量，然后倒入制样容器中，用千斤顶静压即可。具体如图 5-2 所示。

图 5-1　黑土以及灰土样品

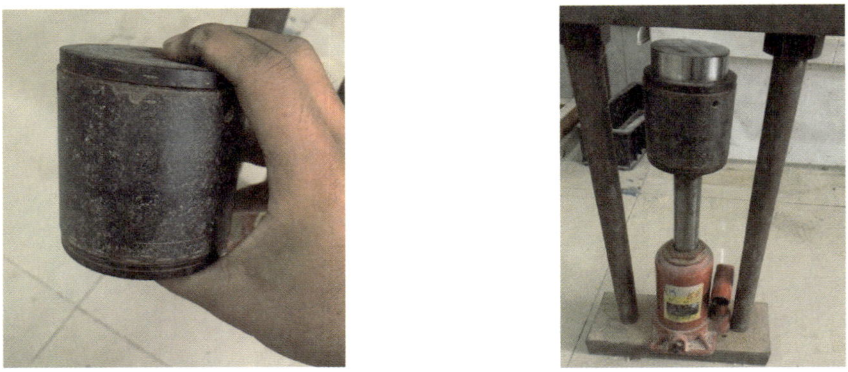

（a）制样器　　（b）千斤顶静压

图 5-2　制作直剪试验环刀试样

③剪切破坏：将试样徐徐压入剪切盒内，在试样面上依次放好透水石、加压盖、钢珠和加力框架。在试样表面施加垂直压力，将百分表的长针调整为 0，拔去固定销，以 4 s/r 的均匀速率转动手轮，使试样发生剪破，如图 5-3 所示。最后记录试样剪切破坏状态下量力环上的百分表读数以及垂直压力，重复试验，改变垂直压力进行剪切破坏试验，最后将数据拟合，得出围岩相似材料的 c、φ 值。

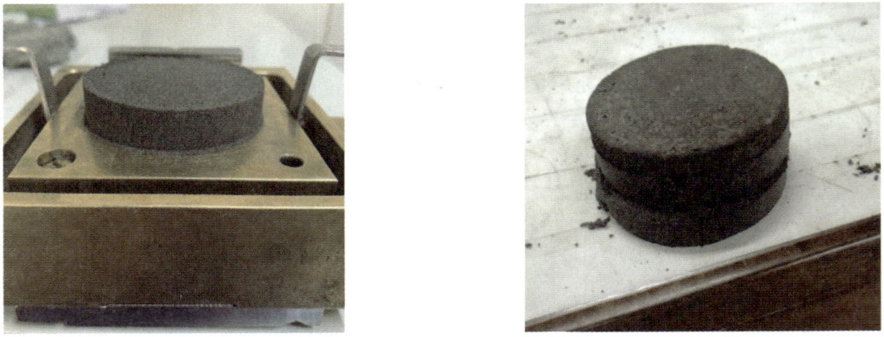

（a）剪切装置　　（b）破坏试样

图 5-3　试样发生剪破

（2）三轴试验。

①人工配土及制作试样：配土方法与采用直剪实验的配土方法一致，然后使用击样器、成膜桶等设备严格按照规范分次填土逐层击实制作试样。为保证结果可靠性，每种土体配制 3 种试样。具体如图 5-4 所示。

（a）配制好的围岩相似材料　　（b）制作好的试样

图 5-4　人工配土及试样制作

②准备加压：在压力室底座上依次放上铝板、试样、不透水试样帽，并用橡皮套将橡皮膜两端分别与底座及试样帽扎紧。卸下承膜套筒放下压力室罩，将压力杆对准试样中心，并均匀地拧紧连接螺母，然后将围压设置为 0 进行加压。具体如图 5-5 所示。

③加压观测：打开排气孔向压力室注水，待有少许水溢出时，拧紧排气孔。打开软件，准备加压开始试验，并观测试样的变化，待试样发生明显破坏或轴向应变达到规范值时，停止加压。如图 5-6 所示，即停止加压。试验结束获取轴向应力与轴向应变的关系曲线，最终得出围岩相似材料的弹性模量。

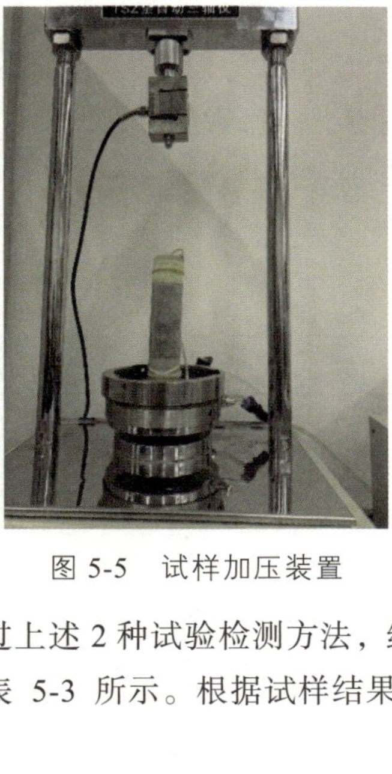

图 5-5　试样加压装置

图 5-6　试样破坏

通过上述 2 种试验检测方法，经材料调配，得到 18 种配比下围岩相似材料的物理参数如表 5-3 所示。根据试样结果不断调配粉煤灰与石英砂的含量，最终选择组号 8

号相似材料来模拟Ⅳ级围岩，选择组号 14 号相似材料来模拟Ⅴ级软弱层。

表 5-3　不同配比围岩相似材料参数

分组	围岩相似材料配比	弹模/MPa	黏聚力/kPa	摩擦角/（°）
1	黑土+100 g 粉煤灰	64.41	29.82	27.20
2	黑土+100 g 粉煤灰+50 g 石英砂	73.36	28.63	30.80
3	黑土+100 g 粉煤灰+70 g 石英砂	75.84	26.88	31.08
4	黑土+100 g 粉煤灰+90 g 石英砂	91.31	27.30	35.30
5	黑土+100 g 粉煤灰+100 g 石英砂	89.43	20.28	35.75
6	黑土+80 g 粉煤灰+100 g 石英砂	88.10	16.88	32.08
7	黑土+60 g 粉煤灰+100 g 石英砂	71.08	18.63	37.80
8	黑土+50 g 粉煤灰+100 g 石英砂	83.37	15.28	35.30
9	黑土+灰土+50 g 粉煤灰	42.34	9.87	26.31
10	黑土+灰土+20 g 粉煤灰	39.54	7.37	24.54
11	黑土+灰土	40.09	3.53	25.73
12	灰土	20.13	1.57	19.31
13	灰土+25 g 粉煤灰	24.06	3.01	22.84
14	灰土+25 g 粉煤灰+100 g 石英砂	27.81	2.56	26.08
15	灰土+25 g 粉煤灰+75 g 石英砂	28.36	3.52	24.03
16	灰土+25 g 粉煤灰+25 g 石英砂	23.87	2.79	26.36

5.2.3　支护材料模拟

根据现场施工参数可知在施工过程中采用 I18 型工字钢，为模拟钢拱架需保证其抗弯刚度符合相似关系[39]，即模型试验钢拱架抗弯刚度与原型满足相似关系。通过等效刚度计算，并结合实际试验条件最终确定模型试验钢拱架采用厚度 0.9 mm，宽度 3 m 的铜带进行模拟，钢拱架的布置及参数如表 5-4 所示。

表 5-4　钢拱架材料参数

材料	弹性模量/GPa	惯性矩/cm^4	截面面积/cm^2	钢拱架间距/cm
原型（I18）	210	1 660	31	60
模型（铜带）	105	1.82×10^{-5}	0.027	1.3

另外，隧道施工现场采用 C20 砼进行初期支护喷射。通过大量试验以及文献调研，最终确定以水和石膏按照 1∶1.04 的配比来模拟初期支护喷射的砼，且采用人工配制的 C20 砼物理力学参数基本满足相似关系，力学参数见表 5-5。

表 5-5 喷射砼参数

材料参数	容重/（kN/m^3）	弹性模量/MPa	泊松比
原型	22	25 500	0.2
模型	22	570	0.2

5.3 试验装置

该试验在西南交通大学隧道实验室进行。实验模型箱长 150 cm、宽 90 cm、高 135 cm，左右两侧各取约 2 倍洞径（60 cm）作为边界条件，通过将聚四氟乙烯板黏附在模型试验箱体内部来减小边界摩擦效应对试验结果的影响。为保证可以分隔装填具有一定倾角的软弱层围岩相似材料和Ⅳ级围岩相似材料，通过改造模型箱体，在模型箱体两侧安装可改变角度的滑槽（图 5-7），滑槽之间安装隔板从而实现模拟具有一定倾角的软弱层。改造的模型箱体主体包含一个用于固定活动隔板的 U 形竖槽，一个用于填土时分割土体的活动隔板和两个用于固定竖槽的螺母。具体地，U 形竖槽的倾角是可以改变的，通过底部的一个螺母将其固定在模型箱底部，该竖槽可以以此螺母为支点进行旋转，然后通过另一个上部螺母将其固定在模型箱侧壁不同位置的开孔处以实现竖槽角度的改变。进一步的上部的螺母可以通过在模型箱侧壁的弧形开孔来更加精确也控制所需软弱层的倾角。然后活动隔板在设置好角度的 U 形竖槽内活动以实现在填土时分隔不同性质土样的作用。

根据现场实际施工情况，最终确定开挖隧道的跨度为 28.4 cm，高度为 22.51 cm，采用全断面开挖。根据模型箱尺寸，软弱层宽度设置为 50 cm，软弱层倾角通过改变滑槽角度，分别设置为 45°、60°、90°、120°以及 135°，开挖尺寸及示意如图 5-8。

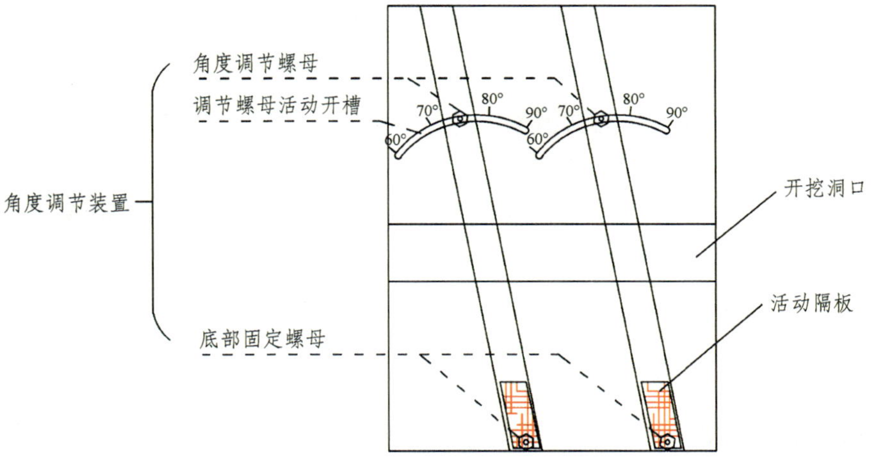

（a）装置设计

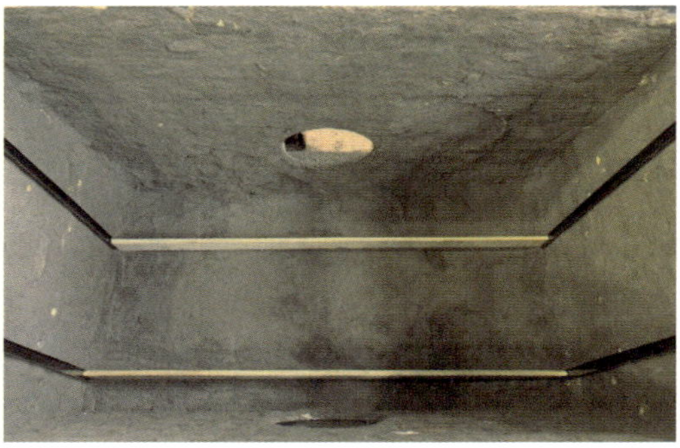

（b）装置实拍

图 5-7　改造的模型箱滑槽装置示意

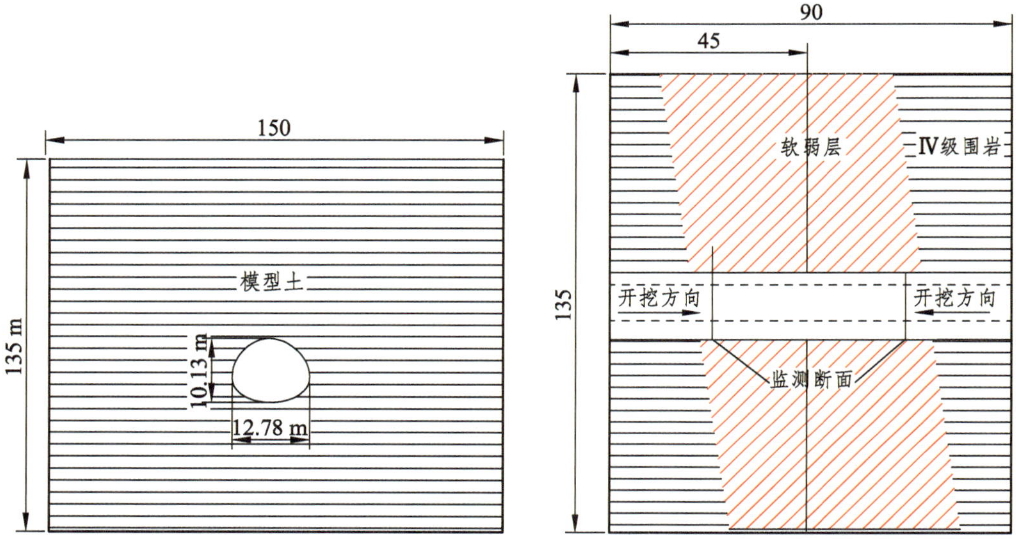

（a）开挖尺寸　　（b）开挖示意

图 5-8　开挖尺寸及示意

为模拟隧道三维应力状态，通过两个千斤顶在模型箱顶部施加荷载，通过反力梁、钢板和工字钢构成三维应力加载系统，并且将力传递到填满围岩相似材料的模型箱表面形成均布荷载，所施加的千斤顶的力由液压稳定器通过压力仪表盘控制。试验模型隧道上部相似材料厚度为 0.525 m，根据相似比，相当于实际的 23.6 m，剩余相似材料实际厚度为 57 m 通过计算：

① 计算实际地应力值：$\sigma_{Hp}=\gamma_s h_s=57\times2400\times10=1\,368\ \text{kPa}$；

② 计算地应力模型值：$\sigma_{Hm}=\dfrac{1}{c_\sigma}\times\sigma_{Hp}=30.4\ \text{kPa}$；

③ 计算每个加载板上的集中力：$F_1=\sigma_{Hm}A_1=41\ \text{kN}$；

④ 计算每个千斤顶所需提供的集中力：$f_1=\dfrac{F_1}{n_j}=20.5\ \text{kN}$；

其中，σ_{Hp}——原型应力值；

σ_{Hm}——模拟值；

A_1——加载板面积；

n_j——千斤顶个数；

γ_s——围岩重度；

h_s——围岩埋深。

每个千斤顶施加 2.05 t 压力，加载装置如图 5-9 所示。

（a）千斤顶

（b）液压稳定器

图 5-9　液压稳定器

5.4　试验量测及数据采集系统

结合模型箱的实体尺寸，为减小边界效应对试验结果的影响，选取距离模型箱 27 cm，63 cm 处为监测断面（图 5-10），并对开挖过程中的围岩位移、围岩与初期支护间的接触压力、钢拱架内力进行监测。

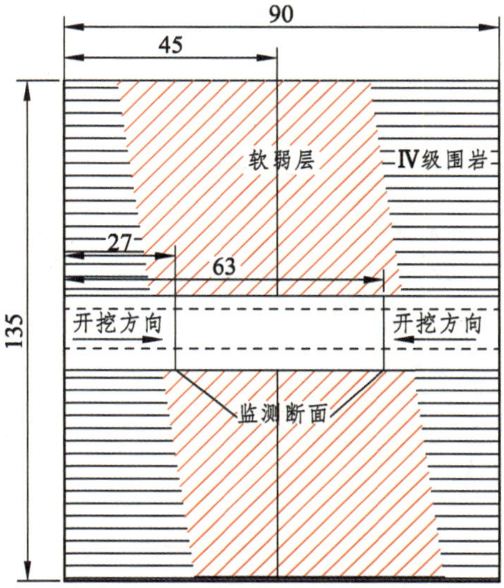

图 5-10　监测断面示意

5.4.1 围岩位移量测系统

将连接有铜丝线的铜片埋设至洞周围岩监测点，经预埋传导杆引至模型箱外部的百分表。百分表通过磁性表座固定在模型箱上，精度为 0.01 mm；预埋传导杆为空心杆件以保证其内部铜丝线不受隧道围岩相似材料扰动的影响，且铜丝线表面涂抹润滑油，降低预埋传导杆与铜丝线的摩擦。铜丝线一端与埋设在隧道围岩监测点处的铜片连接，另一端通过预埋传导杆与百分表连接；随着隧道的开挖，铜片发生位移，拉动不具有弹性的铜丝线以致百分表产生读数，即为隧道洞周围岩的位移。综合考虑穿越软弱层的施工特点，分别在拱顶和拱腰布置围岩位移测点，位移测量装置及测点如图 5-11 所示。

（a）位移测量装置

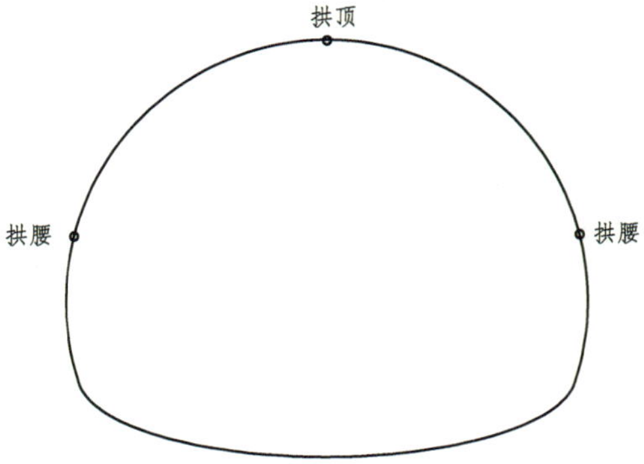

（b）位移测点布置

图 5-11　位移测量装置及测点布置示意

5.4.2 初期支护与围岩间接触压力监测

初期支护与围岩间接触压力采用型号为 LY-350 的微型土压力进行量测，微型土压力盒尺寸为直径 17 mm、高 8 mm，微型土压力盒量程为 0~200 kPa。监测点位置分别位于隧道拱顶、两侧拱肩、两侧拱腰、拱脚及仰拱处。埋设土压力盒时，垂直与隧道径向埋设，光面为受力面。接触压力测点布置如图 5-12 所示，

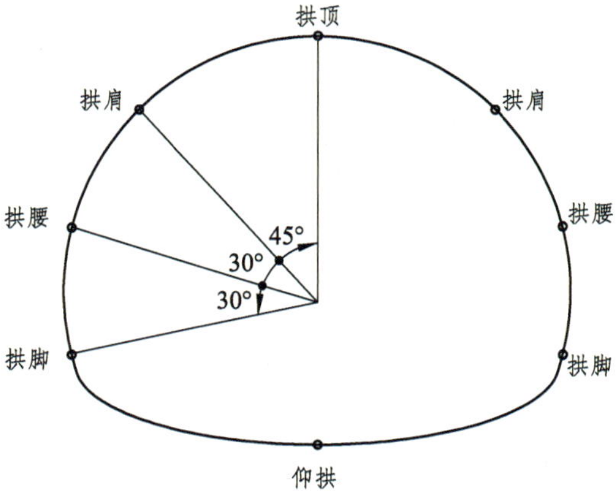

图 5-12　初期支护与围岩间接触压力测点布置

5.4.3 钢拱架内力监测

钢拱架内力分别包括钢拱架所受轴力以及弯矩，在钢拱架内外测点对称布置 8 对应变片，应变片规格为 BX-120-3AA，监测点位置与围岩压力测点位置相同。采用全断面开挖法钢拱架及应变片如图 5-13 所示。其中，通过监测钢拱架内外应变，采用式(5-1)即可计算出钢拱架的弯矩以及轴力。

$$
\begin{aligned}
N &= \frac{1}{2}E_{\text{cup}}(\varepsilon_{\text{inner}}+\varepsilon_{\text{outer}})\ b_{\text{cup}}d_{\text{cup}} \\
M &= \frac{1}{2}E_{\text{cup}}(\varepsilon_{\text{inner}}-\varepsilon_{\text{outer}})\ b_{\text{cup}}d_{\text{cup}}^{2}
\end{aligned}
\tag{5-1}
$$

式中，E_{cup}——铜条的弹性模量；

d_{cup}——铜条厚度；

b_{cup}——铜条宽度；

$\varepsilon_{\text{inner}}$、$\varepsilon_{\text{outer}}$——内、外侧应变值。

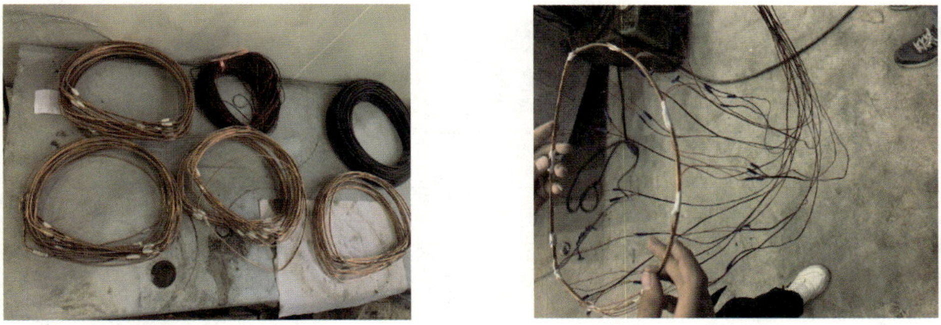

（a）全断面开挖法钢拱架　（b）钢拱架连接应变片

图 5-13　采用全断面开挖法钢拱架及应变片

5.4.4 数据采集

应变以及应力的数据采集采用两台 TST3826Y 静态应变采集仪，如图 5-14 所示。

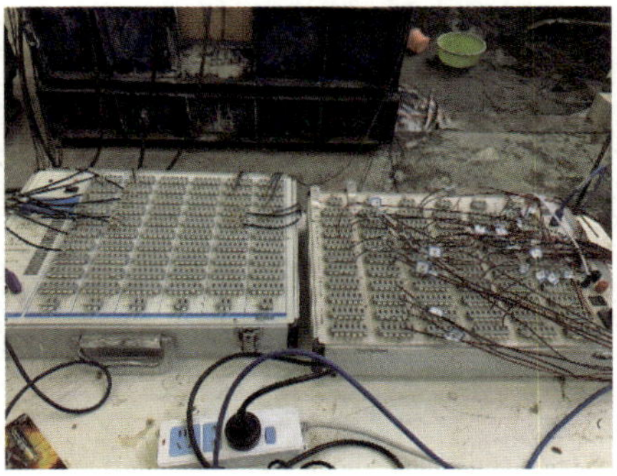

图 5-14　TST3826Y 静态应变测试采集仪

一台用于采集围岩土压力数据，一台用于采集钢拱架应变数据，通过连接计算机记录采集数据。土压力盒数据采集连接采用全桥法连接，不进行温度补偿；应变片与静态应变采集仪的连接方式为 1/4 桥连接，为减小导线电阻以及外界环境的影响，采集仪的每排通道处都连接补偿片。

5.5 研究工况

本研究主要关注软弱层倾角对开挖隧道的影响，试验中采用全断面开挖法模拟，以探究不同倾角软弱层下隧道位移、初期支护与围岩间的接触压力、钢拱架受力的变化特征，并通过对比分析总结规律。本次试验根据研究内容共设计 5 种工况，具体如表 5-6 所示。需注意，当软弱层倾角互补时，以软弱层倾角为 60°以及软弱层倾角为 120°为例，软弱层倾角定义如图 5-15 所示。

表 5-6 研究工况

工况	初期支护厚度/cm	拱架间距/cm	软弱层倾角
1	24	60	60°
2	24	60	120°
3	24	60	45°
4	24	60	135°
5	24	60	90°

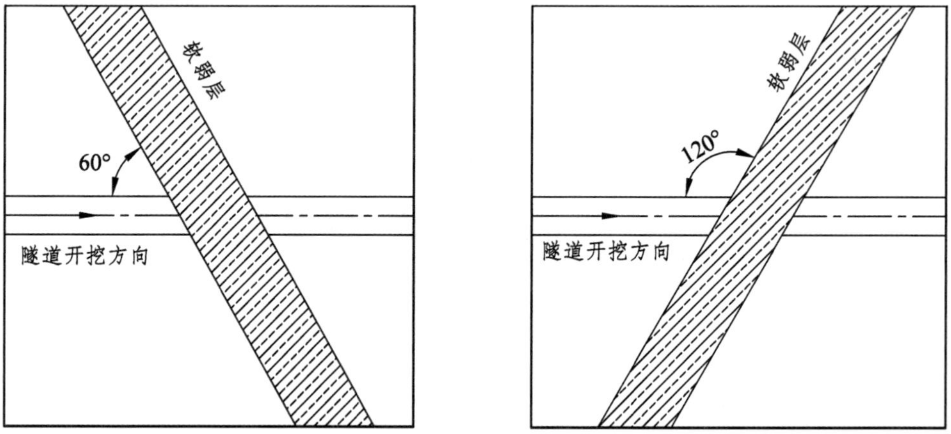

（a）软弱层倾角为 60°　　（b）软弱层倾角为 120°

图 5-15 软弱层倾角定义

5.6 试验步骤介绍

整个模型试验过程包括：相似材料配制、填土与夯实、荷载施加、测量初始数据、隧道开挖、试验数据采集共 6 个步骤。对于每个步骤的具体操作方法及要求如下：

1. 相似材料配制

根据配比试验获得的 2 种围岩相似材料的质量比，用电子秤准确称量各原料的重量，为保证材料能够充分混合均匀，采用 JQ350 型立式搅拌机均匀搅拌材料，试验装置如图 5-16 所示。

图 5-16　JQ350 型立式搅拌机

2. 填土与夯实

为保证相似材料密实度、避免施加荷载后模型箱上方沉降过大，使用铁块人工夯实的方式压实围岩相似材料，并根据监测方案，在隧道不同位置预埋位移传导杆、土压力盒。具体如图 5-17 所示。

（a）人工夯实　（b）分界线　（c）埋设仪器

图 5-17　填土与夯实过程示意

3. 荷载施加

将加载系统（包括反力梁、工字钢、钢板）安装至指定位置，反力梁两侧通过小钢板用螺栓固定至模型箱上方。将千斤顶的力设定到指定值，稳定 48 小时后进行开挖施工，期间需不断观察液压稳定器内压强值，保证荷载满足试验的要求。

4. 测量初始数据

待液压稳定器内压强值不再变化后在隧道拱顶、两侧拱腰安装百分表，为保证开挖过程中隧道位移测量的准确性，在盖板上方添加百分表来测量盖板沉降，同时调试应变测试系统，连接土压力盒以及监测断面钢拱架的应变片。记录百分表初始读数、土压力盒初始数据。

5. 隧道开挖

为保证隧道开挖过程中，隧道形状基本保持不变，需利用铜环确定隧道轮廓。根据现场实际施工情况，确定每次开挖为 4 cm，每 1.3 cm 架设一榀钢拱架。使用钢尺测量开挖尺寸确保开挖精度，用小油灰刀开挖并分次清理土渣。为保证衬砌厚度均匀一致，在沿已有隧道轮廓开挖后，需进行扩挖，扩挖厚度与衬砌厚度一致为 5.5 mm。待开挖完成后架设钢拱架，钢拱架连接完成后开始喷涂石膏水。为保证石膏能够与土体紧密贴合，须先用稀石膏水浸润开挖隧道周围土体，待围岩浸润后配制符合相似比的石膏，快接近凝固时涂抹，待石膏凝固后开始下一循环的开挖，每个工法共设计开挖 11 步，部分开挖过程如图 5-18 所示。

（a）确定开挖轮廓

（b）开挖

（c）钢拱架架设

（d）喷涂石膏水

（e）衬砌涂抹石膏后

（f）架设贴有应变片的钢拱架

图 5-18 隧道全断面开挖过程

6. 试验数据采集

围岩监测点处的位移通过百分表进行读取，每完成一次开挖支护，都需记录一次每个百分表的数据，由于模型箱尺寸的限制在开挖 11 步后便不再模拟开挖，围岩位移时程曲线中 11 步之后的位移值为停止开挖观测的围岩位移值，每次观测间隔一段时间以保证测得的结果为位移稳定值。应力以及钢拱架的应变值，通过 TST3826Y 静态应变采集仪读取。

5.7 试验结果分析

按前述方法进行模型试验并采集相关数据，从围岩位移，围岩压力以及钢拱架受力 3 个方面，系统分析软弱层倾角变化对隧道围岩变形以及支护结构受力的影响。

5.7.1 隧道围岩位移分析

隧道每开挖一个进尺和初期支护的石膏凝固之后，读取拱顶处百分表的数据并记录，百分表读数根据相似关系换算成实际隧道拱顶位移。不同软弱倾角下隧道拱顶处围岩位移情况如图 5-19 所示。

由图 5-19（a）可知：不同工况拱顶处的位移时程曲线随着开挖步的增加而增大，且受支护作用最终趋于稳定；改变软弱层的倾角对最终拱顶位移值有明显的影响，当倾角为 90°时取得最小值 13.3 mm，当倾角为 45°时取得最大值 20.4 mm。

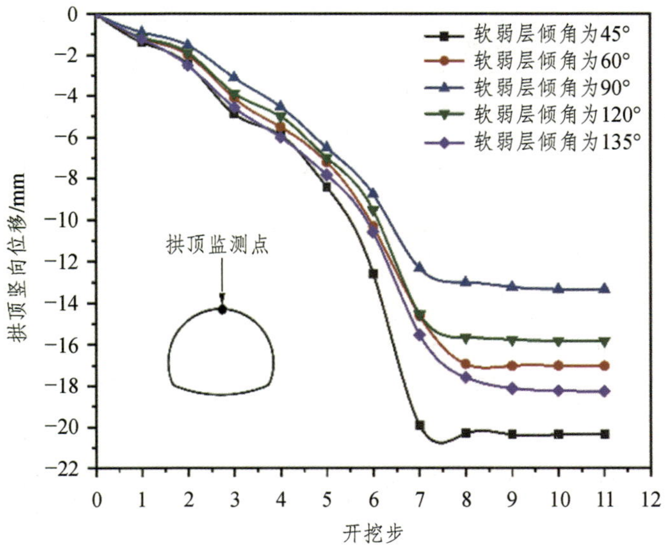

（a）拱顶位移时程曲线

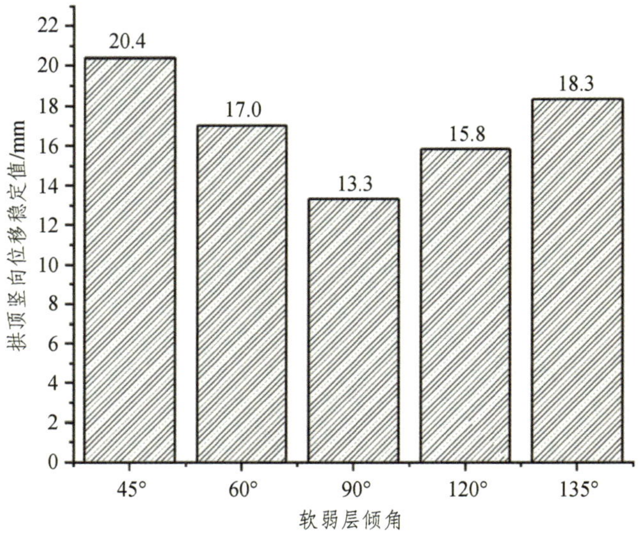

（b）拱顶围岩位移稳定值柱状图

图 5-19　不同软弱倾角下隧道拱顶处围岩位移

由图 5-19（b）可知：当软弱层倾角从 45°增加到 135°，隧道拱顶处围岩位移变化分为两阶段。其中，倾角从 45°增加到 90°时，拱顶位移减小。倾角从 90°增加到 135°时，拱顶位移增大；对于拱顶围岩位移最终稳定值，倾角 45°工况大于倾角 135°工况，倾角 60°工况大于倾角 120°工况。

不同软弱倾角下隧道拱腰处围岩位移情况如图 5-20 所示。其中，由于左、右拱腰具有相同的规律，这里仅提取右拱腰围岩位移值。

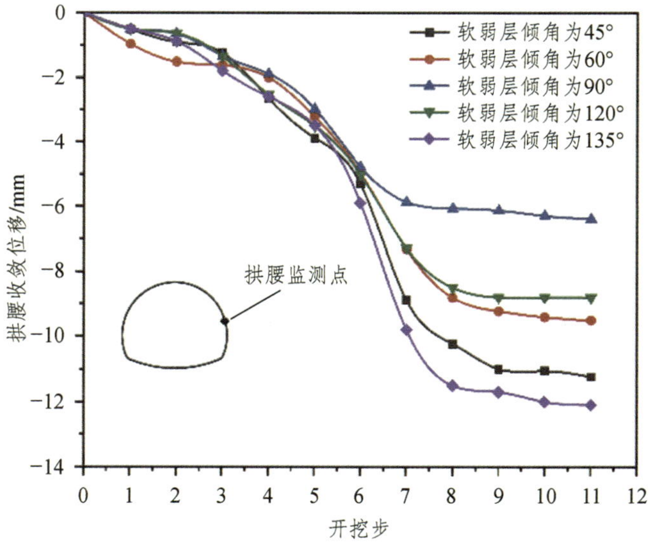

（a）右拱腰位移时程曲线

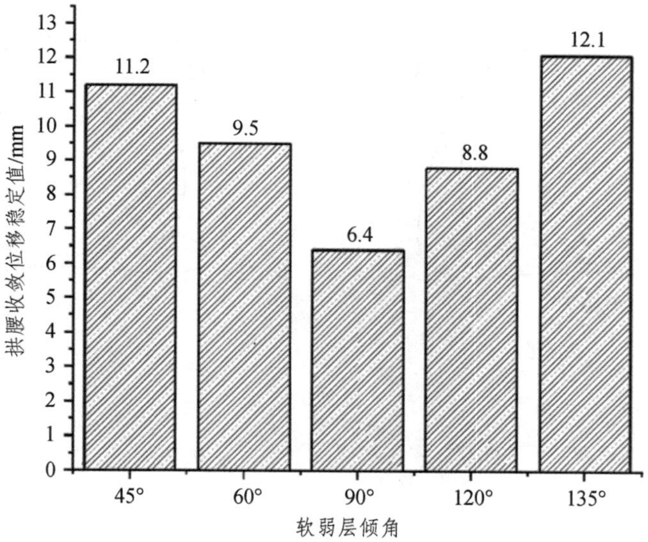

（b）右拱腰围岩位移稳定值柱状图

图 5-20　不同软弱层倾角下隧道右拱腰处围岩位移

由图 5-20（a）可知：与软弱层在不同倾角下拱顶位移变化规律相同，随着隧道的开挖，监测断面处拱腰围岩位移先增大后趋于稳定；改变软弱层的倾角对拱腰最终位移值有明显的影响，当倾角为 90°时取得最小值 6.4 mm，当倾角为 135°时取得最大值 12.1 mm。

由图 5-20（b）可知：当软弱层倾角从 45°增加到 135°，隧道拱腰处围岩位移变化分为两阶段。其中，倾角从 45°增加到 90°时，拱顶位移减小。倾角从 90°增加到 135°时，拱顶位移增大。

5.7.2　隧道围岩与初期支护接触压力分析

围岩与初期支护接触压力由各个监测点的土压力盒量测，根据相似比换算成原型中围岩与初期支护接触压力，如图 5-21 所示。

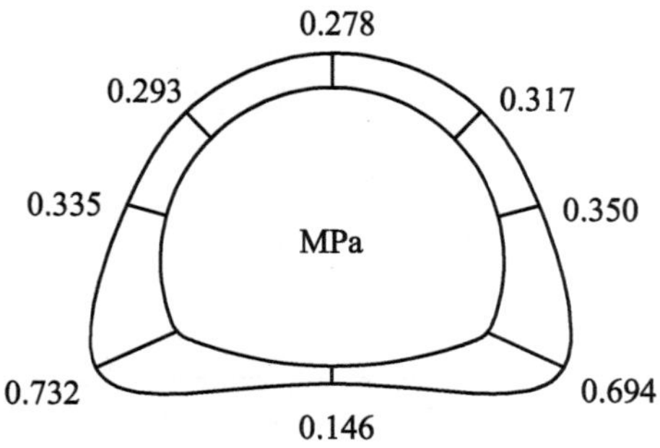

（a）45°

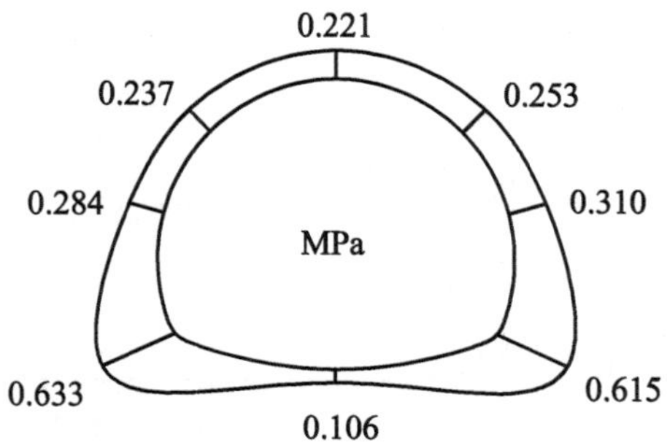

（b）60°

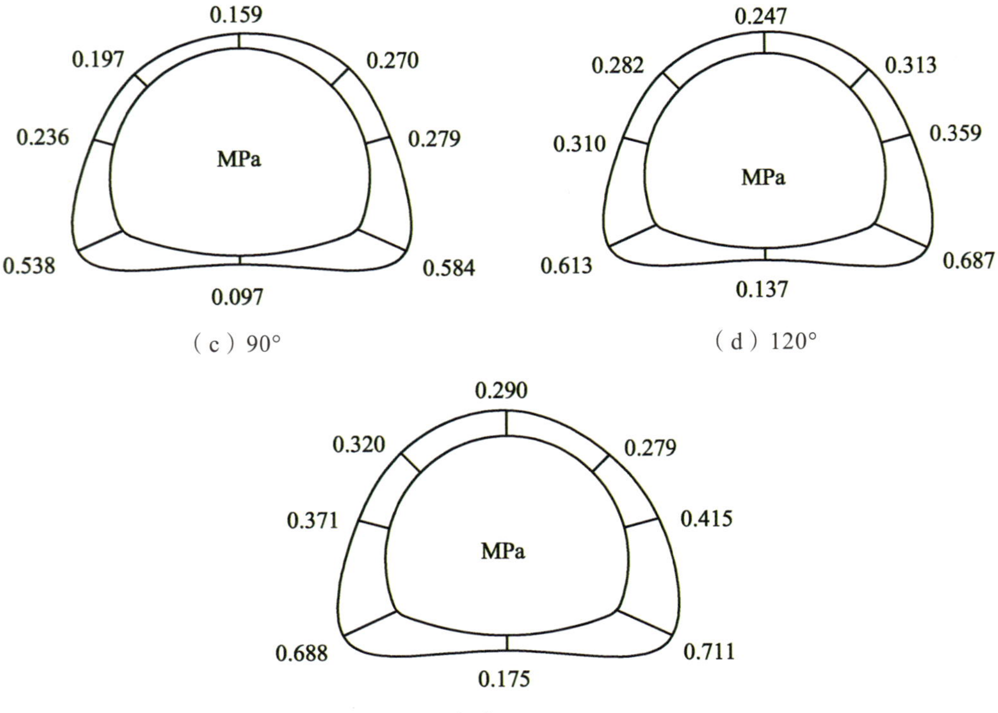

（e）135°

图 5-21　不同倾角的软弱层隧道初支与围岩接触压力分布

由图 5-21 分析可知：隧道穿过不同倾角的软弱层时，围岩与初期支护接触压力均无明显偏压现象，且拱脚处的围岩压力约为拱顶、拱肩及拱腰的 2 倍；在所有研究工况中，当软弱层倾角为 45°时的拱脚位置处取得最大围岩接触压力值，为 723 kPa。

确立 5 种不同倾角软弱层下初期支护与围岩接触压力分布特征，具体如图 5-22 所示。

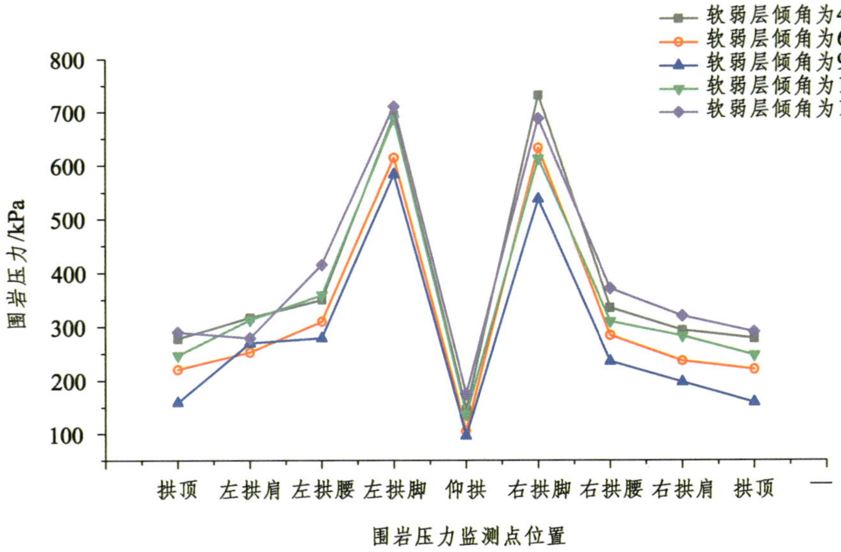

图 5-22　跨不同软弱层倾角隧道围岩压力分布

由图 5-22 分析可知：不同软弱层倾角下的围岩压力大致对称分布；排除不可控实验误差造成的影响，倾角从 45°增加到 90°时，初支与围岩接触压力呈减小的趋势。倾角从 90°增加到 135°时，初支与围岩接触压力呈增大的趋势。以倾角 90°为参照工况，当倾角为 45°时，围岩压力增加 17.4%~74.8%，增长最大位置为拱顶处；当倾角为 60°时，围岩压力增加 5.3%~39%，增长最大位置同样在拱顶处；当倾角为 120°时，围岩压力增加 13.9%~55.3%，拱顶处围岩压力增长 55.3%；当倾角为 135°时，围岩压力增加 3.3%~82.3%，拱顶处围岩压力受倾角影响较大，增长约 46.5%。

5.7.3 隧道初期支护钢拱架受力分析

通过应变片采集的钢拱架内外应变，采用式（5-1）计算获得钢拱架的弯矩，并根据相似关系最终求得原钢拱架弯矩值，绘制钢拱架弯矩图 5-23。其中，规定钢拱架弯矩内侧受拉为正。

由图 5-23 分析可知：隧道穿过不同软弱层倾角时，钢拱架最大弯矩出现在拱脚处，且均在拱脚以及拱肩处出现负弯矩。整体而言，软弱层倾角从 45°变化到 90°时，钢拱架的弯矩值减小，倾角从 90°变化到 120°时，钢拱架的弯矩值增大，且最大正、负弯矩分别出现在倾角 135°工况的右拱腰和右拱脚处。以倾角 90°为参照工况，当倾角为 45°时，

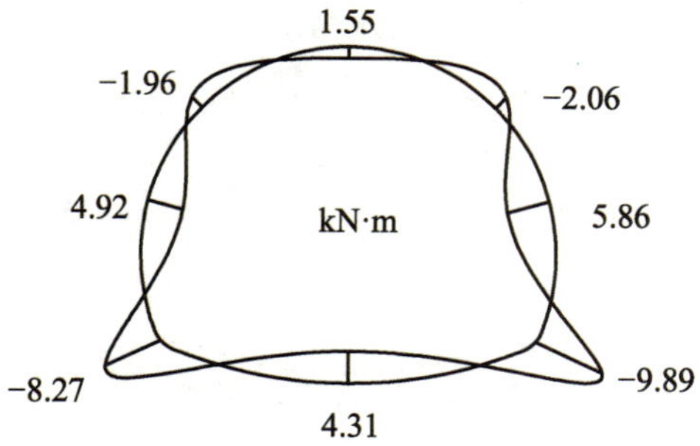

（a）45°

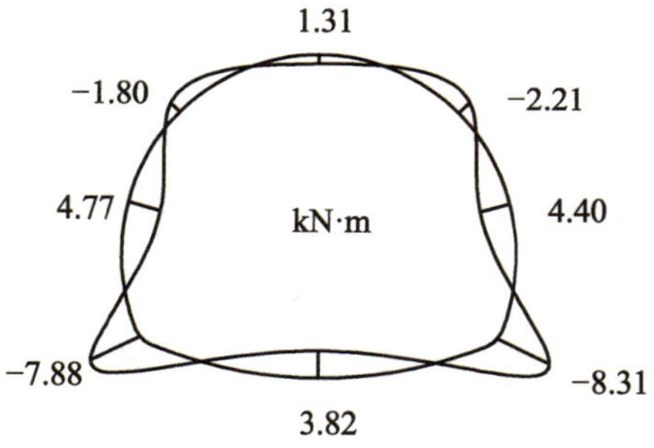

（b）60°

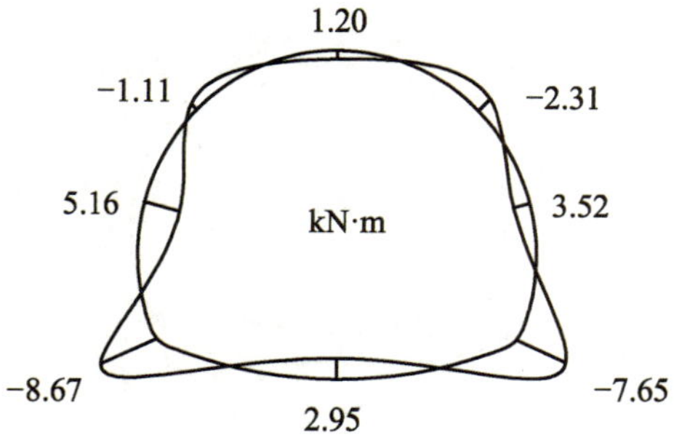

（c）90°

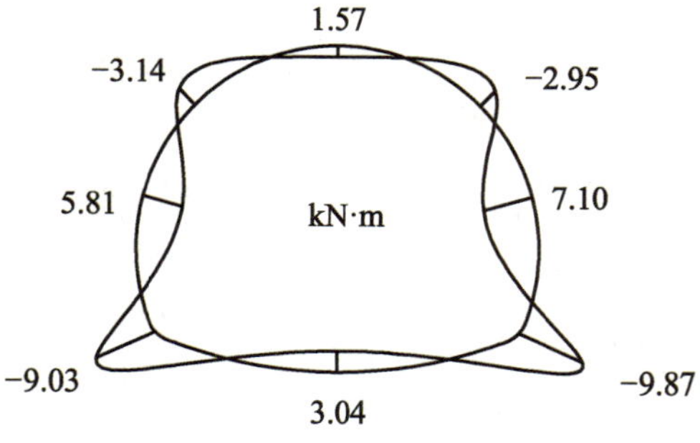

（d）120°

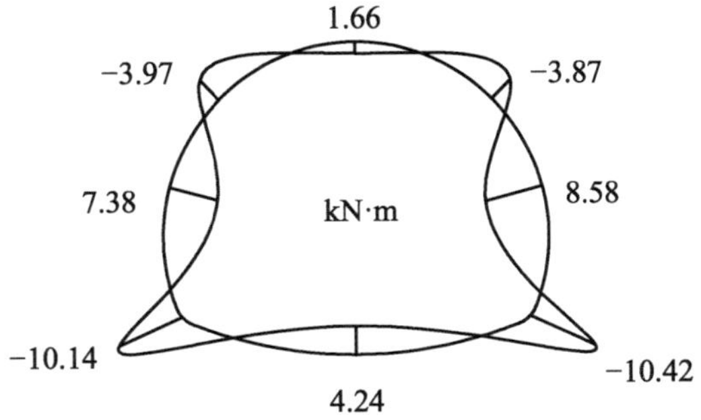

（e）135°

图 5-23　跨不同软弱层倾角隧道钢拱架弯矩分布图

除右拱肩和左拱脚外，钢拱架弯矩值增加 5%~76%；当倾角为 60°时，除右拱肩和左拱脚外，钢拱架弯矩值增加 4%~63%；当倾角为 120°时，各个监测点钢拱架弯矩值增加 3%~183%；当倾角为 135°时，钢拱架弯矩值增加 17%~258%。

通过应变片采集的钢拱架内外应变，采用式（5-1）计算获得钢拱架的轴力，根据相似关系最终求得原钢拱架轴力值，绘制钢拱架轴力图 5-24。其中规定轴力值受压为正。

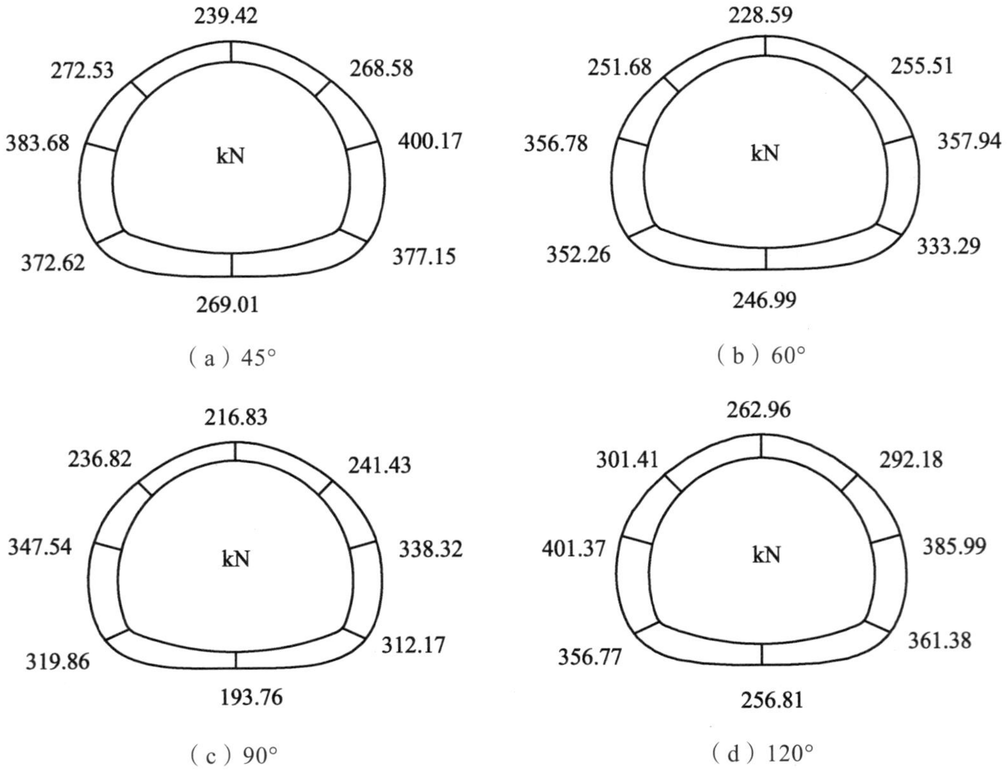

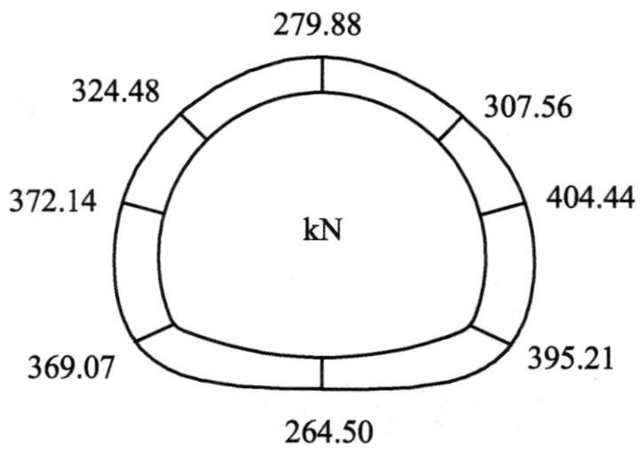

（e）135°

图 5-24 跨不同软弱层倾角隧道钢拱架轴力分布

由图 5-24 分析可知：不同软弱层倾角下，拱腰和拱脚处的轴力均大于拱顶、拱肩以及仰拱处；不考虑试验误差的影响，当倾角从 45°变化到 90°时，钢拱架的轴力值减小，当倾角从 90°变化到 135°时，钢拱架的轴力值增大，且最大轴力值出现在倾角 135°时的隧道右拱腰处，其值为 404.44 kN。以倾角 90°为参照工况，软弱层倾角为 45°时，钢拱架轴力值增加 10%~39%；软弱层倾角为 60°时，钢拱架弯矩值增加 5%~27%；软弱层倾角为 120°时，钢拱架轴力值增加 14%~33%；软弱层倾角为 135°时，钢拱架轴力值增加 12%~37%。

Chapter 6

基于数值模拟的跨不同形态软弱层隧道施工关键技术研究

软弱层在三维空间内的主要形态参数包括倾角、倾向和厚度。在隧道跨软弱层施工时，各类形态参数对围岩变形和支护受力特征的影响规律可能存在差异。另外，宝鼎 2 号隧道轴线穿越的软弱层主要为断层破碎带和煤线两类，且 F9 断层与附近煤线距离较近，造成断层、隧道、煤线三者之间存在复杂的相互影响机制，对跨软弱层的隧道开挖和支护方法提出了更高要求。本章主要采用数值模拟方法围绕不同形态参数对围岩变形和支护受力特征的影响规律展开系统研究，并进行敏感性分析，从而为跨软弱层隧道安全施工提供指导；针对宝鼎 2 号隧道穿越 F9 断层段进行专门建模计算和分析，提出针对性的开挖和支护建议。

6.1 跨不同形态软弱层隧道围岩变形及结构受力特征研究

6.1.1 研究工况

针对软弱层倾角、倾向和厚度 3 类形态参数，分别设立对应的研究工况，具体如表 6-1 所示。

表 6-1 跨不同形态软弱层研究工况

编号	工况类别	子工况	其他参数	备注
1	倾角	50°	厚度 4 m 倾向 90°	模型试验研究工况一样
2		70°		
3		90°		
4		120°		
5		135°		
6	倾向	30°	厚度 22.5 m 倾角 90°	—
7		60°		
8		90°		
9		120°		
10		150°		
11	厚度	6 m	倾角 90° 倾向 0°	—
12		10 m		
13		14 m		
14		18 m		
15		10 m	倾角 45° 倾向 0°	—
16		14 m		
17		18 m		
18		22 m		

6.1.2 计算模型及参数

采用 FLAC3D 建立数值计算模型。为弱化边界效应对计算结果的影响，模型在水平向取 100 m（x 方向），纵向取 41 m（y 方向），垂直向取 80 m（z 方向），在模型顶部施加应力模拟隧道模型上部土体自重。模型共 456 800 个单元，475 231 个节点。模型的前后左右边界均为水平向固定，底面采用竖向约束，模型顶部为自由面。整个数值模拟隧道模型只考虑自重作用，模型初始地应力状态在设置模型边界条件之后，通过 solve 命令进行初始应力平衡计算获得。本部分只研究改变软弱层形态参数的情况下隧道支护结构受力规律以及围岩变形规律，因此不考虑开挖工法对隧道围岩变形以及支护结构受力的影响。为简化模型，采用全断面法施工，通过 null 命令实现计算模型的全断面开挖；一次掘进进尺为 1.8 m；初支一次施作长度为 1.8 m（两榀钢拱架）。部分研究工况的计算模型如图 6-1 所示。

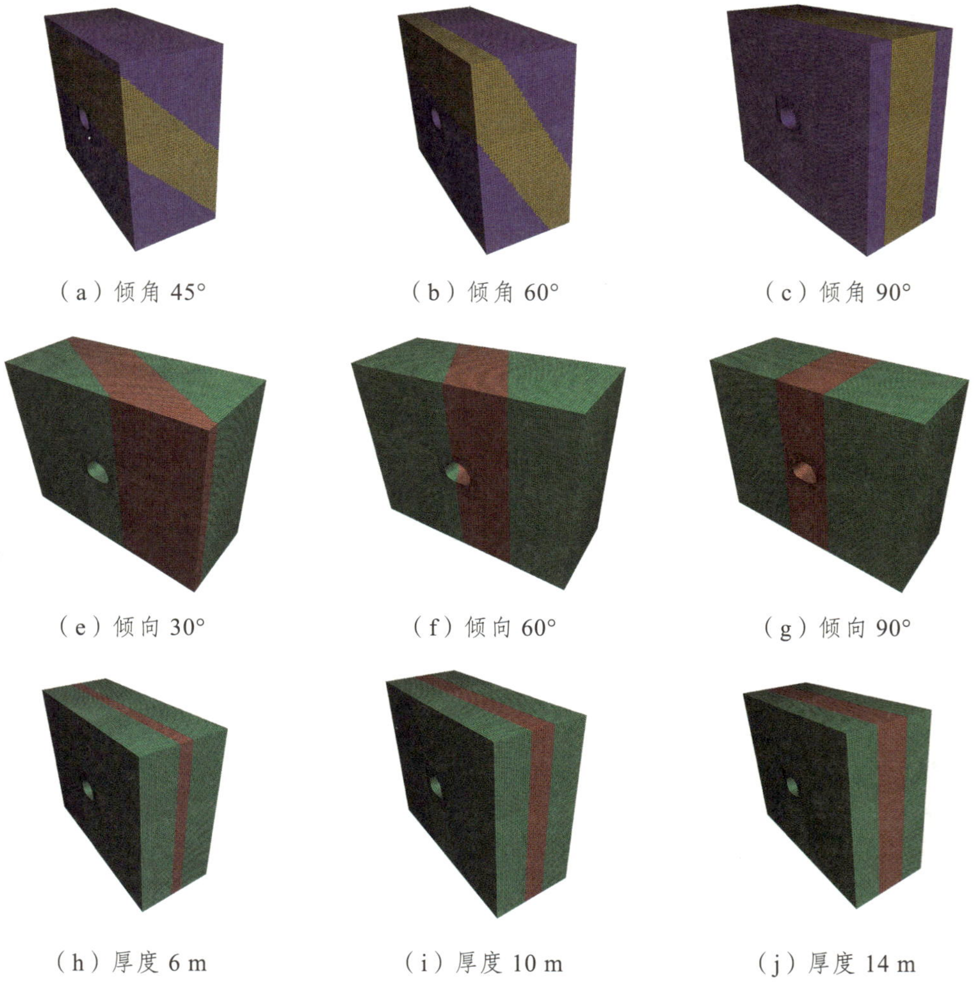

（a）倾角 45°　（b）倾角 60°　（c）倾角 90°

（e）倾向 30°　（f）倾向 60°　（g）倾向 90°

（h）厚度 6 m　（i）厚度 10 m　（j）厚度 14 m

图 6-1　计算模型展示

数值计算过程中，围岩按弹塑性模型考虑，采用莫尔—库伦屈服准则，岩土体物理力学参数根据现场土工试验和经验类比确定。初支喷射砼通过 shell 单元模拟，钢拱架通过等效刚度法折算到喷射砼中[40]。根据现场施工资料，初期支护喷射砼等级为 C20，钢拱架采用 I18 型工字钢。最终确定的岩土体及支护结构力学参数如表 6-2。

表 6-2　计算参数

材料	弹性模量 E/GPa	泊松比 μ	密度 ρ/(kg/m^3)	黏聚力 c/kPa	内摩擦角 φ/(°)
围岩	3.7	0.32	2 100	684	35.6
软弱层	1.2	0.35	1 900	115	26.0
喷射砼	25.5	0.20	2 400	—	—
钢拱架	200	0.3	7 900	—	—

6.1.3 监测点布置

模型计算过程中分别对围岩位移、围岩接触压力以及初期支护弯矩和轴力进行监测，各个监测项目的监测点布置如图 6-2 所示。其中，围岩位移监测点布置在隧道拱顶、拱腰以及仰拱处，如图 6-2（a）所示；围岩接触压力以及初期支护内力监测点布置拱顶、拱肩、拱腰、拱脚以及仰拱处，如图 6-2（b）所示。

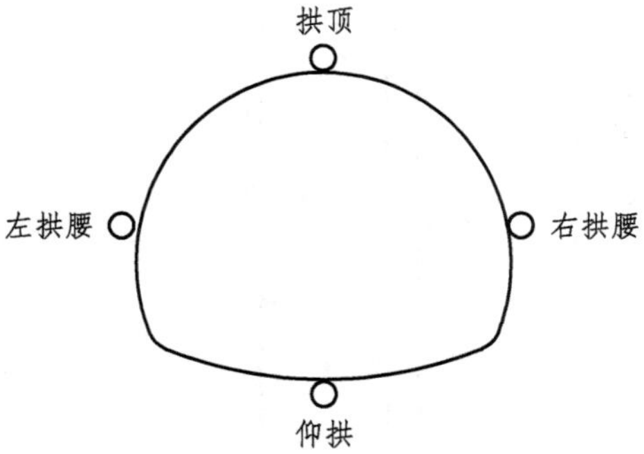

（a）围岩位移监测点

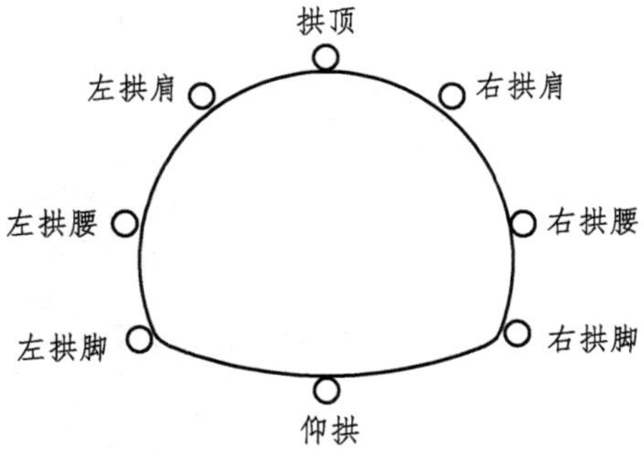

（b）压力以及结构内力监测点

图 6-2　监测点布置

6.1.4 软弱层倾角计算结果分析

1. 隧道围岩位移分析

（1）拱顶位移。

不同软弱层倾角下监测断面处的拱顶位移曲线如图 6-3 所示。

由图 6-3（a）分析可知，随着隧道围岩的开挖，不同倾角下监测断面拱顶处的位移逐渐增大，当开挖面接近监测断面时，拱顶位移增长幅度增大，随着围岩的进一步开挖和支护结构的施作，围岩变形最终趋于稳定。

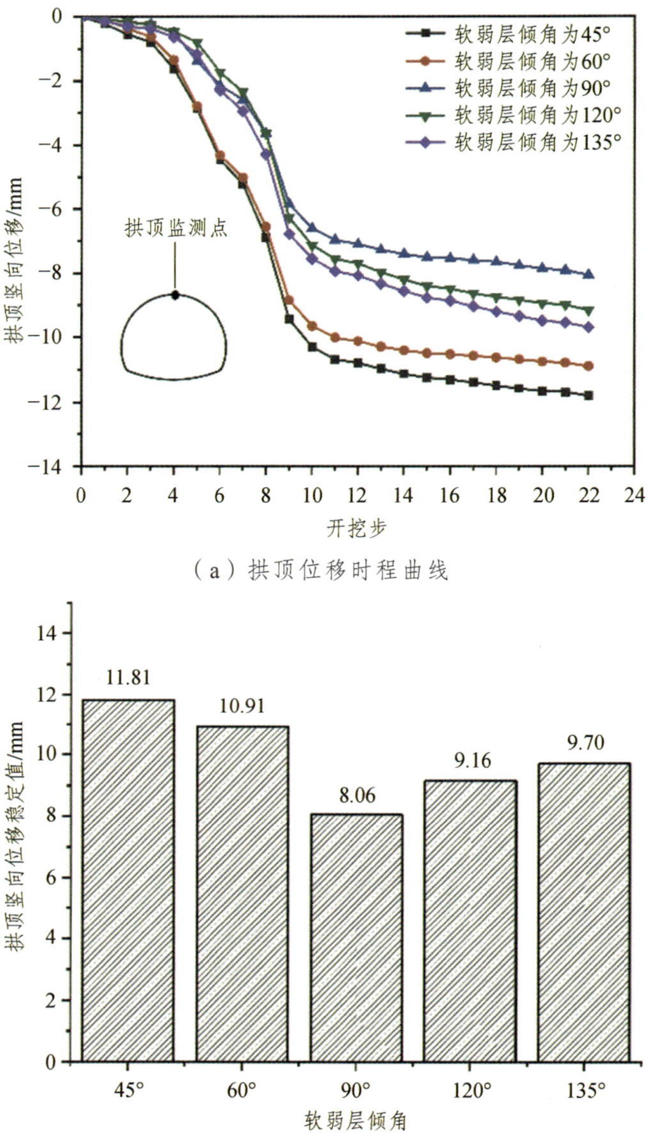

（a）拱顶位移时程曲线

（b）拱顶围岩位移稳定值柱状图

图 6-3　不同软弱层倾角下隧道拱顶处围岩位移

由图 6-3（b）分析可知，改变软弱层的倾角对最终拱顶位移值有明显的影响，软弱层倾角从 45°增加到 135°，隧道拱顶处围岩位移变化分为两阶段，软弱层倾角从 45°增加到 90°时，位移减小；倾角从 90°增加到 135°时，位移增大。最终拱顶位移值在软弱层倾角为 90°时最小，为 8.06 mm，倾角为 45°时最大，为 11.8 mm。

不同倾角下软弱层的拱顶位移数值模拟稳定值与模型试验结果对比如表 6-3。对模型试验和数值模拟的最终位移值进行归一化处理，结果如图 6-4 所示。

表 6-3 模型试验与数值模拟拱顶位移结果对比

软弱层倾角	45°	60°	90°	120°	135°
数值模拟拱顶位移/mm	11.81	10.91	8.06	9.16	9.70
模型试验拱顶位移/mm	20.4	17.0	13.3	15.8	18.3

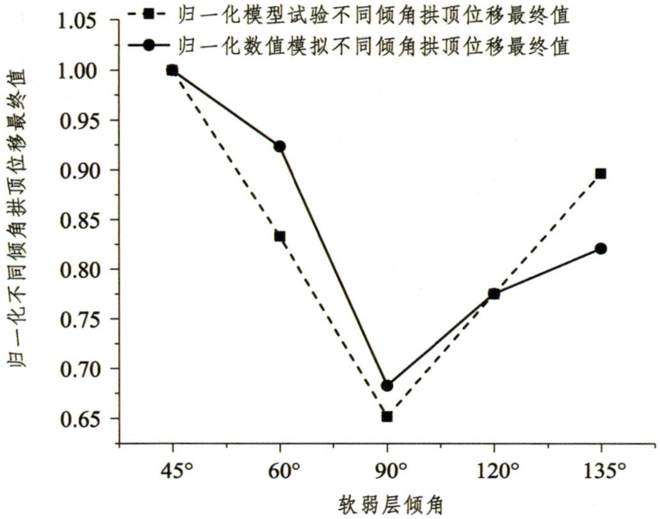

图 6-4 归一化不同软弱层倾角拱顶位移最终值

分析可知，不同软弱层倾角下，数值模拟和模型试验的拱顶最终位移值变化规律一致，软弱层倾角从 45°增加到 90°时，位移减小；倾角从 90°增加到 135°时，位移增大。且归一化的拱顶位移最终值量值上，数值模拟的结果和模型试验结果接近。

（2）拱腰位移。

不同软弱层倾角下监测断面处的拱腰位移变化曲线如图 6-5 所示。

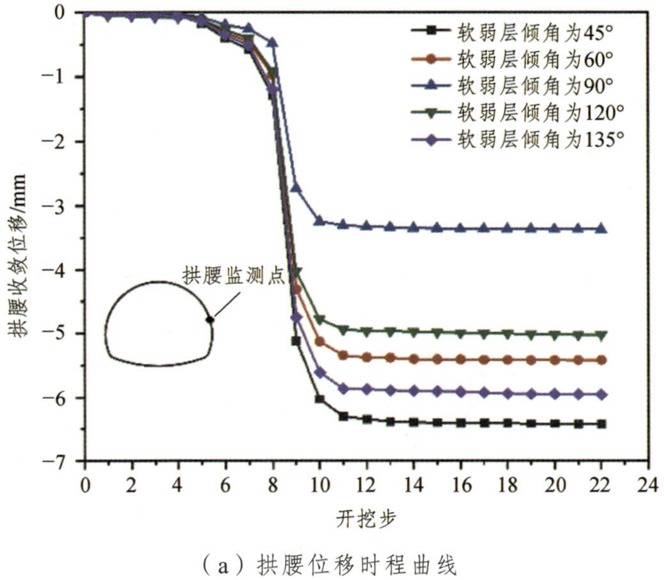

（a）拱腰位移时程曲线

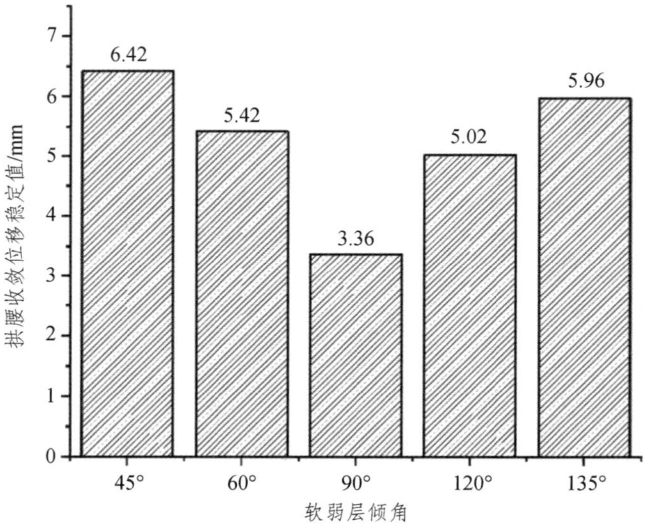

（b）拱腰围岩位移稳定值柱状图

图 6-5　不同软弱倾角下隧道拱腰处围岩位移

由图 6-5（a）分析可知，随着围岩的开挖，不同倾角下拱腰处的位移逐渐增大，当开挖面接近监测断面时，拱腰位移增长幅度增大，随着围岩的进一步开挖，围岩变形最终趋于稳定。

由图 6-5（b）分析可知，改变软弱层的倾角对最终拱腰位移值有明显的影响，软弱层倾角从 45°增加到 135°，隧道拱腰处围岩位移变化同样也分为两阶段，软弱层倾角从 45°增加到 90°时，位移减小；倾角从 90°增加到 135°时，位移增大。最终拱腰位移值在软弱层倾角为 90°时最小，为 3.36 mm；倾角为 45°时最大，为 6.42 mm。

将数值模拟中不同倾角下软弱层的拱腰位移稳定值与模型试验结果对比，见表 6-4。同时，将模型试验和数值模拟的 5 种工况的最终位移值进行归一化处理，如图 6-6 所示。

表 6-4　模型试验与数值模拟拱腰位移结果对比

软弱层倾角	45°	60°	90°	120°	135°
数值模拟下拱腰位移/mm	6.42	5.42	3.36	5.02	5.96
模型试验下拱腰位移/mm	11.2	9.5	6.4	8.8	12.1

分析可知，不同软弱层倾角下，归一化后的数值模拟拱腰最终位移值和模型试验最终位移值变化规律一致，软弱层倾角从 45°增加到 90°时，位移减小；倾角从 90°增加到 135°时，位移增大。且数值模拟和模型试验的归一化拱腰位移最终值接近。

总结模型试验和数值模拟结果可知：隧道穿过不同软弱层倾角时，拱顶以及拱腰监测点围岩变形规律相同。即当软弱层倾角从 45°增加到 90°时，各个监测点围岩位移减小；而软弱层倾角从 90°增加到 135°时，各个监测点围岩位移增大。且归一化之后的拱顶及拱腰位移值在量值上接近。

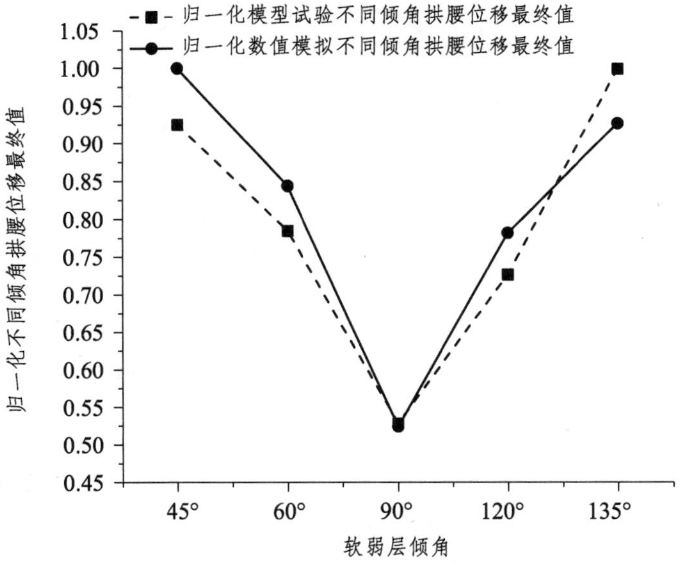

图 6-6 归一化不同软弱层倾角拱腰位移最终值

2. 隧道围岩与初期支护接触压力分析

与模型试验相对应，在监测断面处同样共设置 8 个监测点，得到围岩压力分布如图 6-7 所示。

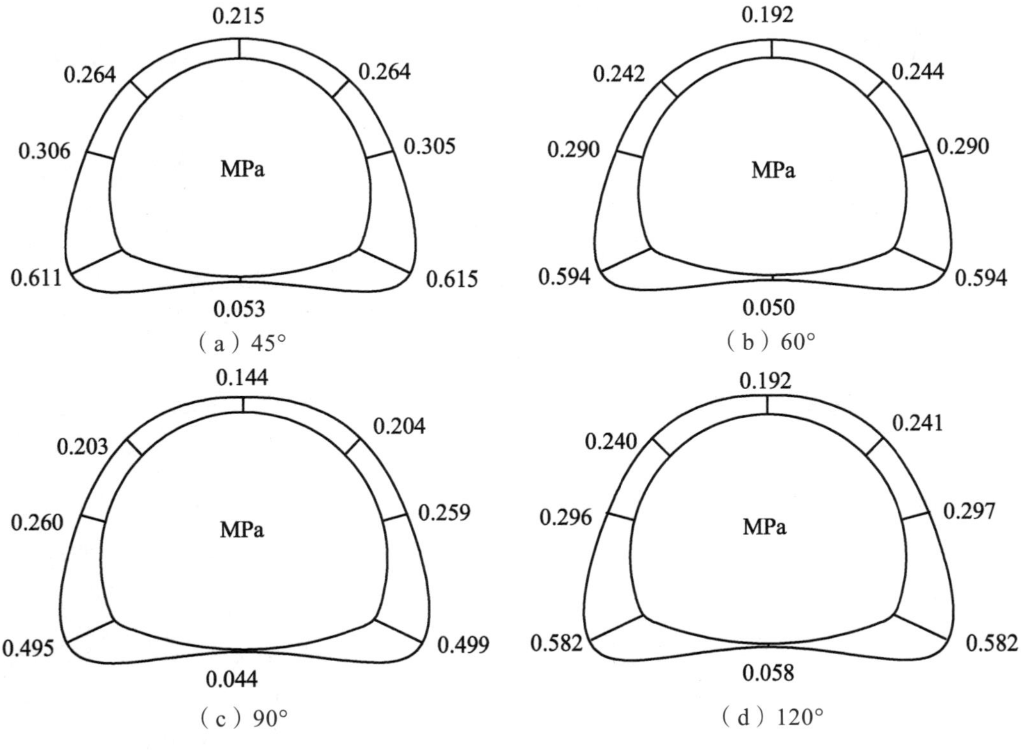

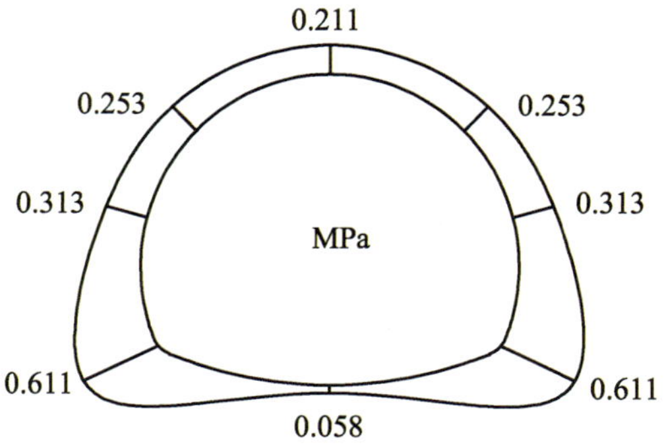

（e）135°

图 6-7　基于数值模拟的跨不同软弱层倾角隧道围岩与初期支护接触压力分布

分析可知：隧道穿过不同倾角的软弱层时，其围岩压力最大值均出现在拱脚位置，当软弱层倾角为 45°时，围岩压力最大，其值为 615.15 kPa。数值模拟计算结果表明，隧道穿过不同倾角的软弱层，其拱脚处的围岩压力约为拱顶、拱肩以及拱腰的 2 倍。

不同倾角的软弱层下，初期支护与围岩接触压力分布特征如图 6-8 所示。

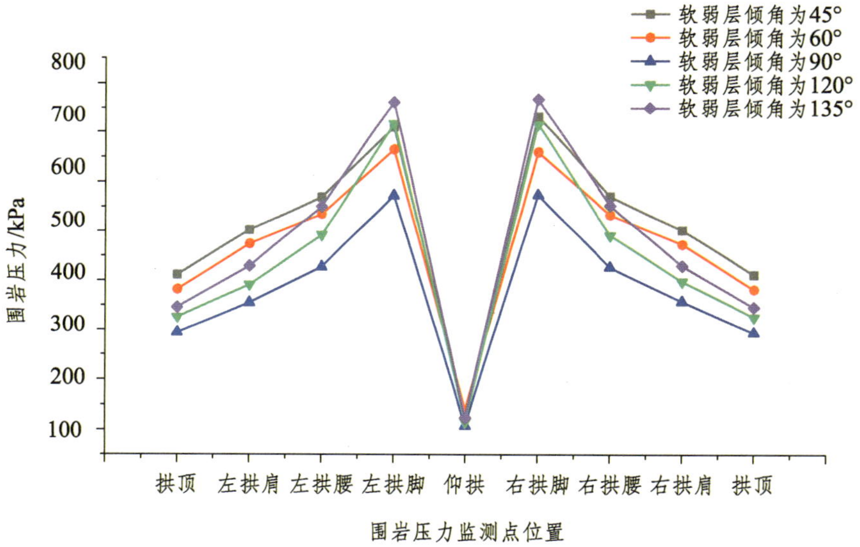

图 6-8　基于数值模拟的跨不同软弱层倾角隧道围岩压力分布

分析可知：不同倾角下的围岩压力均成对称分布，且无明显的偏压现象。软弱层倾角从 45°变化到 90°时，各个监测点围岩压力逐渐减小；但软弱层倾角从 90°变化到 135°时，各个监测点围岩压力逐渐增大。以软弱层倾角为 90°时为参照工况，当软弱层倾角分别为 45°、60°、120°和 135°时，围岩压力增量分别为 17.46%~49.3%、11.6%~33.3%、13.8%~33.3%和 20.5%~46.5%，围岩压力增加最大位置均位于拱顶。

将数值模拟结果与图 5-21、图 5-22 模型试验的围岩与初期支护接触压力分布规律对比可知：从围岩接触压力量值而言，不同软弱层倾角下，数值模拟和模型试验结果都表明围岩接触压力最大值均出现在拱脚处。最大围岩压力值出现在软弱层倾角为 45°时。不同倾角下的拱脚处的围岩压力均约为拱顶、拱肩以及拱腰的 2 倍。同时，随着软弱层倾角改变，数值模拟和模型试验结果的围岩压力变化规律一致，即软弱层倾角从 45°变化到 90°时，各个监测点围岩压力逐渐减小；而软弱层倾角从 90°变化到 135°时，各个监测点围岩压力逐渐增大。

3. 隧道初期支护钢拱架受力分析

（1）弯矩。

不同工况下各个监测点的弯矩分布如图 6-9 所示。弯矩以初期支护内侧受拉为正。

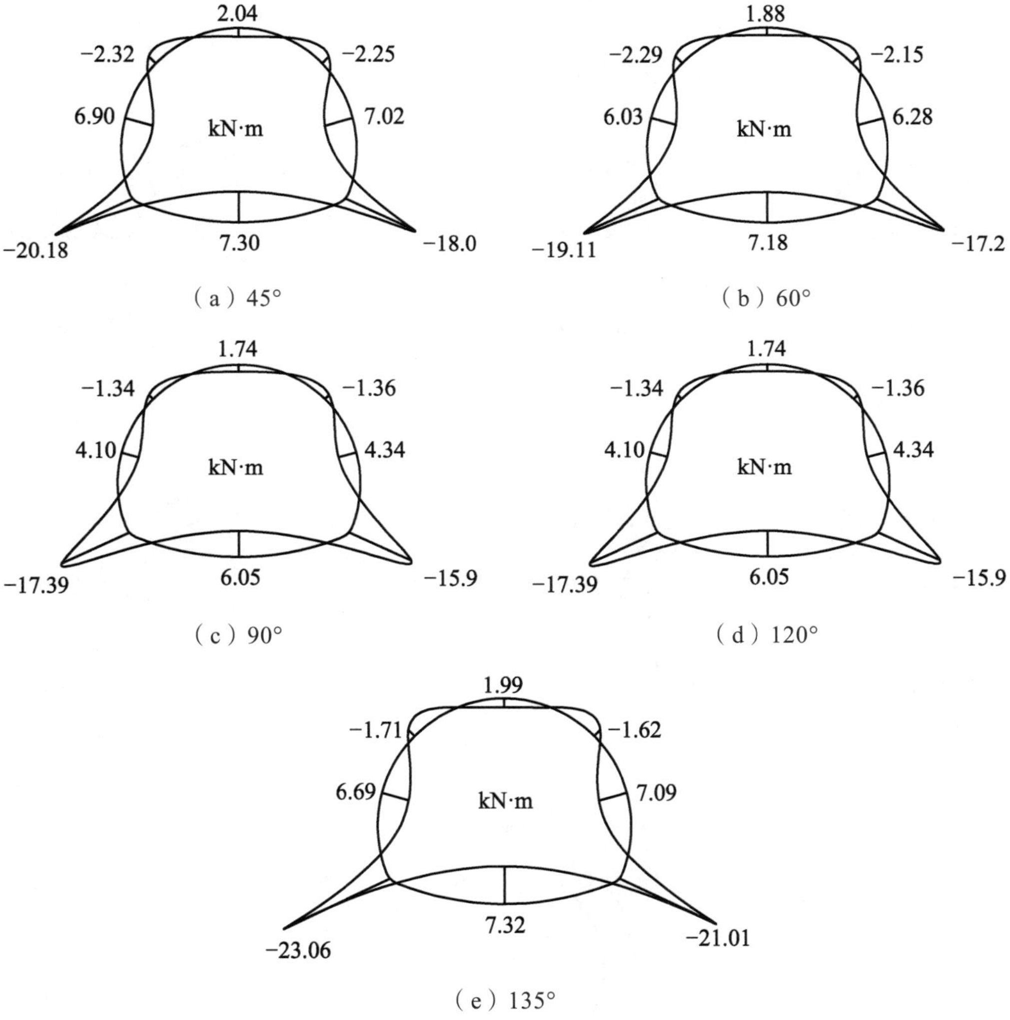

图 6-9 基于数值模拟的跨不同软弱层倾角隧道初期支护弯矩分布

分析可知，不同软弱层倾角下，钢架弯矩值均在拱脚处最大，拱顶、拱腰以及仰拱处均为正弯矩，拱肩以及拱脚处弯矩为负弯矩。软弱层倾角从 45°变化到 90°时，各个监测点弯矩值减小，从 90°变化到 135°时，弯矩值增大。以软弱层倾角为 90°时为对比工况，可知：软弱层倾角为 45°时，各个监测点弯矩值增大 13.56%~73.78%，弯矩值增长最大的位置位于左拱肩处；软弱层倾角为 60°时，各个监测点弯矩值增大 8%~71.3%，同样左拱肩处弯矩值增长最大；当软弱层倾角为 120°时，各个监测点弯矩值增大 10.5%~41.71%，此时拱腰以及拱脚处增长较大，其弯矩值增大 23.75%~41.71%，弯矩值受软弱层倾角影响最大部位位于右拱腰；当软弱层倾角为 135°时，各个监测点弯矩值增大 14.37%~63.52%，弯矩值受软弱层倾角影响最大部位同样位于右拱腰处，其弯矩值增加约 63.52%。最终通过对比可知，软弱层倾角从 45°变化到 90°时，拱肩处弯矩受软弱层倾角影响最大，而软弱层倾角从 90°变化到 135°时，拱腰处弯矩值受倾角影响最大。

（2）轴力。

不同软弱层倾角下的轴力分布如图 6-10 所示。

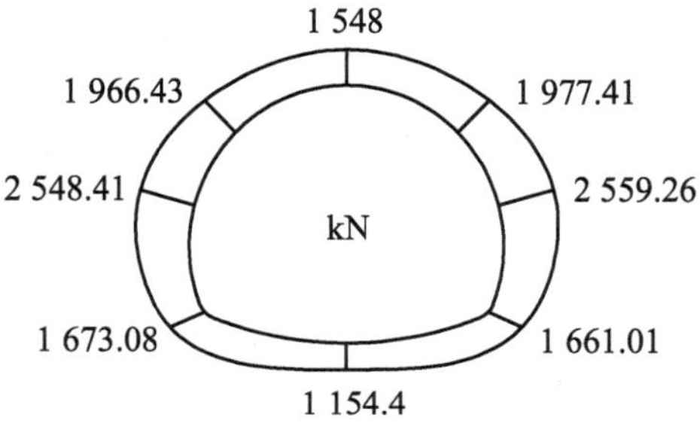

（a）45°

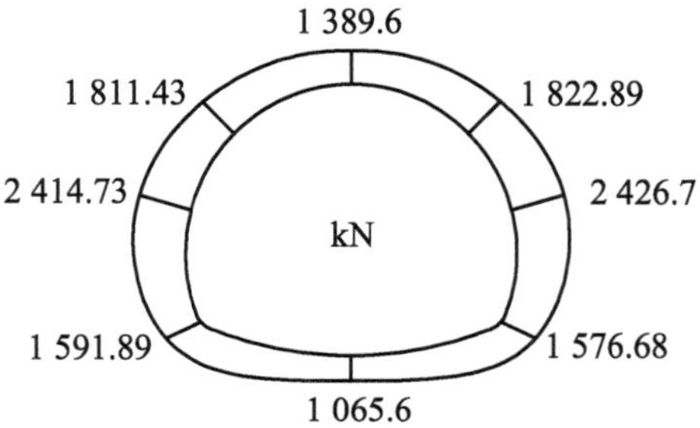

（b）60°

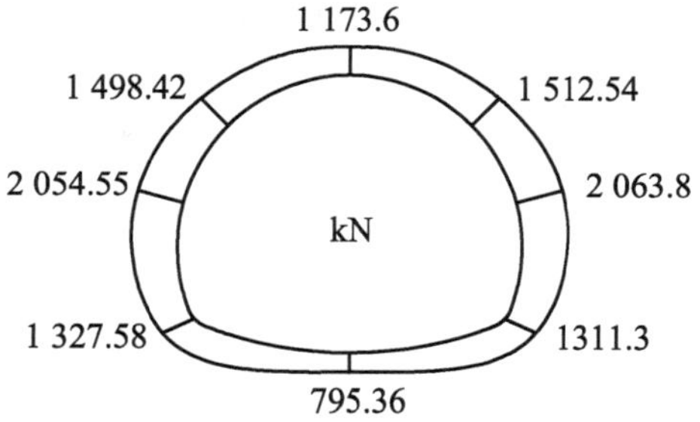

（c）90°

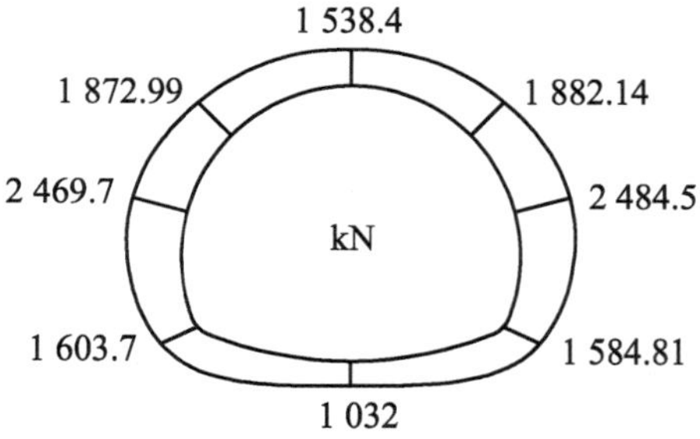

（d）120°

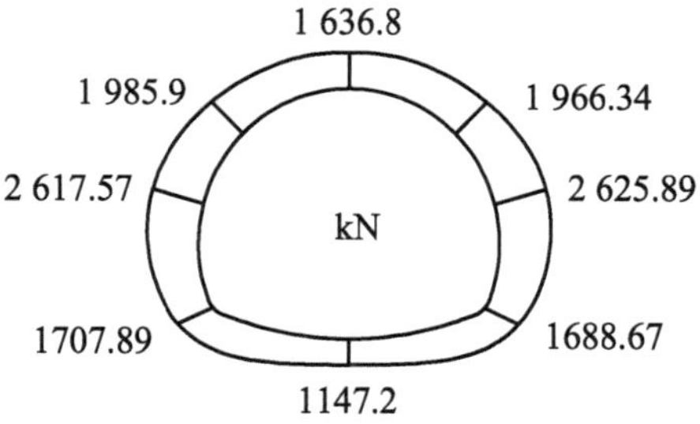

（e）135°

图 6-10　基于数值模拟的跨不同软弱层倾角隧道初期支护轴力分布

分析可知，不同计算工况下，跨不同软弱层倾角隧道初期支护轴力最大值均出现在拱腰处，且总体而言，随着软弱层倾角的增加，初期支护轴力值在软弱层倾角从 45°变化到 90°时减小，倾角从 90°变化到 135°时增大。以软弱层倾角为 90°时为对比工况，可知：软弱层倾角为 45°时，各个监测点轴力增大 24%~45.14%，初期支护拱顶以及仰拱处轴力受软弱层倾角影响较大，其中仰拱处轴力增加最大，增加约 45.14%；软弱层倾角为 60°时，各个监测点轴力增大 17.53%~33.98%，仰拱处轴力增长较大，受软弱层倾角影响大；软弱层倾角为 120°时，各个监测点轴力值增加 20.2%~31%，轴力值受软弱层倾角影响较大部位位于初值支护的拱顶以及仰拱处；软弱层倾角为 135°时，各个监测点轴力值增加 27.22%~44.24%，其受软弱层倾角影响较大部位也位于仰拱以及拱顶处，仰拱以及拱顶处的轴力值增长 39.4%~44.24%。总体来说，随着软弱层倾角的增加，仰拱以及拱顶处的轴力值受软弱层倾角影响较大。

将数值模拟结果与图 5-23、图 5-24 模型试验的钢拱架受力规律对比可知：二者整体表现出相近的变化规律。其中，跨不同软弱层倾角隧道初期支护弯矩最大值出现在拱脚处，轴力最大值出现在拱腰处；弯矩分布均在拱顶、拱腰以及仰拱处为正弯矩，拱脚以及拱肩处为负弯矩。总体而言，软弱层倾角从 45°变化到 135°的过程中，各个监测点初期支护轴力在软弱层倾角从 45°变化到 90°时减小，90°变化到 135°增加；弯矩值变化规律同轴力，各个监测点的初期支护弯矩值同样在软弱层倾角从 45°变化到 90°时减小，90°变化到 135°时增加。

6.1.5 软弱层倾向计算结果分析

1. 隧道围岩位移分析

（1）拱顶位移。

隧道穿过不同软弱层倾向下监测断面处的拱顶位移如图 6-11 所示。

由图 6-11（a）分析可知，不同工况下，拱顶位移沉降曲线变化规律一致，随着掌子面的推进，拱顶位移逐渐增加，当掌子面接近监测断面时，拱顶位移增长幅度增大，受支护结构的影响，围岩变形最终趋于稳定。

由图 6-11（b）分析可知，软弱层倾向为 30°和 150°两种工况其拱顶沉降位移时程曲线一致，且拱顶位移稳定值相近，软弱层倾向为 30°时，拱顶位移稳定值为 7.742 mm，软弱层倾向为 150°时，拱顶位移稳定值为 7.738 mm。软弱层倾向为 60°和 120°两种工况拱顶沉降位移时程曲线一致，且拱顶位移稳定值相近，这与穿过不同倾角的软弱层结果不同，说明当软弱层倾向角度互补时，穿过小角度软弱层拱顶位移和穿过大角度软弱层拱顶位移差异性不明显。同时，软弱层倾向为 90°，其拱顶沉降时程曲线以及位移稳定值与软弱层倾向为 60°和 120°结果相近。

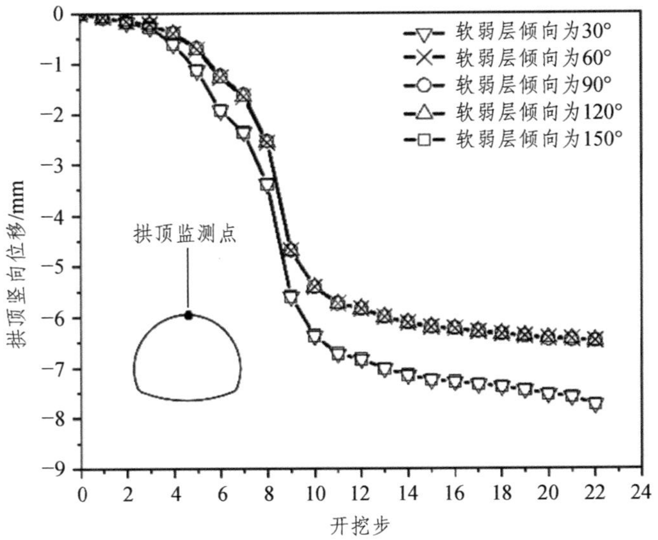

（a）拱顶位移时程曲线

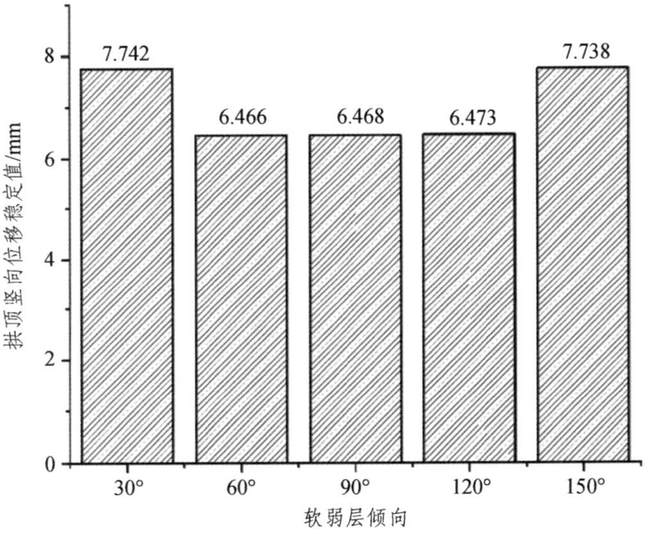

（b）拱顶围岩位移稳定值柱状图

图 6-11　不同软弱层倾向下隧道拱顶处围岩位移

（2）拱腰位移。

监测断面处左右拱腰处的收敛位移曲线如图 6-12 和图 6-13 所示。

由图 6-12（a）和图 6-13（a）分析可知，隧道穿过不同倾向的软弱层其沉降规律是一致的，随着掌子面的推进，左、右拱腰位移逐渐增加，当掌子面接近监测断面时，左、右拱腰位移增长幅度增大，受支护结构的影响最终变形趋于稳定。左拱腰监测点拱腰位移最大值出现在软弱层倾向为 150°时，其值为 3.639 mm；右拱腰监测点拱腰位移最大值出现在软弱层倾向为 30°时，其值为 3.629 mm。

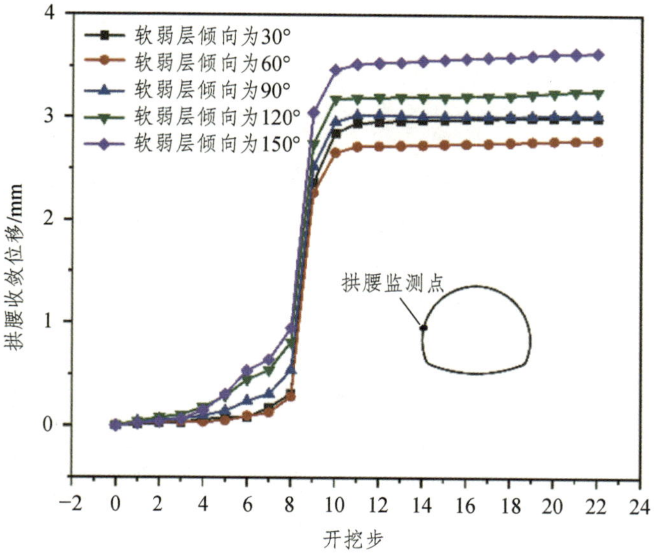

（a）左拱腰位移时程曲线

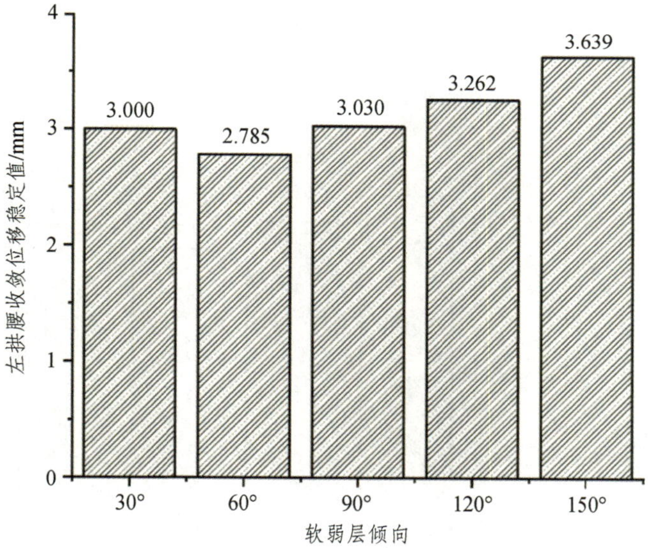

（b）左拱腰围岩位移稳定值柱状图

图 6-12　不同软弱层倾向下隧道左拱腰处围岩位移

由图 6-12（b）和图 6-13（b）分析可知，左拱腰监测点和右拱腰监测点的拱腰位移值随着软弱层倾向的变化，位移稳定值变化规律不同。左拱腰监测点位移稳定值在软弱层倾向从 30°变化到 60°过程中减小，位移稳定值在软弱层倾向从 60°变化到 150°过程中增大。而右拱腰监测点位移稳定值在软弱层倾向从 30°变化到 120°过程中减小，位移稳定值在软弱层倾向从 120°变化到 150°过程中增大。且隧道穿过软弱层倾向为 30°的左拱腰监测点位移值与穿过软弱层倾向为 150°的右拱腰监测点位移值几乎是一样的，以及隧道穿过软弱层倾向为 150°的左拱腰监测点位移值与穿过软弱层倾向为 30°的右拱腰监测点位移值相近；软弱层倾向为 60°和 120°两种工况也有相同的变化规律。

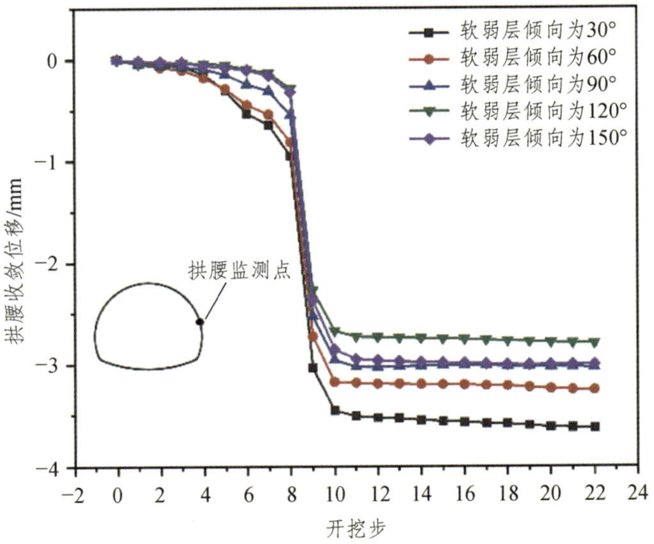

（a）右拱腰位移时程曲线

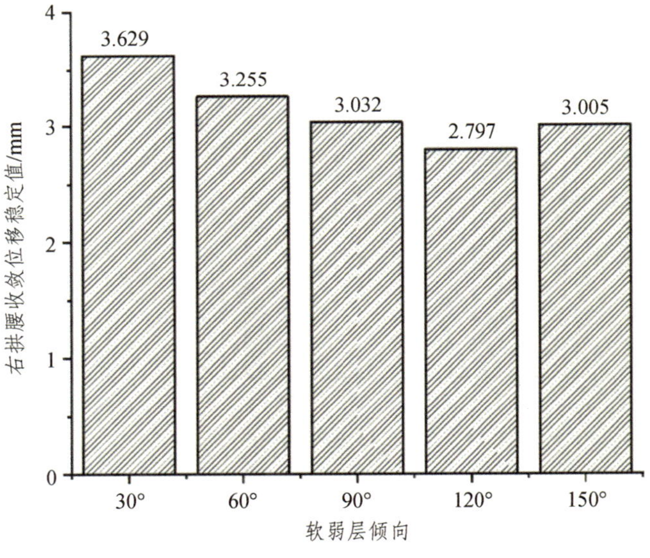

（b）右拱腰围岩位移稳定值柱状图

图 6-13　不同软弱层倾向下隧道右拱腰处围岩位移

（3）仰拱位移。

隧道监测断面处的仰拱位移变化曲线如图 6-14 所示。

分析可知：对比软弱层倾向为 30°和 150°两种工况以及软弱层倾向 60°和 120°两种工况，可得与拱顶位移相同的规律，即软弱层倾向为 30°和 150°两种工况其仰拱位移时程曲线一致，且两种工况仰拱位移稳定值相近，软弱层倾向为 60°和 120°两种工况其仰拱位移时程曲线一致，两种工况仰拱位移稳定值也相近。从仰拱位移稳定值随着软弱层倾向改变的变化规律上来看，软弱层倾向从 30°变化到 60°，仰拱位移稳定值减小；120°变化到 150°时，仰拱位移稳定值增大，软弱层倾向从 60°变化到 120°，仰拱位移稳定值相差不大。

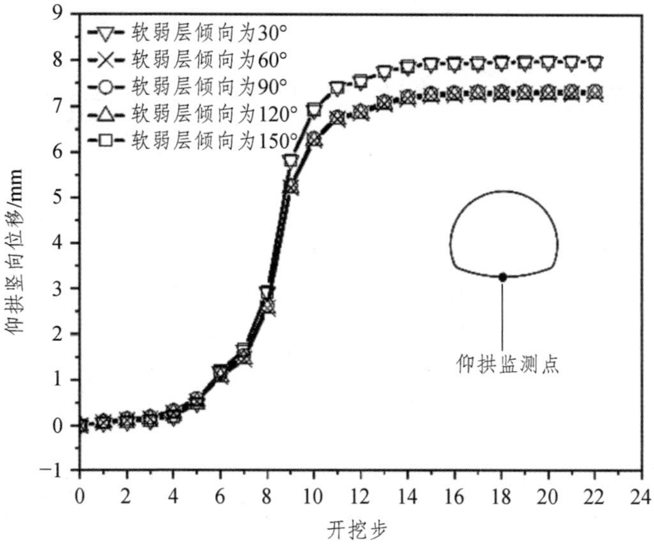

（a）仰拱位移时程曲线

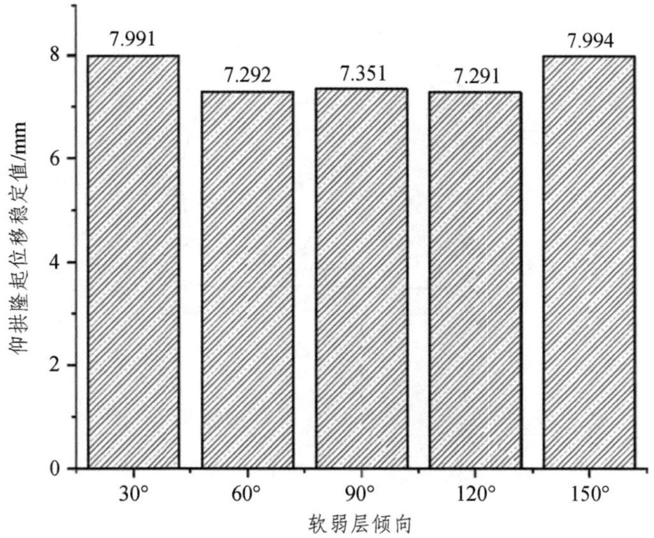

（b）仰拱围岩位移稳定值柱状图

图 6-14 不同软弱倾向下隧道仰拱处围岩位移

2. 隧道围岩与初期支护接触压力分析

隧道跨不同倾向软弱层的围岩与初期支护接触压力值如图 6-15 所示。

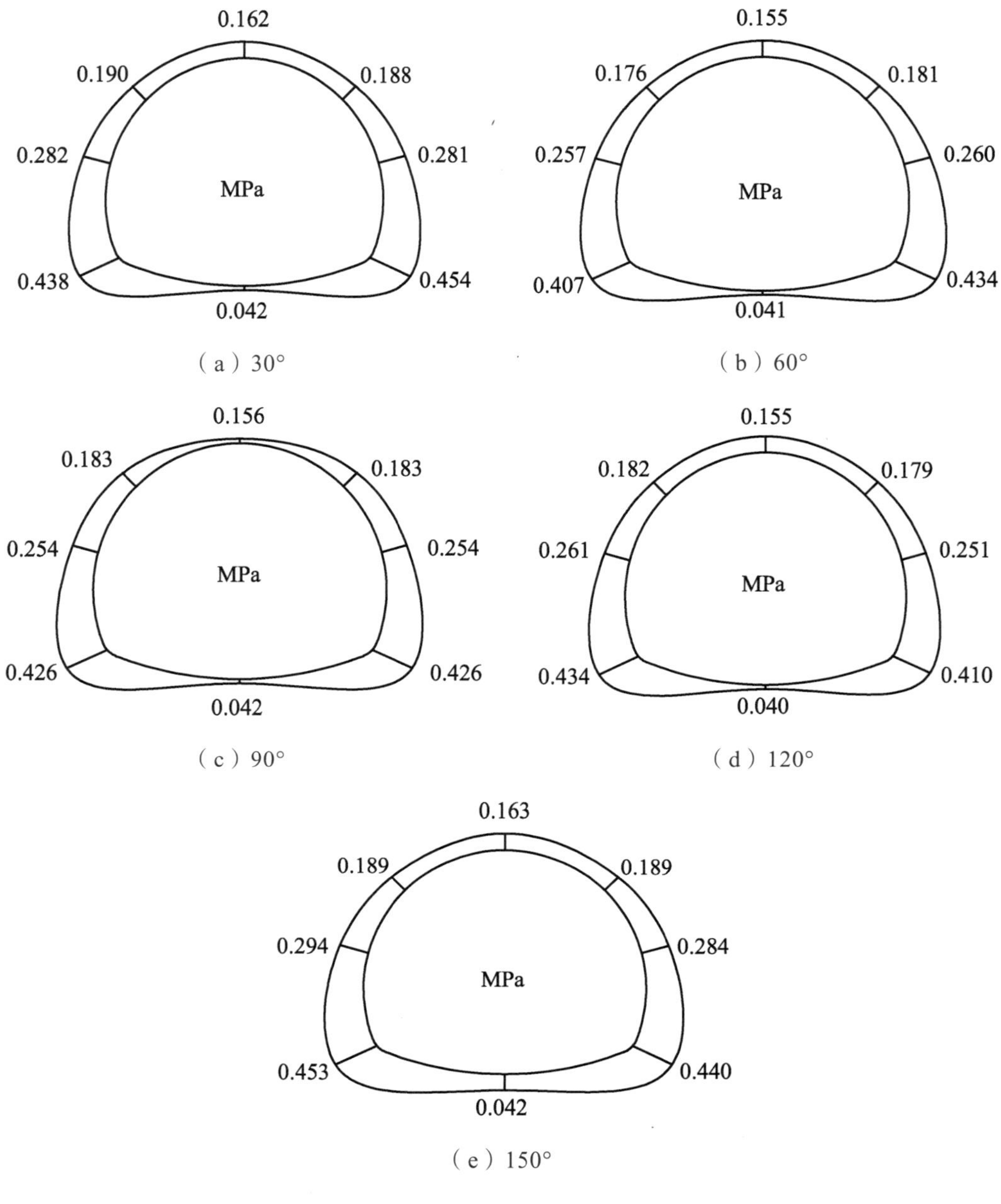

图 6-15 基于数值模拟的跨不同软弱层倾向隧道围岩与初期支护接触压力分布

分析可知，隧道穿过不同倾向软弱层其围岩接触压力最大值均出现在拱脚处，穿过倾向为 90°时的软弱层隧道无明显偏压现象，而软弱层倾向为 30°和 60°时，隧道断面右拱肩、右拱腰以及右拱脚的围岩接触压力值均大于左拱肩、左拱腰以及左拱脚。且两种工况围岩接触压力最大值都出现在右拱脚。软弱层倾向为 30°时，围岩接触压力最大值为 454.29 kPa，为各倾向下的围岩接触压力最大值，软弱层倾向为 60°时，围岩接触压力最大值为 434.24 kPa；相反的，软弱层倾向为 120°和 150°时，隧道断面左拱肩、左拱腰以及左拱脚的围岩接触压力值均大于右拱肩、右拱腰以及右拱脚，围岩接触压力最大值出现在左拱脚，软弱层倾向为 120°时，围岩接触压力最大值为 434.31 kPa，软弱层倾向为 150°时，围岩接触压力最大值为 453.36 kPa。

总结隧道穿过不同倾向软弱层下的围岩接触压力变化规律可知：软弱层倾向从 30°变化到 60°，各个监测点围岩接触压力均减小，减小 2.3%~8.8%，其中左拱腰监测点的围岩压力值减小幅度最大，左拱腰围岩压力值减小 8.8%；软弱层倾向从 60°变化到 90°，各个监测点围岩压力值变化幅度很小，变化幅度为 0.6%~4.7%，除拱腰以及右拱脚监测点围岩压力值减小外，其余监测点围岩压力值均增大，且左拱脚处增大最多，围岩压力值增大约 4.7%。表明隧道穿过不同倾向的软弱层其围岩接触压力变化不大。

3. 隧道初期支护钢拱架受力分析

（1）弯矩。

不同倾向下的各个监测点弯矩分布如图 6-16 所示。弯矩以初期支护内侧受拉为正。

分析可知，隧道穿过不同倾向的软弱层时，最大弯矩均出现在拱脚处，且都在拱肩以及拱脚处出现负弯矩。拱脚监测点弯矩值随软弱层倾向变化较大，其余各个监测点弯矩值变化较小，当软弱层倾向从 30°变化到 60°时，拱脚左、右弯矩值分别减小约 16%和 18%；软弱层倾向从 120°变化到 150°时，拱脚左、右弯矩值分别增大约 18.5%和 19.8%，而当软弱层倾向从 60°变化到 90°，以及软弱层倾向从 90°变化到 120°时，

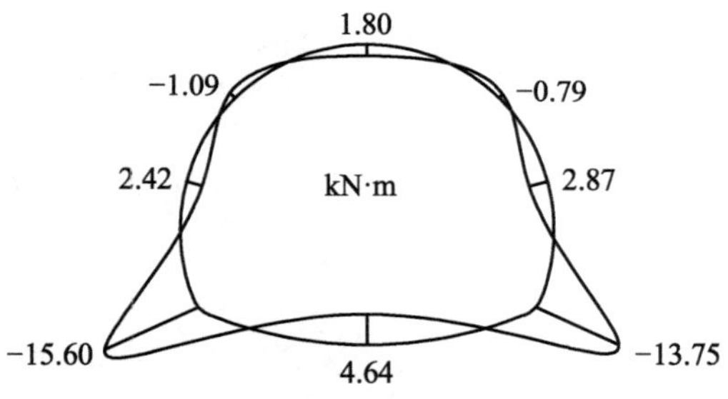

（a）30°

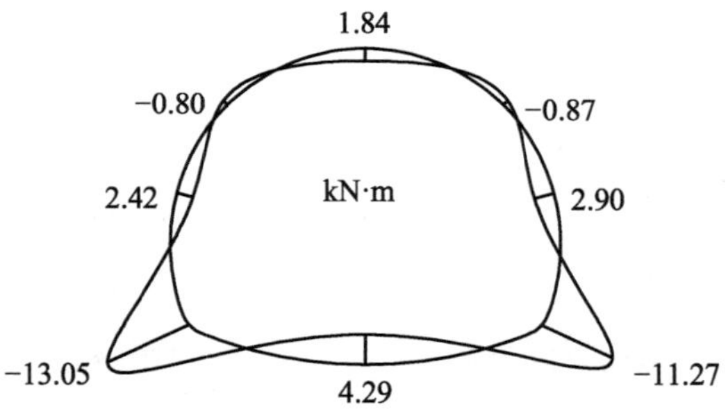

（b）60°

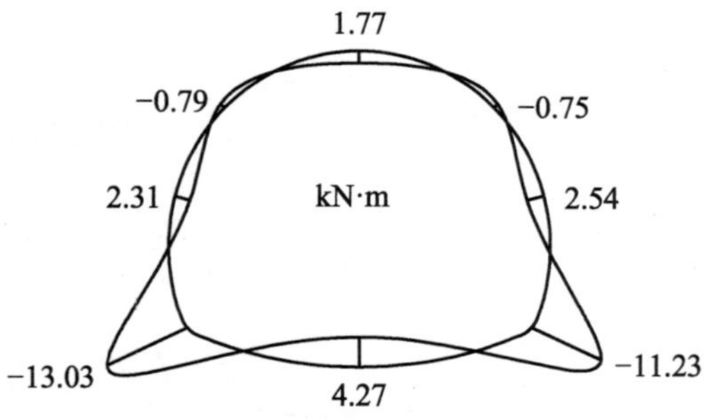

（c）90°

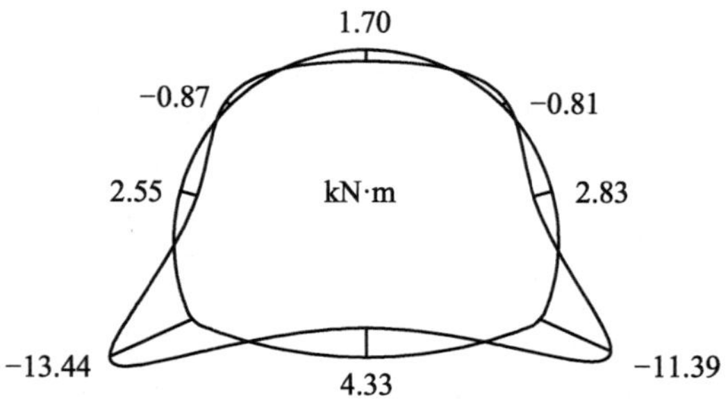

（d）120°

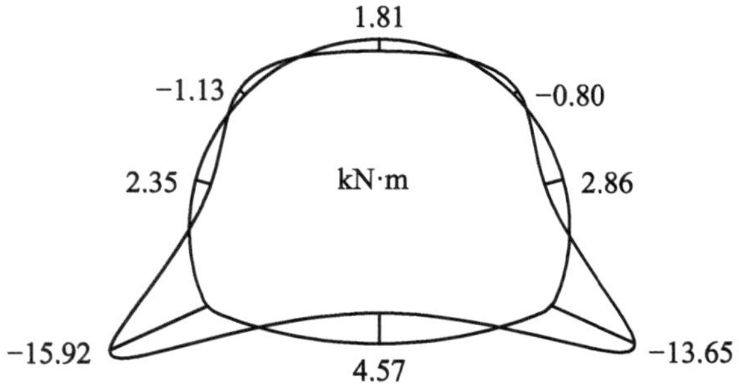

（e）150°

图 6-16　基于数值模拟的跨不同软弱层倾向隧初期支护弯矩分布

拱脚弯矩值相差不大，弯矩值最大差值仅为 0.3%。且隧道穿过软弱层倾向为 30°时各监测点弯矩分布与穿过软弱层倾向为 150°时的弯矩分布规律相近。以软弱层倾向为 30°时的弯矩值为对比工况，两种工况下弯矩值的差值百分比最大仅为 3.3%，同样的，隧道穿过软弱层倾向为 60°时各监测点弯矩与穿过软弱层倾向为 120°时的各个监测的弯矩具有相同规律。

（2）轴力。

不同软弱层倾向下的轴力分布规律如图 6-17 所示。

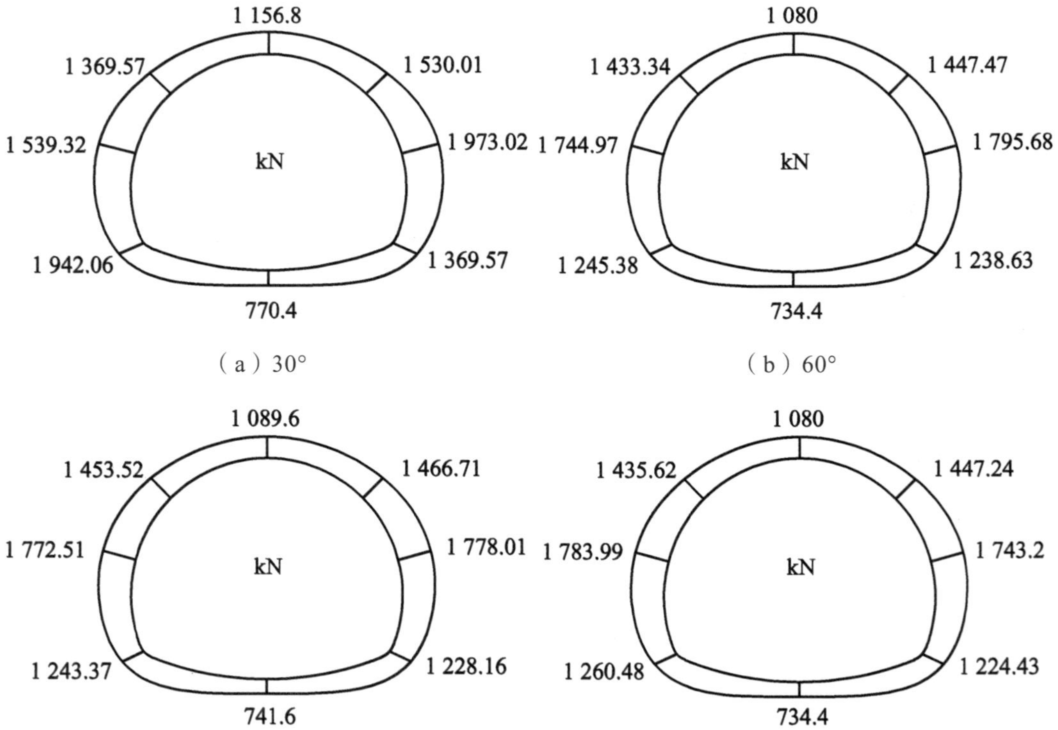

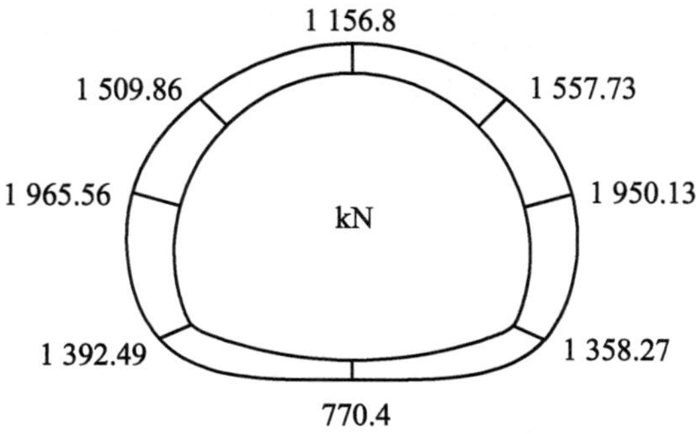

（e）150°

图 6-17 基于数值模拟的跨不同软弱层倾向隧初期支护轴力分布

分析可知，隧道穿过不同倾向的软弱层，其轴力最大值均出现在拱腰处，软弱层倾向为 30°时，右拱腰轴力值最大，为 1 973 kN；软弱层倾向从 60°变化到 90°，以及软弱层倾向从 90°变化到 120°时，各个监测点的轴力值相差不大。当软弱层倾向从 60°变化到 90°时，右拱腰、右拱脚以及左拱脚监测点初期支护轴力值减小，减小百分比为 0.1%~0.9%。其余监测点围岩压力值均增大，增大百分比为 0.9%~2.7%；当软弱层倾向从 90°变化到 120°时，右拱腰、右拱脚以及左拱脚监测点初期支护轴力值增大，增大百分比为 1%~1.7%，而其余监测点初期支护轴力值均减小，减小百分比为 0.7%~3.4%。因此软弱层倾向从 60°变化到 120°，对各个监测点的轴力值影响不大；软弱层倾向从 30°变化到 60°时，各个监测点轴力值均减小，减小百分比为 3.6%~19.7%；软弱层倾向从 120°变化到 150°时，各个监测点轴力值均增大，增幅为 4.9%~11.8%。总体而言，工况 1、5 初期支护的轴力值较大，工况 2、3、4 初期支护轴力值相差不大且取值较小。

6.1.6 软弱层厚度计算结果分析

1. 隧道围岩位移分析

（1）拱顶位移。

隧道穿过不同软弱层厚度下的监测断面拱顶位移如图 6-18 和图 6-19 所示。

由图 6-18（a）和图 6-19（a）分析可知，当软弱层倾角为 90°和 45°时，改变软弱层厚度对拱顶位移具有相同的影响规律。随着围岩的开挖，拱顶处的位移逐渐增大，当开挖面接近监测断面时，拱顶位移增长幅度最大，受支护结构的影响，拱顶位移最终趋于稳定。

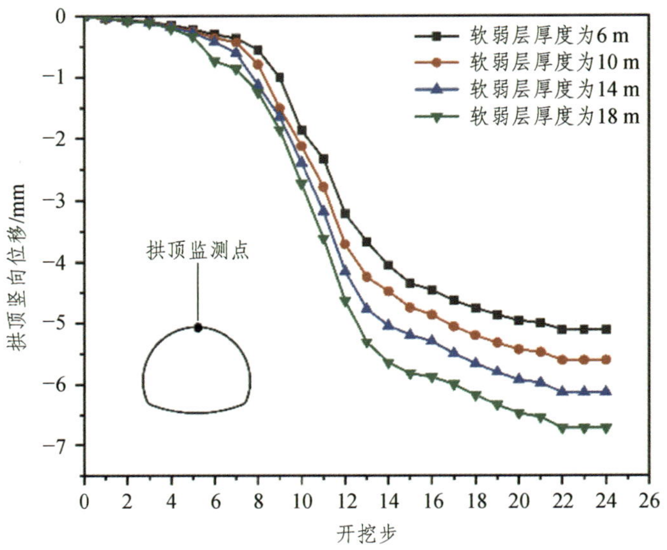

（a）拱顶位移时程曲线

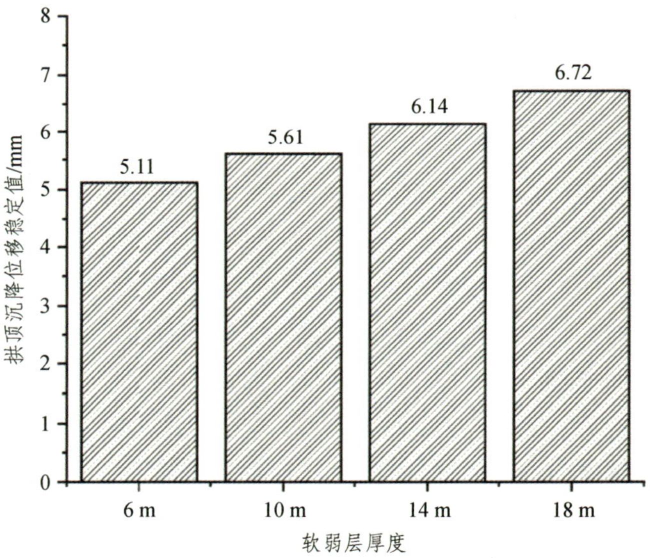

（b）拱顶围岩位移稳定值柱状图

图 6-18　倾角为 90°不同软弱层厚度下隧道拱顶处围岩位移

由图 6-18（b）和图 6-19（b）可知，当软弱层倾角为 90°时，隧道穿过软弱层厚度越大，其拱顶沉降值越大。当软弱层厚度为 18 m 时，拱顶沉降位移值最大，为 6.72 mm，而软弱层厚度为 6 m 时，拱顶沉降位移稳定值最小，为 5.11 mm。当软弱层倾角为 45°时，随着软弱层厚度的改变，最终拱顶沉降位移值与倾角为 90°时有相同规律。隧道穿过软弱层厚度越大，其拱顶沉降值越大。

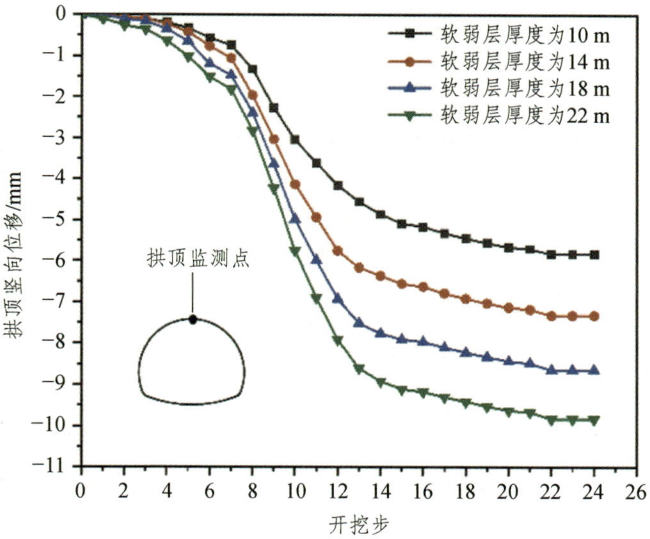

（a）拱顶位移时程曲线

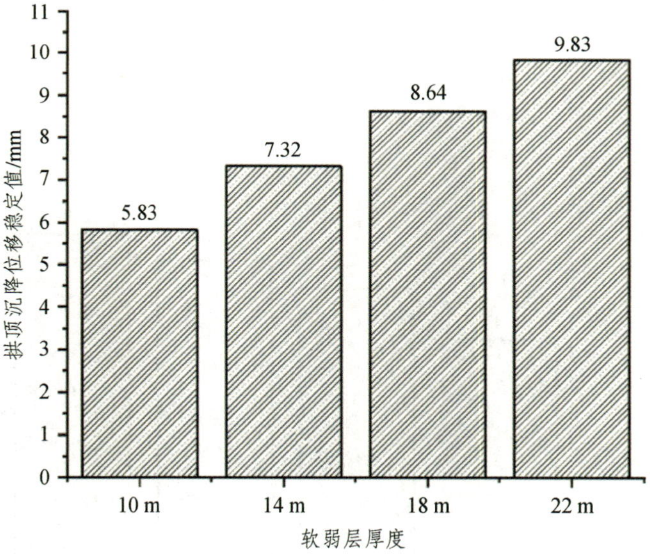

（b）拱顶围岩位移稳定值柱状图

图 6-19　倾角为 45°不同软弱层厚度下隧道拱顶处围岩位移

（2）拱腰位移。

由于左、右拱腰位移结果相同，因此以右拱腰位移值绘制拱腰水平收敛图，如图 6-20 和图 6-21 所示。

由图 6-20（a）和图 6-21（a）可知，当控制软弱层倾角一定，改变软弱层厚度，拱腰处的围岩变形具有相同的规律。隧道穿过不同厚度的软弱层，拱腰水平收敛位移时程曲线趋势一致，随着围岩的开挖，拱腰处的位移逐渐增大，当开挖面接近监测断面时，拱腰位移增长幅度最大，受支护结构的影响，拱腰围岩位移最终趋于稳定。

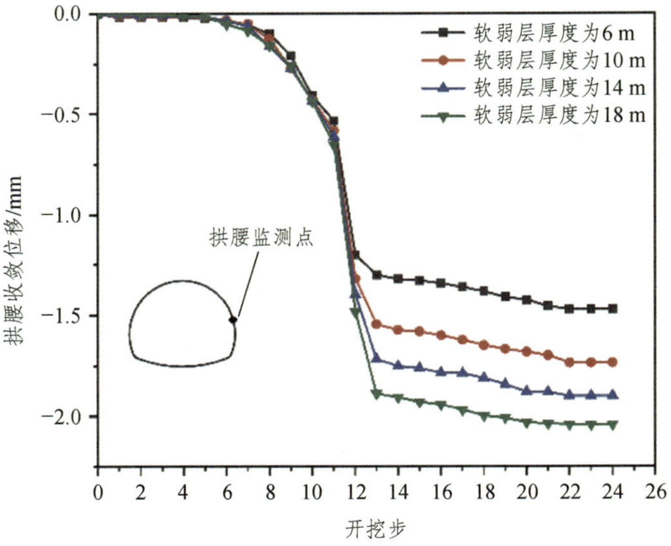

（a）右拱腰位移时程曲线

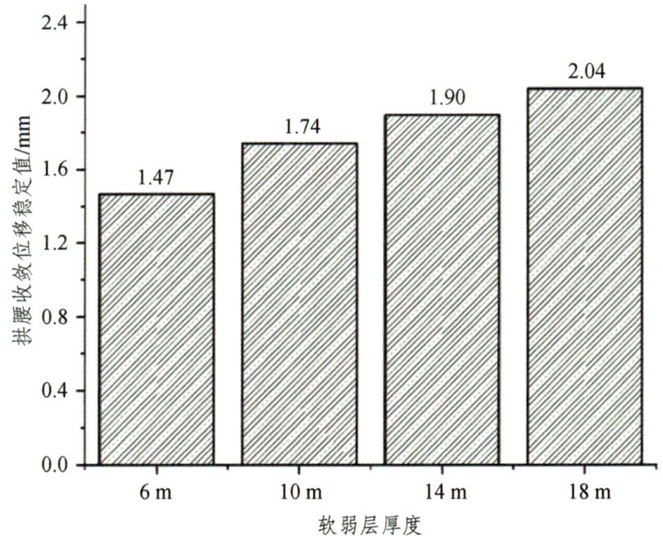

（b）右拱腰围岩位移稳定值柱状图

图 6-20 倾角为 90°不同软弱层倾向下隧道右拱腰处围岩位移

由图 6-20（b）和图 6-21（b）可知，当软弱层倾角为 90°时，随着软弱层厚度的增加，拱腰水平收敛位移稳定值逐渐增大。当软弱层厚度为 18 m 时，拱腰水平收敛位移稳定值最大，为 2.04 mm，而软弱层厚度为 6 m 时，拱腰水平收敛位移稳定值最小，为 1.47 mm。由图 6-21（b）可知：当软弱层倾角为 45°时，随着软弱层厚度的增加，拱腰水平收敛位移稳定值同样也逐渐增大。当软弱层厚度为 22 m 时，拱腰水平收敛位移稳定值最大，为 4.05 mm，而软弱层厚度为 10 m 时，拱腰水平收敛位移稳定值最小，为 3.33 mm。

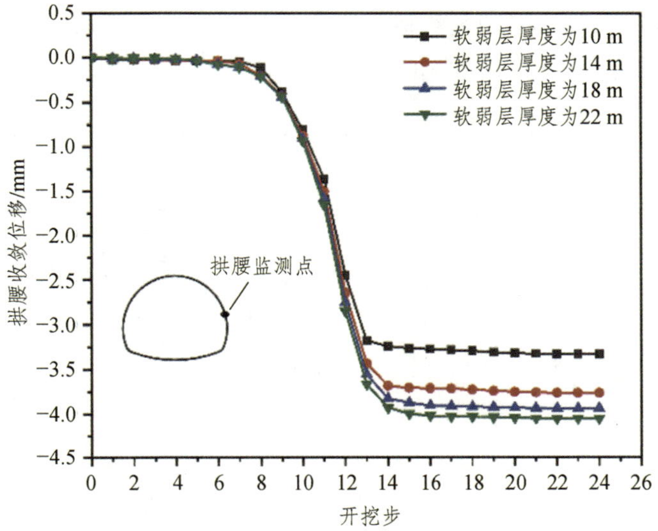

（a）右拱腰位移时程曲线

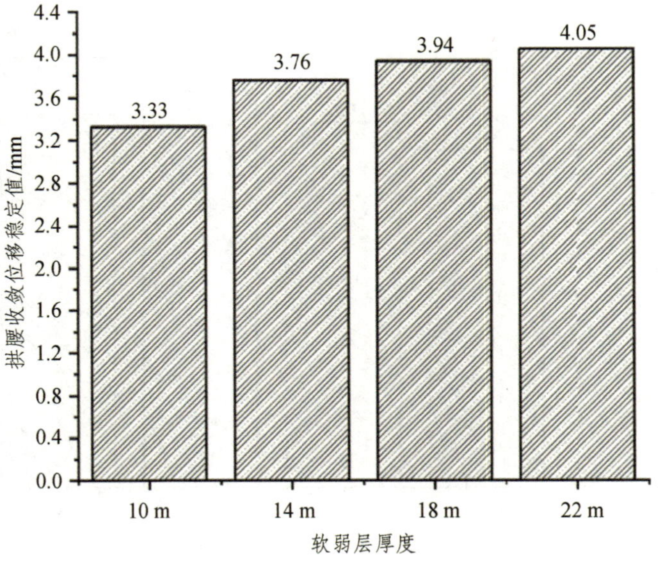

（b）右拱腰围岩位移稳定值柱状图

图 6-21　倾角为 45°不同软弱层倾向下隧道右拱腰处围岩位移

（3）仰拱位移。

监测断面处的仰拱位移变化曲线如图 6-22 和图 6-23 所示。

分析可知，不同工况下，随着软弱层厚度的改变，监测断面仰拱处的位移时程曲线规律是一致的；当控制软弱层倾角一定，改变软弱层厚度，仰拱变形能得到相同的规律，即随着软弱层厚度的增加，仰拱位移逐渐增大。软弱层倾角为 90°时，隧道穿过软弱层厚度为 18 m 的仰拱隆起最终位移值最大，其值为 6.65 m；软弱层倾角为 45°时，隧道穿过软弱层厚度为 22 m 的仰拱隆起最终位移值最大，其值为 9.44 m。

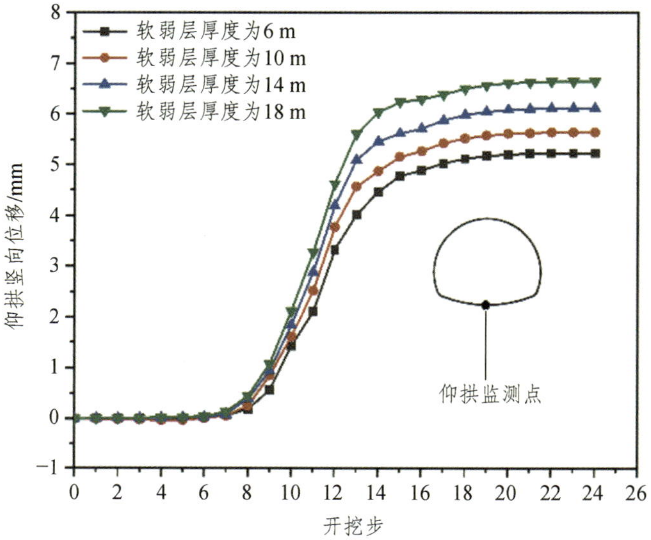

（a）仰拱位移时程曲线

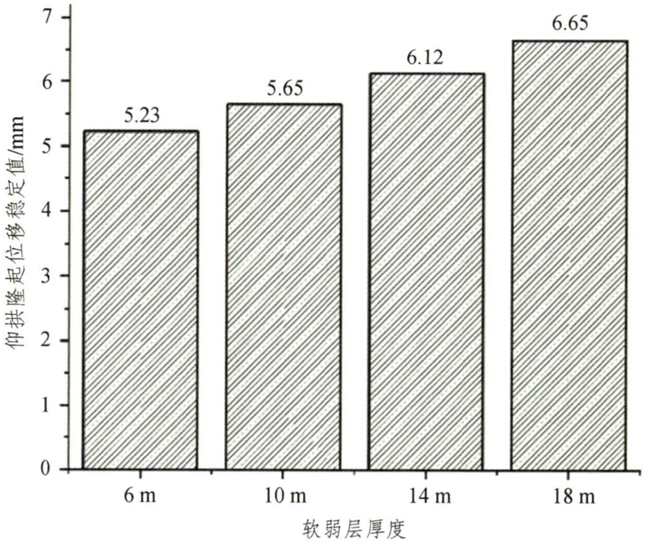

（b）仰拱围岩位移稳定值柱状图

图 6-22　倾角为 90°不同软弱倾向下隧道仰拱处围岩位移

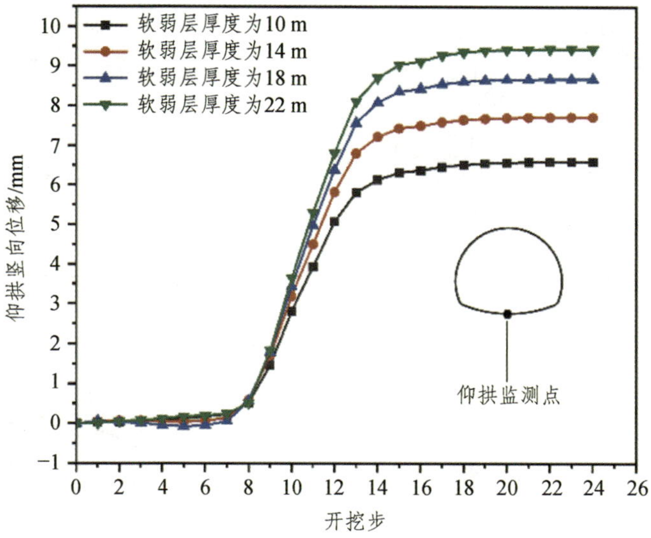

（a）仰拱位移时程曲线

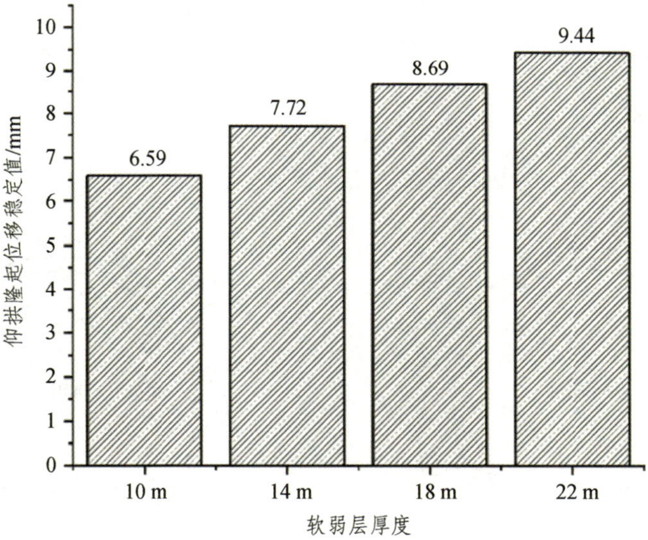

（b）仰拱围岩位移稳定值柱状图

图 6-23　倾角为 45°不同软弱倾向下隧道仰拱处围岩位移

2. 隧道围岩与初期支护接触压力分析

隧道跨不同厚度软弱层的围岩与初期支护接触压力值如图 6-24 和图 6-25 所示。

由图 6-24 分析可知，当软弱层倾角为 90°时，随着软弱层厚度的增加，各个监测点的围岩接触压力均增大。对比 4 种工况可知，围岩压力最大值出现在软弱层厚度为 18 m 的左拱脚处，其值为 457.41 kPa。以软弱层厚度 6 m 为参照对比工况，可得：当软弱层厚度为 10 m、14 m 和 18 m 时，各个监测点围岩接触压力分别增大 0.2%~23%、4.5%~38%和 12.7%~56.8%。

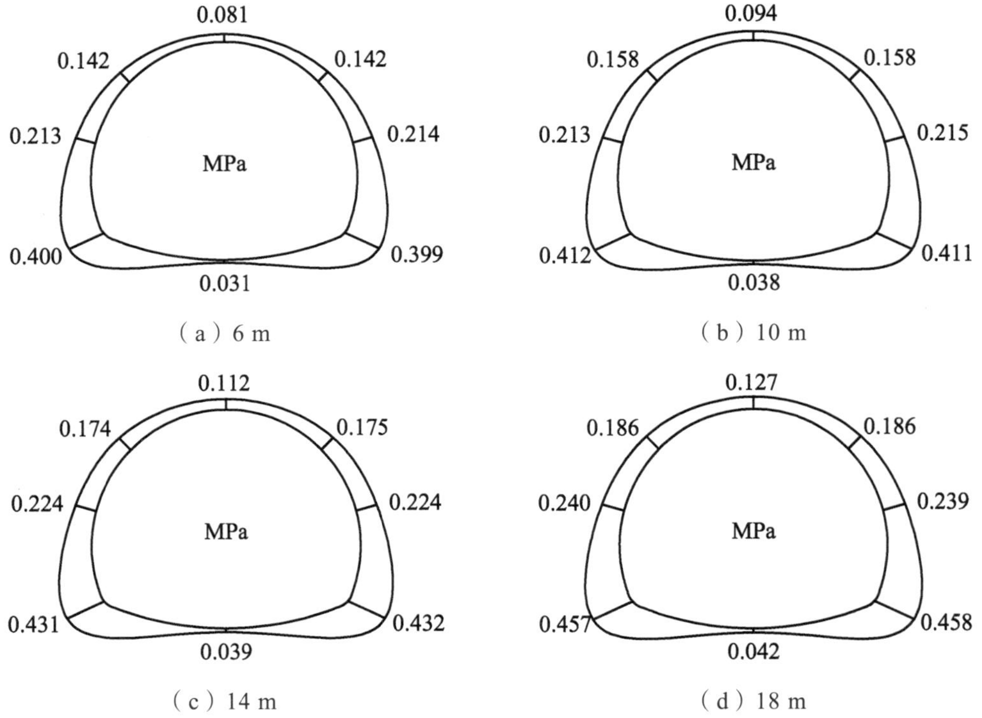

图 6-24 倾角为 90°时不同厚度的软弱层隧道初支与围岩接触压力

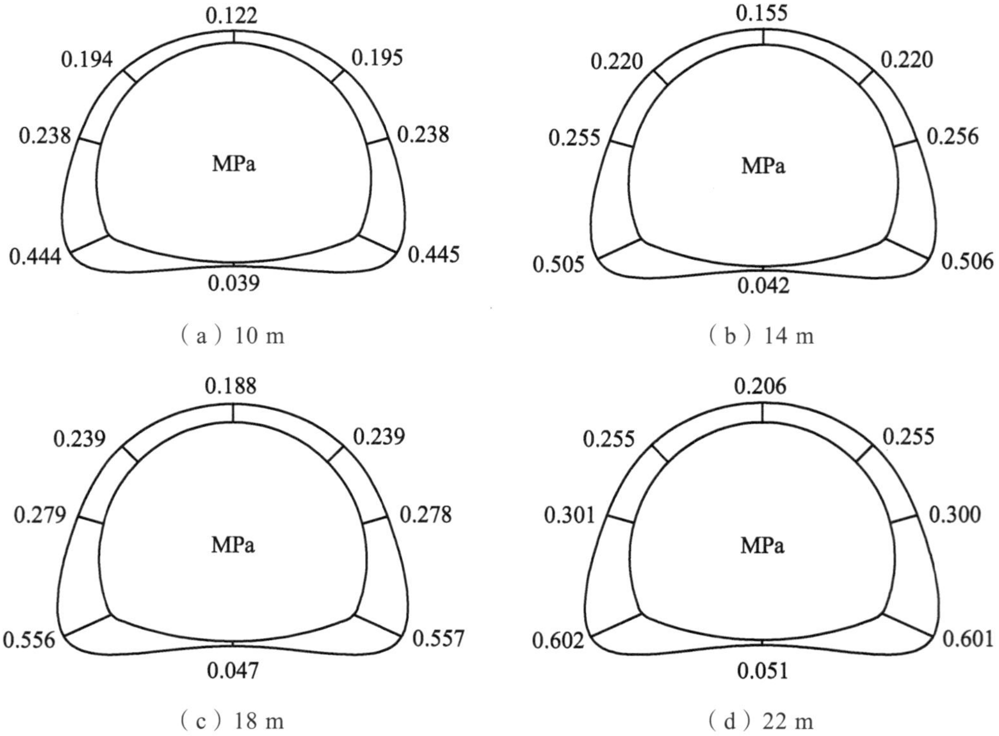

图 6-25 倾角为 45°时不同厚度的软弱层隧道初支与围岩接触压力

由图 6-25 分析可知，当软弱层倾角为 45°时，随着软弱层厚度的增加，各个监测点的围岩接触压力同样也增大。围岩压力最大值出现在软弱层厚度为 22 m 的左拱脚处，其值为 602 kPa。以软弱层厚度 10 m 为参照对比工况，可得：当软弱层厚度为 14 m、18 m 和 22 m 时，各个监测点围岩接触压力分别增大 7%~27%、17%~54%和 26.6%~68.8%。

对比分析图 6-24 和图 6-25 可知，当软弱层倾角一定时，不同厚度的软弱层变形具有相同规律，即：隧道穿过不同厚度软弱层时，其围岩与初期支护接触压力无明显偏压现象。各个监测点围岩接触压力最大值均出现在拱脚位置。对比总结 8 种工况，每种工况下，监测断面拱脚围岩接触压力是拱顶、拱肩以及拱腰围岩接触压力的 2~4 倍。

3. 隧道初期支护钢拱架受力分析

（1）弯矩。

不同工况下各个监测点的弯矩分布如图 6-26 和图 6-27 所示。其中，弯矩以初期支护内侧受拉为正。

分析可知，不同软弱层倾角下，隧道穿过不同厚度软弱层时，其弯矩值均在拱脚处最大，且都在拱脚以及拱肩处出现负弯矩，而拱顶、拱肩位置弯矩较小。软弱层倾角为 90°时，隧道穿过软弱层厚度为 18 m 的初期支护左拱脚弯矩最大，其值为 14.45 kN · m，为负弯矩；软弱层倾角为 45°时，隧道穿过软弱层厚度为 22 m 的初期支护左拱脚弯矩最大，其值为 17.94 kN · m，为负弯矩；软弱层倾角为 45°和软弱层倾角为 90°下各个监测点的弯矩均随着软弱夹层厚度的增加而逐渐增大；当软弱层倾角一定时，改变软弱层厚度，其弯矩分布规律一致。

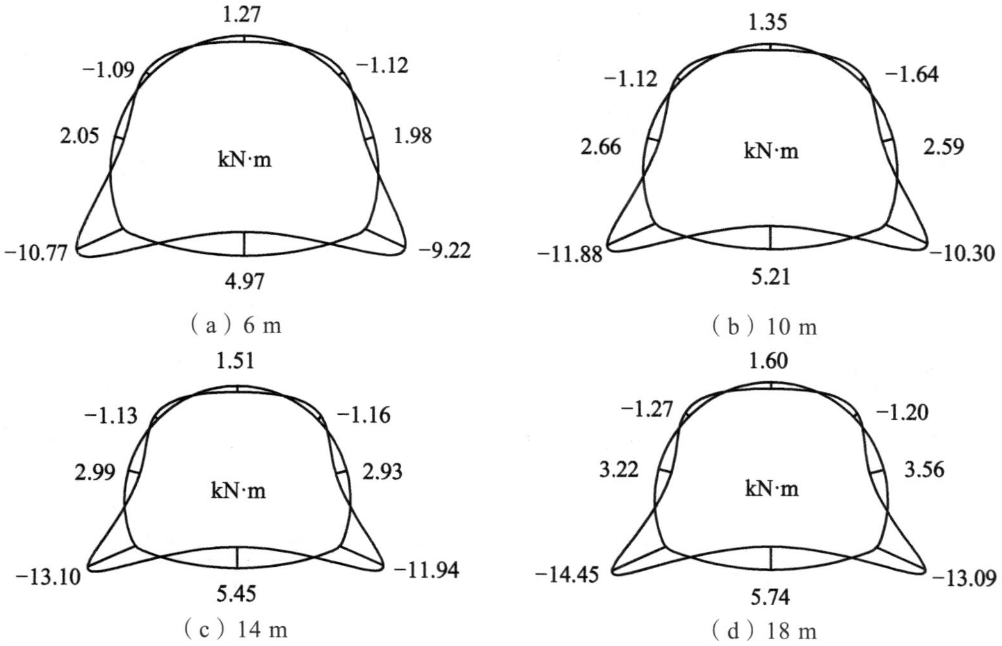

（a）6 m　（b）10 m　（c）14 m　（d）18 m

图 6-26　倾角为 90°跨不同软弱层厚度隧道初期支护弯矩分布

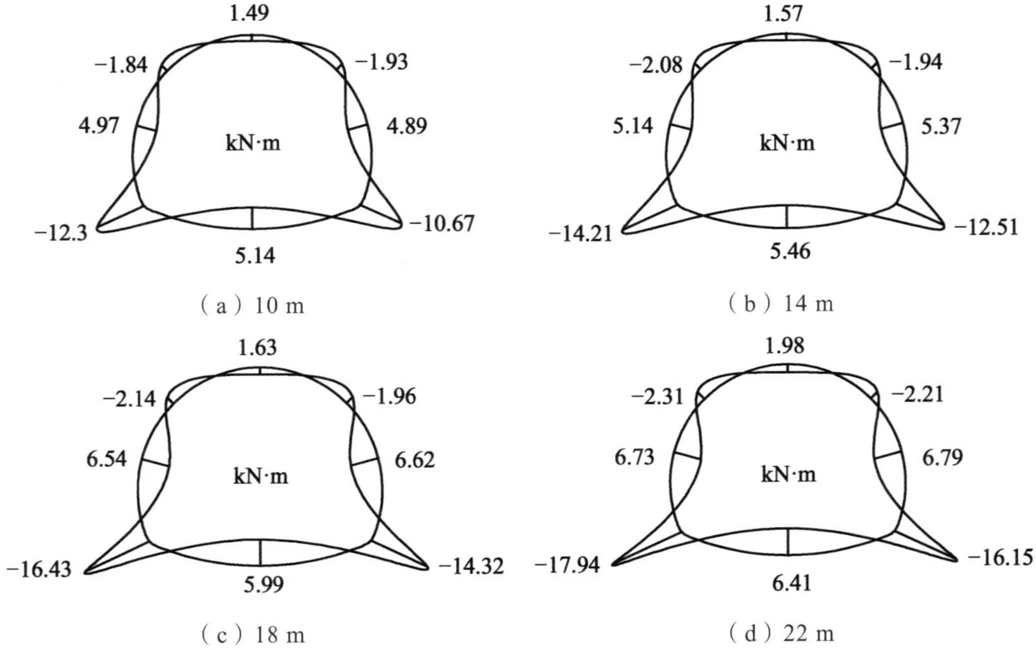

图 6-27　倾角为 45°跨不同软弱层厚度隧道初期支护弯矩分布

（2）轴力。

不同软弱层厚度下的轴力分布如图 6-28 和图 6-29 所示。

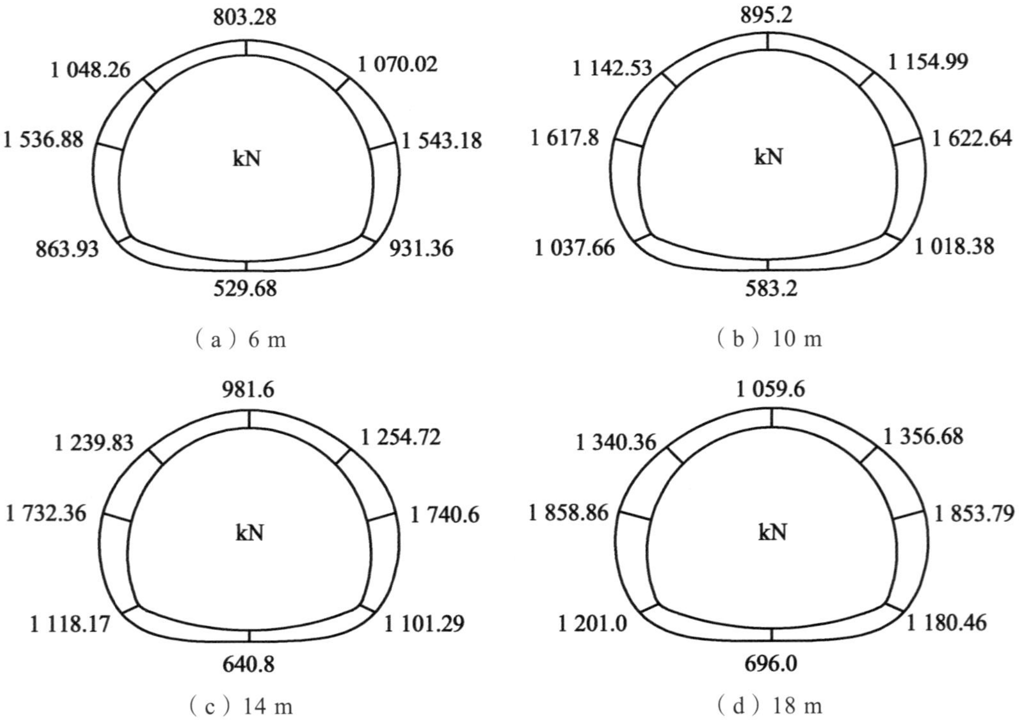

图 6-28　倾角为 90°跨不同软弱层厚度隧初期支护轴力分布

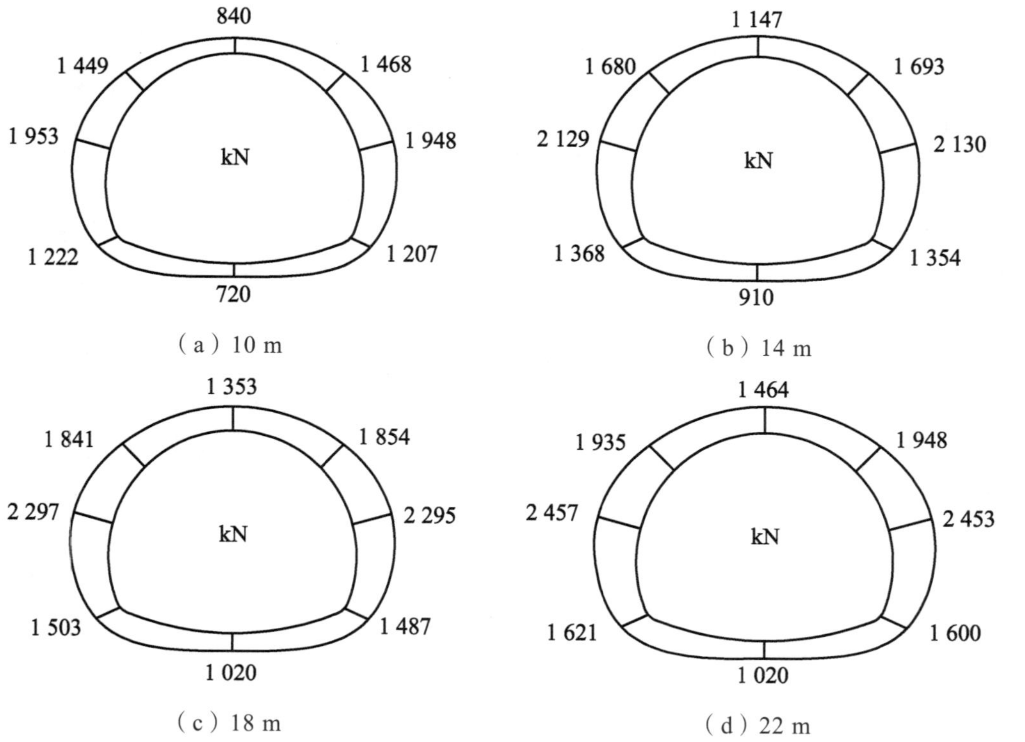

图 6-29　倾角为 45°跨不同软弱层厚度隧初期支护轴力分布

由图 6-28 分析可知，软弱层倾角为 90°时，隧道穿过不同厚度软弱层，各个工况初期支护轴力均受压。且各个工况轴力最大值均出现在初期支护拱腰的位置，随着软弱层厚度的增加，各个监测点的轴力值也相应增加。以软弱层厚度 6 m 为参照对比工况，可得：当软弱层厚度为 10 m、14 m 和 18 m 时，各个监测点轴力值分别增大 5%~20%、12.7%~29.4%和 20.1%~39%。通过 4 种工况对比可知，最大轴力值为 1 858.86 kN，出现在隧道穿过软弱层厚度为 18 m 时的初期支护左拱腰位置。

由图 6-29 分析可知，软弱层倾角为 45°时，随着软弱层厚度的增加，各个监测点的轴力值也相应增加，且各个工况初期支护轴力均受压。初期支护轴力最大值出现在软弱层厚度为 22 m 时的左拱腰处。以软弱层厚度 10 m 为参照对比工况，可得：当软弱层厚度为 14 m、18 m 和 22 m 时，各个监测点轴力值分别增大 9%~36.5%、17.5%~61.1%和 25.8%~74.3%。总结对比可知，当软弱层倾角一定，随着软弱层厚度的改变，轴力变化规律是一致的。

6.2　软弱层三类形态参数敏感性分析

上一节系统地总结了三类软弱层形态对围岩变形、围岩接触压力以及初期支护结构受力的影响规律。本部分在前文研究结果的基础上，借助系统敏感性理论[41]，进一步深入分析软弱层倾角、倾向以及软弱层宽度 3 个参数对围岩变形、围岩与初期支护接触压力以及初期支护结构受力的敏感度。参数敏感性研究工况如表 6-5 所示。

表 6-5 敏感性分析研究工况

研究工况	参数取值				
工况 1（软弱层倾角 θ）	45°	60°	90°	120°	135°
工况 2（软弱层倾向 λ）	30°	60°	90°	120°	150°
工况 3（软弱层宽度 d）	6 m	10 m	14 m	18 m	—

为便于研究软弱层 3 种形态参数对围岩压力、围岩变形以及初期支护结构受力的敏感程度，需进行无量纲处理。此时，无量纲形式的参数敏感性函数为式（6-1）所示。

$$S_k(x_k)=\frac{|\Delta P|}{P}\bigg/\frac{|\Delta x_k|}{x_k}=\left|\frac{\Delta P}{\Delta x_k}\right|\frac{x_k}{P},\quad k=1,2,3,\cdots,n \tag{6-1}$$

式中，P——系统特性，$P=f(x_1,x_2,x_3,\cdots,x_n)$；

x_k——决定系统特性的影响参数；

$S_k(x_k)$——影响参数 x_k 所对应的敏感度。

当 $\frac{|\Delta x_k|}{x_k}$ 很小时，参数敏感性函数可以定义为

$$S_k(x_k)=\left|\frac{\mathrm{d}f(x_k)}{\mathrm{d}x_k}\right|\frac{x_k^*}{P^*},k=1,2,3,\cdots,n \tag{6-2}$$

对各个影响因素进行敏感性大小排序时，采用修正的敏感性表达式[42]：

$$S_k(x_k)=\left|\frac{1}{m-1}\sum_{i=1}^{m-1}\left(\frac{P_k^i-P_k^{i+1}}{x_k^i-x_k^{i+1}}\frac{x_k^{i+1}}{P_k^{i+1}}\right)\right|$$

$$k=1,2,3,\cdots,n;i=1,2,3,\cdots,m-1 \tag{6-3}$$

式中，x_k^i——影响因素 x_k 的第 i 个值；

m——某个影响因素 x_k 的取值个数；

P_k^i——影响因素 x_k^i 对应的系统特征值。

为研究 3 类软弱层形态参数对围岩变形、围岩压力以及初期支护结构受力的敏感性，消除各个参数由于不同单位的影响，对各个参数以及系统特性结果进行无量纲化处理[79]。可得：$\theta/\theta_{\max}$（$\theta_{\max}$ 为研究工况中软弱层倾角最大值）、$\lambda/\lambda_{\max}$（$\lambda_{\max}$ 为研究工况中软弱层倾向最大值）、$d/d_{\max}$（$d_{\max}$ 为研究工况软弱层厚度最大值）以及 $S/S_{\max}$（$S_{\max}$ 为影响因素取值范围内系统特性最大值）。

6.2.1 围岩压力敏感性分析

在软弱层 3 种形态影响因素下，各个工况的监测断面处围岩接触压力数据较多。基于前文研究结果，可知各个工况下围岩压力最大值均出现在拱脚位置，因此为便于研究 3 种形态参数对围岩压力的敏感程度，以隧道施工设计中重点关注的围岩压力最大位置为研究对象，即选取各个工况下的拱脚位置进行围岩压力敏感性分析。

各个工况下拱脚位置的最大围岩压力值与软弱层3种形态参数值的关系曲线采用多项式拟合，拟合适应度为 0.95~0.99，根据式（6-2）计算敏感度，计算结果如图 6-30 所示。

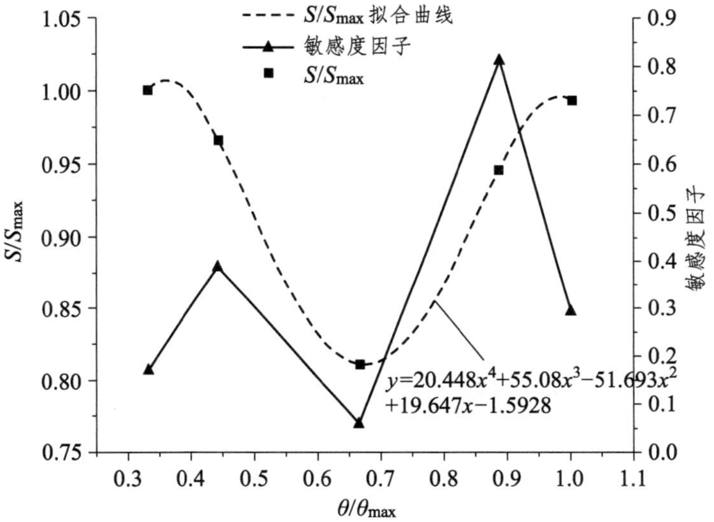

（a）围岩压力关于软弱层倾角的敏感性曲线

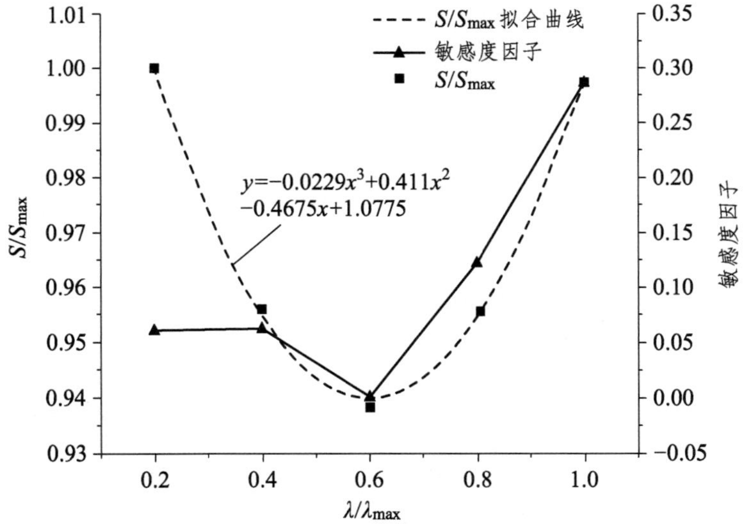

（b）围岩压力关于软弱层倾向的敏感性曲线

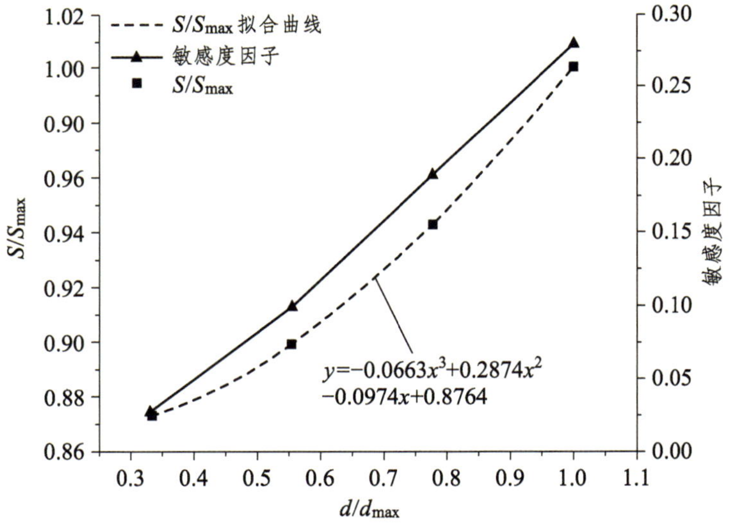

（c）围岩压力关于软弱层厚度的敏感性曲线

图 6-30　3 种软弱层形态参数对围岩压力的敏感性曲线

由图分析可知，工况 1 中，软弱层倾角在 45°~60°及 90°~120°变化范围内，敏感度因子增大，软弱层倾角变化对围岩压力的影响程度增加；软弱层倾角在 60°~90°及 120°~135°变化范围内，软弱层倾角变化对围岩压力的影响减小。工况 2 中，软弱层倾向在 30°~90°，敏感性系数较小，软弱层倾向大于 90°时，敏感性曲线斜率增大，软弱层倾向变化对围岩压力的影响急剧增加。工况 3 中，拱脚围岩压力对软弱层厚度敏感性随着软弱层厚度的增加而增大。

采用式（6-3）计算 3 种软弱层形态参数对围岩压力的敏感程度并进行排序，计算结果如表 6-6 所示。表明 3 种软弱层形态参数对围岩压力的敏感程度从大到小依次为：软弱层宽度、软弱层倾角和软弱层倾向。

表 6-6　软弱层形态参数对围岩压力的敏感度

软弱层形态参数	软弱层倾角 θ	软弱层倾向 λ	软弱层宽度 d
敏感度	0.07	0.033	0.153

6.2.2　初期支护结构内力敏感性分析

同样的，基于前文研究结果，可知各个工况下初期支护弯矩最大值均出现在拱脚位置，初期支护轴力最大值出现在拱腰处。因此，为便于研究 3 种形态参数对初期支护结构内力的敏感程度，在进行弯矩敏感性分析时，选取初期支护施工设计重点关注的拱脚处弯矩最大的位置进行分析；在进行轴力敏感性分析时，选取初期支护施工设计重点关注的拱腰处轴力最大的位置进行分析。

（1）弯矩。

各个工况下拱脚位置的初期支护最大弯矩值与软弱层 3 种形态参数值的关系曲线采用多项式拟合，拟合适应度为 0.95~0.99，根据式（6-2）计算敏感度，计算结果如图 6-31 所示。

采用式（6-3）计算三种软弱层形态参数对初期支护弯矩敏感程度，并进行排序，计算结果见表 6-7。3 种软弱层形态参数对初期支护弯矩的敏感程度从大到小依次为：软弱层宽度、软弱层倾角、软弱层倾向。

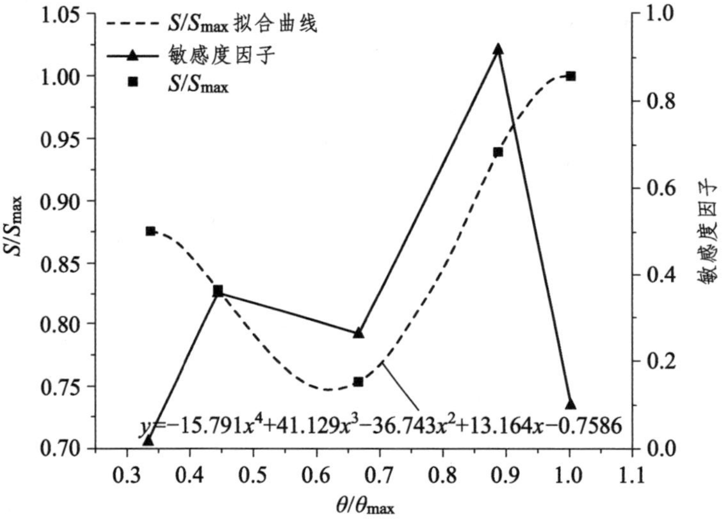

（a）初期支护弯矩关于软弱层倾角的敏感性曲线

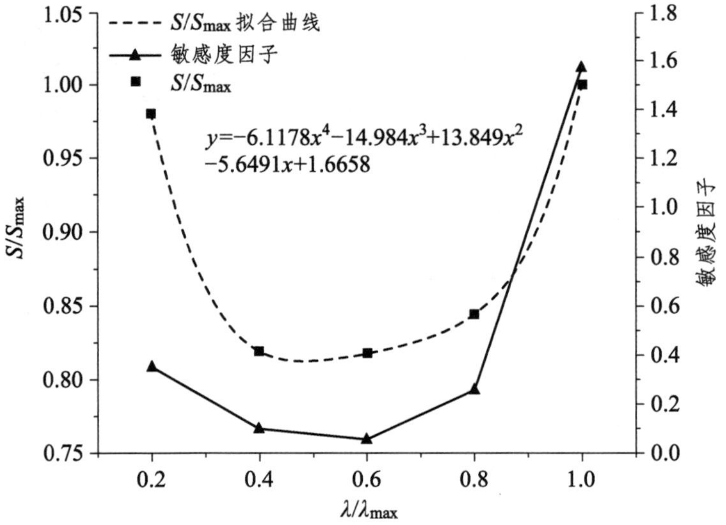

（b）初期支护弯矩关于软弱层倾向的敏感性曲线

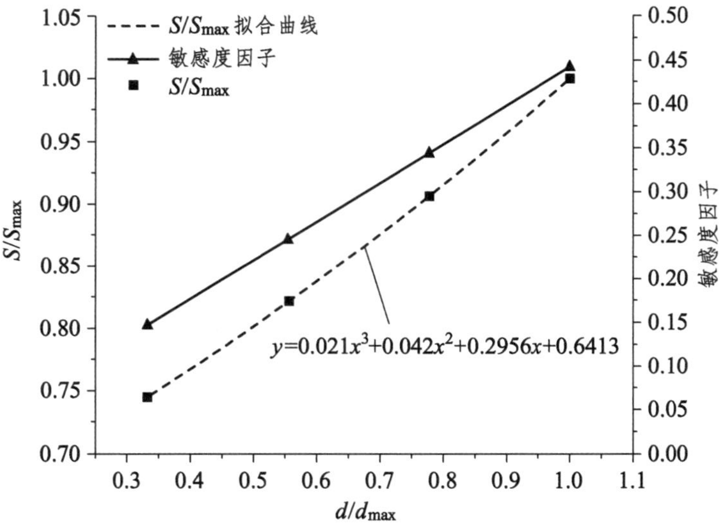

（c）初期支护弯矩关于软弱层厚度的敏感性曲线

图 6-31　3 种软弱层形态参数对初期支护弯矩的敏感性曲线

表 6-7　软弱层形态参数对初期支护弯矩的敏感度

软弱层形态参数	软弱层倾角 θ	软弱层倾向 λ	软弱层宽度 d
敏感度	0.204	0.126	0.282

（2）轴力。

各个工况下拱腰位置的初期支护最大轴力值与软弱层 3 种形态参数值的关系曲线采用多项式拟合，拟合适应度为 0.95~0.99，根据式（6-2）计算敏感度，如图 6-32 所示。

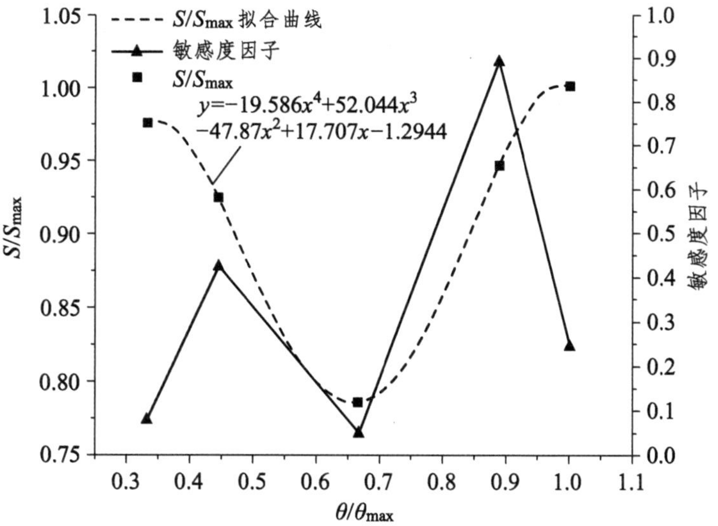

（a）初期支护轴力关于软弱层倾角的敏感性曲线

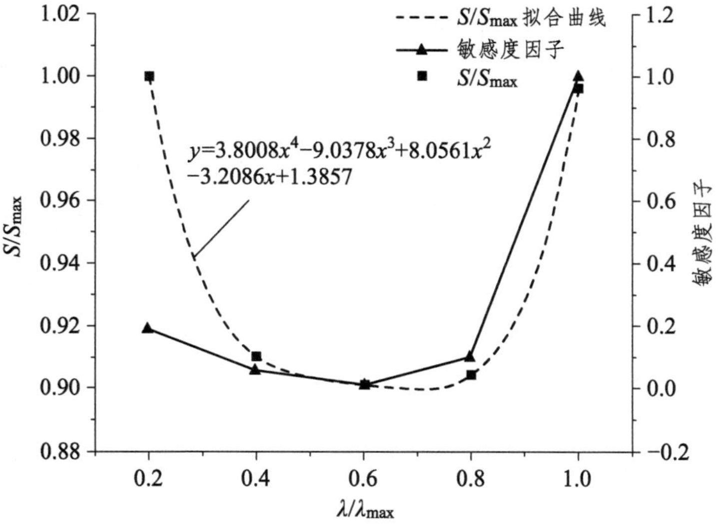

（b）初期支护轴力关于软弱层倾向的敏感性曲线

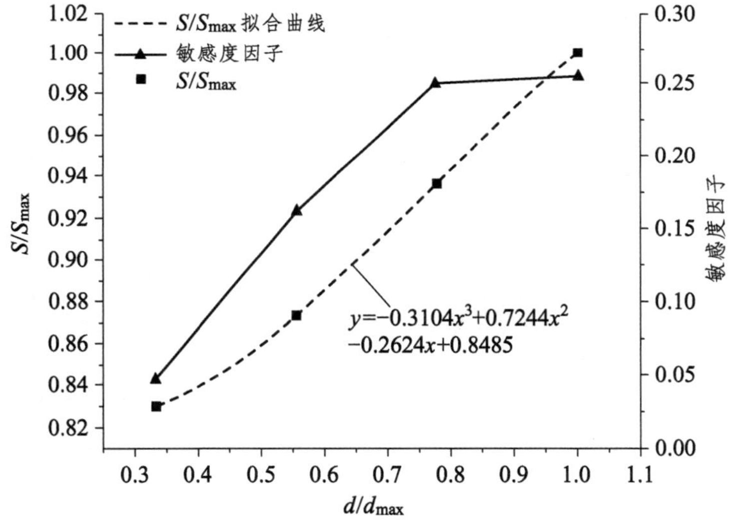

（c）初期支护轴力关于软弱层厚度的敏感性曲线

图 6-32　3 种软弱层形态参数对初期支护轴力的敏感性曲线

由图分析可知，工况 1 中，软弱层倾角在 45°~60°及 90°~120°变化范围内，敏感度因子增大，软弱层倾角变化对初期支护轴力的影响增加；软弱层倾角在 60°~90°及 120°~135°变化范围内，敏感度因子减小，初期支护受软弱层倾角影响减小。工况 2 中，软弱层倾向在 30°~90°，敏感度因子逐渐减小，且总体敏感度因子数值较小，说明倾向在 30°~90°变化对初期支护轴力影响较小。软弱层倾向大于 90°时，初期支护弯矩受软弱层倾向的影响急剧增加，且敏感性曲线斜率增大。工况 3 中，软弱层厚度在 6~18 m，敏感度因子随着软弱层厚度的增加迅速增大。

采用式（6-3）计算 3 种软弱层形态参数对初期支护轴力敏感程度，并进行排序，计算结果见表 6-8。3 种软弱层形态参数对初期支护弯矩的敏感程度从大到小依次为：软弱层宽度、软弱层倾角、软弱层倾向。

表 6-8　软弱层形态参数对初期支护轴力的敏感度

软弱层形态参数	软弱层倾角 θ	软弱层倾向 λ	软弱层宽度 d
敏感度	0.104	0.062	0.196

6.2.3　围岩变形敏感性分析

对各个工况下的隧道拱顶、拱腰以及仰拱位移进行敏感性分析以对比各个软弱层形态参数对围岩变形的敏感程度。将各个监测点围岩位移分别与各个形态参数值进行多项式拟合，拟合适应度为 0.95~0.99，拟合的多项式根据式（6-2）计算敏感度，最后通过采用式（6-3）计算 3 种软弱层形态参数对各个监测点围岩变形的敏感程度并进行排序。软弱形态参数对围岩位移的敏感度如表 6-9 所示，可知：各个监测点围岩位移对软弱层厚度的敏感度最高。拱顶以及拱腰围岩位移对 3 种软弱层形态参数敏感程度从大到小依次为：软弱层宽度、软弱层倾向、软弱层倾角，而仰拱围岩位移对 3 种软弱层形态参数敏感程度从大到小依次为：软弱层宽度、软弱层倾角、软弱层倾向。

表 6-9　软弱层形态参数对围岩位移的敏感度

软弱层形态参数	软弱层倾角 θ	软弱层倾向 λ	软弱层宽度 d
拱顶位移敏感度	0.101	0.107	0.265
拱腰位移敏感度	0.043	0.110	0.282
仰拱位移敏感度	0.237	0.059	0.242

6.3　宝鼎 2 号隧道跨多煤层影响断层破碎带施工关键技术研究

6.3.1　计算模型

依据宝鼎 2 号隧道研究范围段的现场地质情况，采用有限差分软件 FLAC3D 建立纵向长 160 m、宽 80 m、高 80 m 的三维计算模型，共 450 400 个单元，454 664 个节点，计算模型如图 6-33 所示。模型中含前后两个 1 号煤层及 F9 断层，前 1 号煤层与隧道相交，宽度为 1 m，倾角为 59°，后 1 号煤层位于隧道上方，宽度为 1 m，倾角为 34°；F9 断层穿过隧道宽度为 2 m，倾角为 70°。模型四周施加水平位移约束，底部约束竖向位移，上表面采用 S-B 法施加力的约束以模拟上覆土层。隧道采用全断面开挖，一次掘进进尺为 3 m，初支落后掌子面 1 个开挖进尺施作，一次施作长度为 3 m；二衬滞后掌子面 12 个开挖进尺，一次施作 12 m。

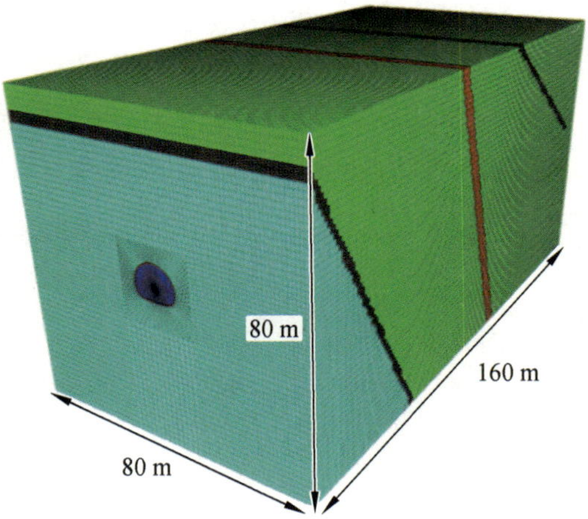

图 6-33　数值模型示意

6.3.2　计算参数选取

围岩选用莫尔-库仑模型,数值模拟范围段隧道主要穿过岩层的岩性是粉砂质泥岩。隧道围岩以及断层的计算力学参数通过宝鼎 2 号隧道现场土工试验和经验类比获得。初支喷射砼用 shell 单元模拟，工字钢拱架等效到喷射砼中，二次衬砌采用实体单元模拟，最终确定的计算参数见表 6-10。

表 6-10　数值模型计算参数

材料	弹性模量 E/GPa	泊松比 μ	密度 ρ/(kg/m^3)	黏聚力 c/kPa	内摩擦角 φ/(°)
砾岩粉砂质泥岩	3.7	0.32	2 300	684	35.6
断层	1.2	0.37	1 800	115	27
煤层	0.4	0.39	1 300	151	23
初期支护	32	0.20	2 400	—	—
二次衬砌	30	0.20	2 400	—	—

6.3.3　计算结果及分析

6.3.3.1　围岩位移分析

隧道开挖后的各处围岩位移如图 6-34。

由图 6-34（a）分析可知：模型纵向长度 0~11 m 段，隧道拱顶与前 1 号煤层的垂直间距相差较大，随着隧道的开挖，拱顶沉降位移值基本不变；11~13 m 段，此时前 1 号煤层位于拱顶上方，隧道拱顶到前 1 号煤层的垂直间距逐渐减小，拱顶位置受前 1 号煤层的影响逐渐增加，拱顶沉降位移值也缓慢增大；13~17 m 段，隧道开挖掌子面到前 1 号煤层的垂直间距很小或已经与煤层相交，拱顶收敛位移量产生骤变，位移量在急剧增大后又迅速降低；17~19 m 段，随着隧道掌子面的推进，拱顶与前 1 号煤层的垂直间距缓慢增大，拱顶受前 1 号煤层的影响逐渐减弱，拱顶沉降位移值也缓慢减小；19~72 m 段，拱顶到前 1 号煤层的垂直间距较远，随着隧道的开挖，拱顶沉降位移值基本不受前 1 号煤层的影响；72~74 m 段，此时拱顶到断层的垂直间距逐渐变小，拱顶位

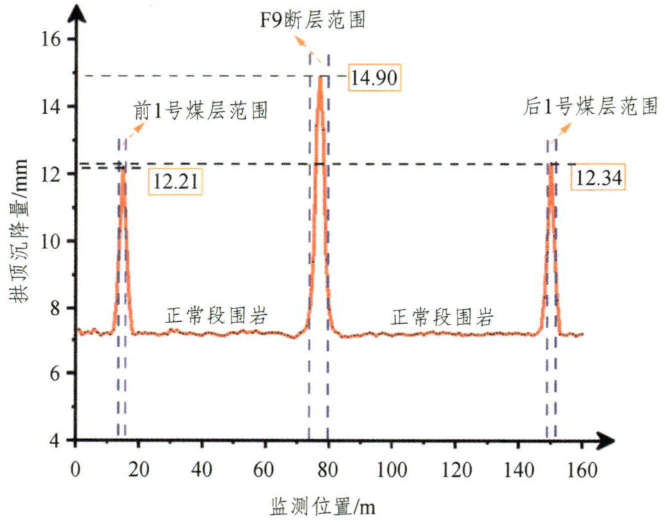

（a）拱顶沉降值

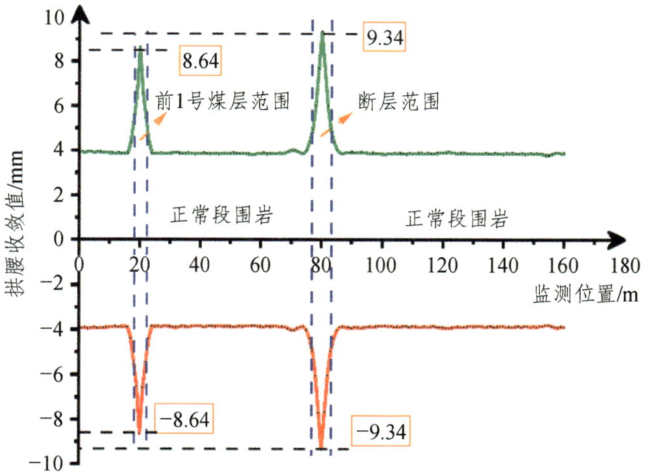

（b）拱腰水平位移值

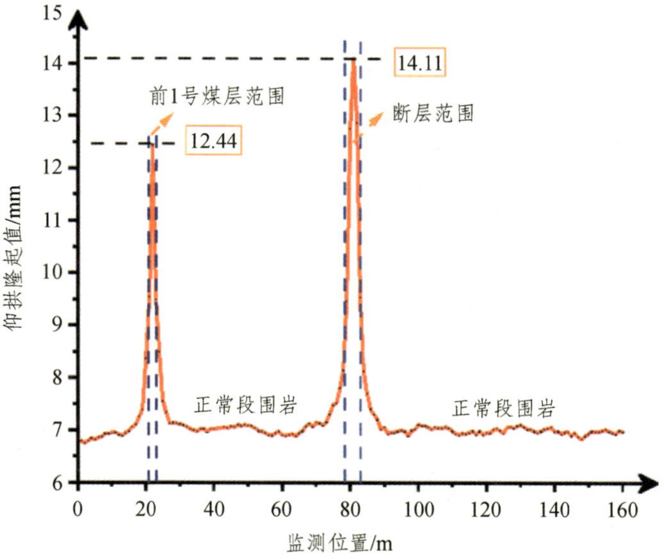

（c）仰拱隆起值

图 6-34　隧道各处围岩位移

移量受断层的影响进一步增加，拱顶沉降位移量也缓慢增加；74~80 m 段，断层与隧道拱顶的距离相距很小或隧道拱顶围岩已和断层相交，拱顶沉降位移量产生骤变，位移量在急剧增长后又快速降低；80~82 m 段，随着拱顶与断层的垂直间隔逐渐增加，拱顶的沉降位移值缓慢减小；82~146 m 段，隧道开挖掌子面离断层的垂直间距较大，拱顶的沉降位移值受断层影响明显减弱，拱顶沉降值基本不变；146~148 m 段，拱顶沉降位移值再次缓慢增大，拱顶沉降位移值受到后 1 号煤层的影响，隧道拱顶与后 1 号煤层的垂直间隔逐渐减小；148~152 m 段，拱顶沉降位移值先快速增大后又迅速减小，隧道拱顶围岩与后 1 号煤层相交；152~154 m 段，拱顶到后 1 号煤层的垂直间隔逐渐增大，拱顶的沉降位移值缓慢变小；154~160 m 段，拱顶与后 1 号煤层的垂直间隔较大，拱顶的沉降位移基本不受后 1 号煤层的影响，拱顶处位移值最终逐渐稳定。

隧道穿过前 1 号煤层时，拱顶沉降位移值突变区域大于前 1 号煤层与隧道拱顶相交区域。前 1 号煤层与隧道拱顶的接触范围为 14.6~15.6 m，拱顶沉降位移值突变范围为 13~17 m；当隧道穿过断层破碎带时，拱顶发生变形位移值突变的区域要大于隧道拱顶与断层相交区域。隧道拱顶与断层的相交区域在 77.2~79.2 m，拱顶位移值突变区域在 74~80 m；穿过后 1 号煤层时，拱顶沉降位移值的突变区域大于后 1 号煤层与隧道拱顶相交区域。后 1 号煤层与隧道拱顶的接触范围为 149.4~150.4 m，拱顶沉降位移值突变范围为 148~152 m。

穿过前 1 号煤层时拱顶最大沉降位移为 12.21 mm；穿过断层时拱顶最大沉降位移为 14.90 mm；穿过后 1 号煤层时拱顶最大沉降位移为 12.34 mm。在煤层和断层处拱顶的沉降位移均比正常段隧道拱顶沉降位移大，正常段隧道拱顶沉降位移约为 7.21 mm。

由图 6-34（b）分析可知：隧道掘进完毕后，左、右拱腰位置发生向隧道内部收敛的水平位移。左拱腰与右拱腰位移值对称，且左拱腰向洞内收敛位移值为负，右拱腰向洞内收敛位移值为正。在前 1 号煤层及断层段区域内左、右拱腰的水平位移值都发生突变，因为后 1 号煤层位于隧道上方，部分与隧道拱顶相交，对隧道拱腰变形基本无影响，所以在后 1 号煤层区域，拱腰位移值不发生突变，后 1 号煤层段拱腰收敛值 3.91 mm。前 1 号煤层与隧道拱腰相交处水平最大位移值为 8.64 mm，断层段与拱腰相交处水平最大位移为 9.34 mm，都比正常段隧道拱腰收敛值大，正常段围岩拱腰收敛位移为 3.88 mm。

由图 6-34（c）分析可知：

（1）模型纵向长度 0~18 m，隧道仰拱与前 1 号煤层的垂直间距相差较大，随着隧道的开挖，仰拱的隆起位移量基本保持不变；18~20 m 段，随着仰拱到前 1 号煤层的垂直间距逐渐减小，隧道仰拱处围岩位移受前 1 号煤层的影响逐渐增大，仰拱隆起位移值缓慢增长；20~24 m 段，前一号煤层与隧道仰拱的垂直间距很小或隧道仰拱已经与煤层相交，仰拱隆起位移值发生骤变，先急剧增大后又迅速减小；24~26 m 段，随着掌子面向前推进，仰拱到前 1 号煤层的垂直间距持续增大，仰拱位移受前 1 号煤层的影响逐渐减小，仰拱向上收敛位移量缓慢减小；26~76 m 段，此时隧道仰拱到前 1 号煤层的垂直间距较大，随着隧道的开挖，仰拱隆起位移值基本维持稳定；76~78 m 段，断层与仰拱之间的垂直间距变小，仰拱的隆起位移量也缓慢增加；78~84 m 段，断层与隧道仰拱的垂直间距很小或隧道仰拱已经与断层相交，仰拱隆起位移值发生骤变，先急剧增大后又迅速减小；84~86 m 段，仰拱隆起量随着仰拱与断层垂直间距的增大而缓慢减小；86~160 m 段，隧道离断层带的垂直间距较大，仰拱处隆起位移量基本不受断层的影响，仰拱的隆起位移量不再变化。

（2）隧道穿过前 1 号煤层时，仰拱的隆起位移突变区域大于前 1 号煤层与仰拱的接触区域。前 1 号煤层与隧道仰拱的相交区域在 20.4~21.4 m，仰拱隆起量突变区域在 20~24 m；且隧道在穿过断层破碎带时，仰拱处隆起位移量的突变区域大于煤层与仰拱相交区域。断层破碎带与隧道仰拱的相交区域在 79.5~81.5 m，仰拱隆起的突变区域在 78~84 m。

（3）穿过 1 号煤层时仰拱最大隆起值为 12.44 mm，穿过断层时仰拱最大隆起值为 14.11 mm，均比正常段围岩仰拱隆起量大，正常段围岩仰拱隆起位移为 6.91 mm。

（4）隧道穿过后 1 号煤层时，仰拱隆起值为 6.98 mm，与正常段围岩仰拱隆起值相近，是由于后 1 号煤层在隧道上方，对隧道仰拱隆起值无明显影响。

6.3.3.2 塑性区分析

隧道穿过断层和煤层时塑性区分布见图 6-35。

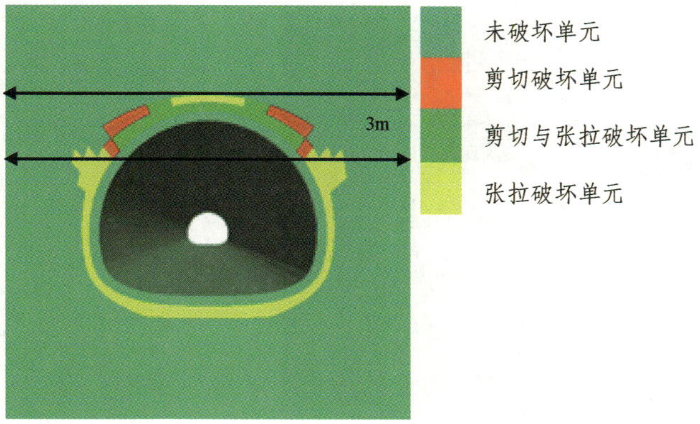

（a）隧道拱顶穿过前 1 号煤层

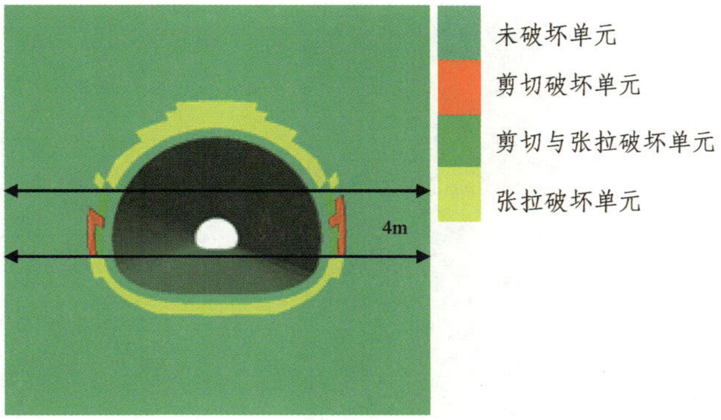

（b）隧道拱腰穿过前 1 号煤层

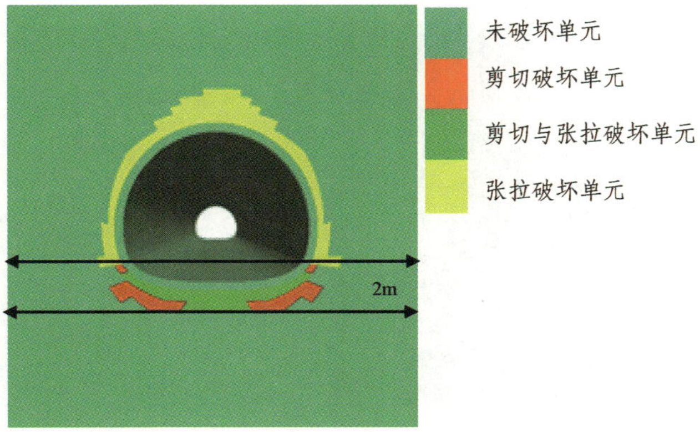

（c）隧道仰拱穿过前 1 号煤层

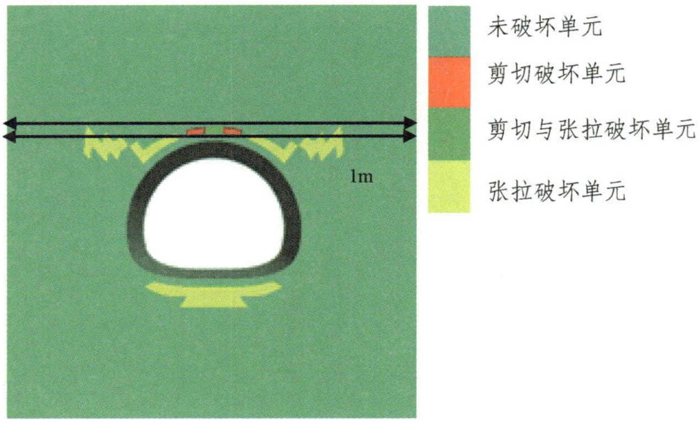

（d）隧道穿过后 1 号煤层

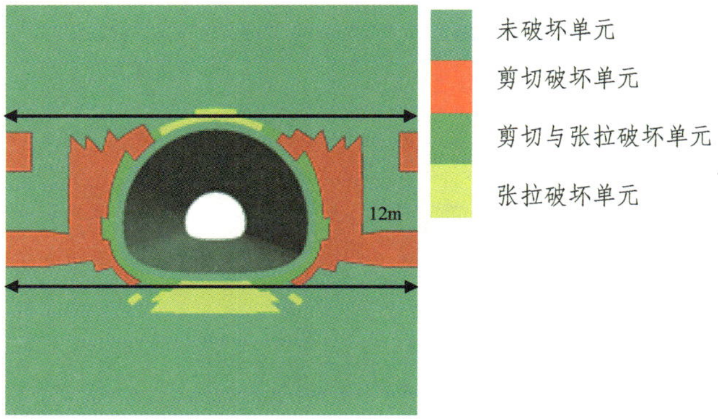

（e）隧道穿过断层

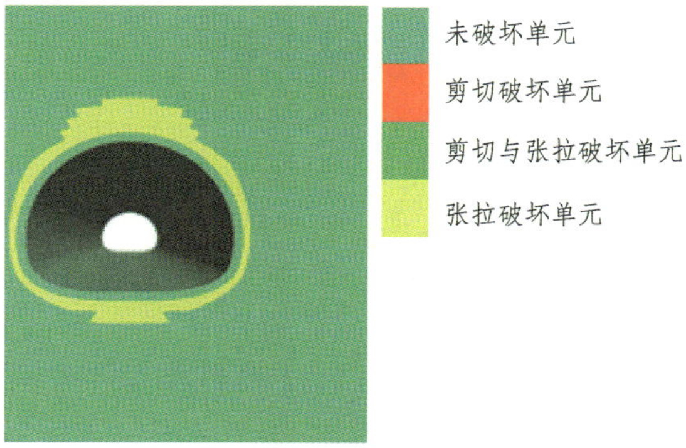

（f）隧道穿过正常段围岩

图 6-35　隧道穿过围岩不同位置时塑性区分布

分析可知，当隧洞穿过前 1 号煤层时，在拱顶、拱腰及仰拱处均发生剪切破坏塑性区，前 1 号煤层位于拱顶时，剪切破坏塑性区垂直厚度达到 3 m；前 1 号煤层位于拱腰时，剪切破坏塑性区垂直厚度达到 4 m；前 1 号煤层位于仰拱时，剪切破坏塑性区垂直厚度达到 2 m。因为后 1 号煤层位于隧道上部，所以当隧道经过后 1 号煤层时，剪切破坏塑性区主要出现在拱顶处，对拱腰及仰拱的影响很小，范围为 1 m。隧道穿过断层时，因为断层岩体破碎，隧道周边围岩在开挖扰动后易破坏，所以在隧道周边，剪切破坏塑性区范围最大，可达 12 m；隧道穿过正常围岩时，隧道周边塑性区为张拉破坏，无剪切破坏。因此，断层和煤层的存在，对接近断层和煤层周围的洞周剪切破坏塑性区产生很大的影响，但是对远离断层和煤层的正常围岩几乎没有影响。

6.3.4 施工技术总结

结合前述分析，针对宝鼎 2 号隧道穿越多煤层影响 F2 断层破碎带时，给出如下施工建议：

（1）隧道穿过断层、煤层及正常围岩段时，都呈现“快速增长—缓慢增长—趋于稳定”的三阶段变化规律，隧道穿越断层时，隧道收敛位移最大，其次为煤层，最后为正常围岩，所以在施工开挖时，隧道穿越断层及煤层部位需及时支护，防止围岩产生过大的变形影响施工安全及施工进度。

（2）隧道穿越煤层及断层时，围岩收敛位移都会发生突变，且拱顶围岩收敛位移的突变范围大于煤层及断层与隧道的接触范围。因此，在煤层和断层与正常围岩的接触范围附近需加强支护以减小围岩收敛变形，保证施工安全。

（3）煤层处在不同位置时，对隧道围岩不同部位变形影响不同。前 1 号煤层与隧道轴线相交，隧道穿越前 1 号煤层时，煤层对隧道拱顶、拱腰及仰拱的位移都会产生影响；后 1 号煤层位于隧道的顶部，当隧道穿过后 1 号煤层时，后 1 号煤层只对隧道的拱顶变形产生影响，拱腰及仰拱所受后 1 号煤层的影响很小。因此，当煤层与隧道相交时，需注意整个断面的安全性。当煤层仅穿越隧道顶部时，需重点关注隧道拱顶的围岩变形。

（4）根据模拟结果和现场测试分析结果，建议在断层段和煤层段隧道开挖时，严格控制一次开挖进尺长度，杜绝超挖；一次开挖完毕，应及时完成洞周支护，降低围岩暴露时间；初次支护质量要严格控制，同时建议在断层段和煤层段强化支护，来确保施工安全。

Chapter 7

基于短段掘砌混合作业法的深大竖井施工方法

宝鼎 2 号隧道为国内首条全区段含有瓦斯的特长公路隧道。为满足隧道施工阶段的通风要求，在右洞 K18+570 测设线右侧 60 m 处修建一座深约 227.5 m、直径约 9.6 m 的深大通风竖井。目前相关行业规范并未涉及直径超过 7 m 的大口径竖井，可借鉴性施工经验也十分薄弱，缺乏针对深大竖井特点的科学施工指导方法，在施工建设层面存在较大的主观盲目性，从而严重影响了我国特长公路隧道施工通风保障。本章对短段掘砌混合作业法施工过程进行详细阐述，深入分析了施工全过程的围岩位移及荷载变化规律，并提出针对性的深大竖井围岩荷载模型。在此基础上，总结形成基于短段掘砌混合作业法的深大竖井施工方法，旨在为国内今后深大竖井工程的建设提供借鉴。

7.1 短段掘砌混合作业法

传统的众多竖井施工方法主要适用于直径不超过 7 m 的小口径竖井，而对于深大竖井的建设，可借鉴的施工方法并不多见。经过工程实践验证，在大直径竖井施工中能够成功适用的为短段掘砌混合作业法[43]。这里应用了一套适用于公路隧道深大岩石竖井的施工模式[44]，即短段掘砌混合作业配合单层模筑砼施工方法：竖井井筒采用单层整体活动钢模板浇筑（钢筋）砼永久支护结构配合短段掘砌混合作业方式，在同一掘进和支护循环内，短段掘进和模筑砼支护两大工序交替进行施工。经过实践发现，采用此种施工模式能够取消临时支护并实现永久性衬砌支护紧跟掘进面，单次开挖高度较大，对于有效保障施工安全和经济效益具有显著优势，月成井可达 60 m 以上。截至目前，短段掘砌混合作业法施工在煤矿竖井建设领域已经有多个应用案例，但是以短段掘砌混合作业法配合单层模筑衬砌施工尚属首次。

7.1.1 施工过程介绍

短段掘砌混合作业法的每个作业循环包括钻孔爆破、初次出渣、施作衬砌、二次出渣及清底，具体如图 7-1 所示。各个步骤的具体操作及注意问题如下：

1. 钻孔爆破

本步骤采用钻爆法进行施工。首先，将伞钻下放至竖井底部，并将提供钻孔动力以及用以清孔的高压风水管连接好。然后，利用伞钻之上的支撑臂分别在竖直方向和水平方向进行固定，再按照爆破设计图纸标记炮眼位置。准备工作完成后，由工人操作 6 台凿岩钻孔机进行竖向的钻孔作业。

应当注意短段掘砌混合作业法所采用的爆破方式为光面爆破，可选用水胶炸药进行井上毫秒爆破，且爆破参数根据竖井实际情况选定。

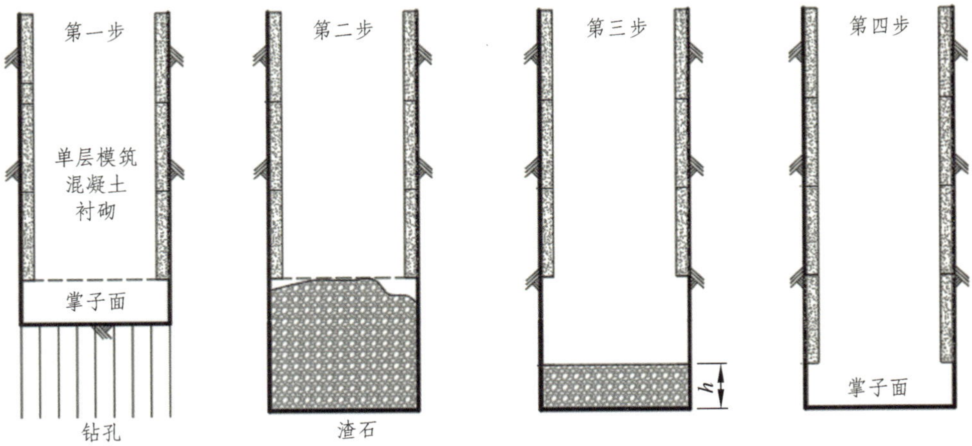

图 7-1 短段掘砌混合作业法施工流程

2. 初次出渣

在爆破后需对井内碴石和水窝进行处理。本道工序主要使用的机械设备为抓斗及吊桶，具体如图 7-2 所示。其中，抓斗大小需根据竖井断面及深度参数确定。井下采用双大吊桶出渣，吊桶要根据出渣的需要和井筒尺寸进行定做。

（a）抓斗

（b）吊桶

图 7-2 抓斗和吊桶

出渣工序主要包括：

（1）抓出水窝。将爆破后井内积水利用抓斗和吊桶转移至洞外以待再次利用。

（2）抓出罐窝。利用抓斗清理吊桶预计下落位置处的渣石，保证吊桶能够平稳安置。

（3）抓取矸石。首先清理井筒边缘处的渣石，然后抓取井筒中部的矸石直至达到衬砌施作条件。

（4）利用井架进行井外倒渣。

（5）平整。利用小型挖掘机平整剩余渣石，保证金属衬砌模板能够平衡贴合下落。相关现场实拍如图 7-3 所示。

（a）抓斗抓岩　　（b）倒渣　　（c）挖掘机平整

图 7-3　出碴工作图

3. 施作衬砌

衬砌施作采用模板为整体式可移动液压伸缩金属模板，具体如图 7-4 所示。

图 7-4　模板及衬砌浇筑

此工序包括以下环节：

（1）脱模。靠安装在伸缩缝两侧的四个液压油缸同时向内收缩，带动模板进行收模工作，从而达到脱模的目的。

（2）模板下放。模板脱落后将模板下放至即将施作衬砌位置架设在井筒内剩余渣石上，并操作液压油缸提供动力使衬砌模板外扩撑大至设计尺寸并平整并固定。

（3）浇筑。模板校正固定后，从模板上方浇注口浇筑砼。

4. 二次出渣及清底

砼浇筑完毕且砼达到初凝强度后，便开始清理剩余渣石，暴露出井筒底部并利用小型挖掘机将底部渣石清理干净以待下一循环钻孔施工。

以上即为短段掘砌混合作业法施工的一个完整循环，其最大特点在于在支护方式上不同于一般竖井采用的滑模施工，而是采用整体移动式液压伸缩金属模板进行砌壁，并且是单层永久性衬砌。

7.1.2 竖井围岩位移及荷载变化分析

1. 单施工循环分析

根据短段掘砌混合作业法的施工流程，以段高 4 m 为例，对单个施工循环中深大岩石竖井周边围岩的位移及荷载变化情况做如下分析：

第一个环节是钻孔爆破，具体包括钻孔和爆破两个步骤。在利用伞钻钻孔时，上一步序衬砌浇筑已经完成，但是衬砌模板并未撤离。一方面是等待砼凝固发挥作用，另外一方面是通过刚性金属模板发挥一定的围岩支护能力，防止松散围岩发生滑落或者垮塌。此时的围岩位移及荷载变化趋势如图 7-5（a）所示。在钻孔之后便是装填炸药进行开挖爆破，使原有整体围岩变为渣石，并且井筒周边围岩受到爆破扰动成为无黏聚力的松散围岩圈层。此时周边围岩已有一定的位移趋势，原始围岩压力得到初步释放并转变为松动压力，距离衬砌和掌子面越远，位移和应力释放越大。但井筒内渣石有一定阻挡作用，位移和变形并未明显变化。此时的围岩位移及荷载变化趋势如图 7-5（b）所示。

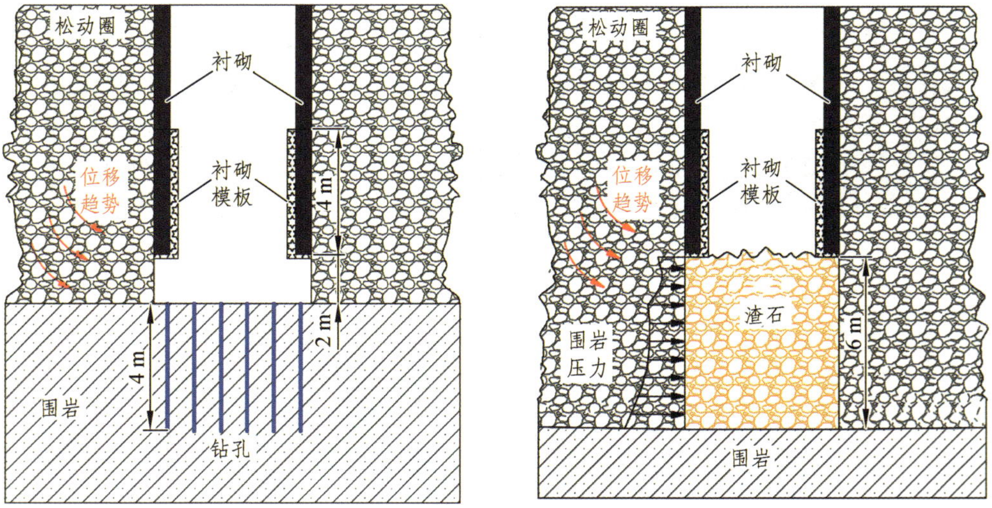

（a）钻孔阶段　　（b）开挖爆破阶段

图 7-5　钻孔爆破环节围岩位移及荷载变化趋势

第二个环节是初次出渣。在出渣时只将 4 m 高度的渣石运至井筒外，并将剩下 2 m 渣石归置平整，以保证衬砌模板下落不受影响，具体如图 7-6 所示。

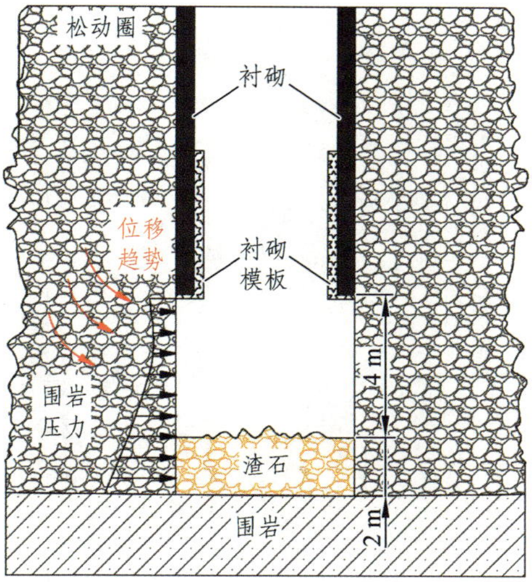

图 7-6　初次出渣环节围岩位移趋势及荷载变化

第三个环节是施作衬砌，这里分为模板下放、衬砌初始浇筑两个阶段。渣石处理完毕后，便可脱落金属衬砌模板，暴露出上一步序砼衬砌。然后将金属衬砌模板下放至本步序即将施作砼衬砌位置并保证水平竖直。本步序周边围岩完全裸露，且未受到任何支护，仅受到掌子面和上部衬砌的约束。因此，本阶段周边围岩的位移和应力释放均是发展最快的时期。此时的围岩位移及荷载变化趋势如图 7-7（a）所示；在衬砌初始浇筑后砼尚是流体状态，其力学参数因尚未达到要求而不能真正起到支护作用。周边松散围岩位移发展及松动压力释放仍持续进行，但由于金属衬砌模板的边界限制其位移幅度已经被大大限制。另外，初始流体状砼会与外露的松散围岩密切结合，部分渗入松散围岩内部而起到一定的围岩加固作用，进一步限制松散围岩的位移和松动压力释放。此时的围岩位移及荷载变化趋势如图 7-7（b）所示。

第四个环节是二次出渣及清底。在砼达到初凝强度后便可以开始清理剩余 2 m 浮渣。在这期间有两个因素会导致井筒周边围岩位移发生变化：一方面，剩余 2 m 的渣石清理使周边松散围岩失去位移阻挡物，并且会给周边松散围岩预留出位移空间；另一方面，上方衬砌强度逐渐增加，进一步限制了衬砌周边松散围岩的位移。但由于有掌子面的存在，松散围岩的位移速度和压力释放都要小于围岩未加支护时的状态。此时的围岩位移及荷载变化趋势如图 7-8 所示。

以上便是对采用短段掘砌混合作业法配合单层模筑衬砌施工模式进行竖井施工时，单个施工循环中竖井周边围岩位移及荷载的变化趋势。可以看出，对竖井周边围岩影响最大的是钻孔爆破环节，这也是导致竖井周边围岩松散的原因。采用单层模筑衬砌施工可以取消临时支护，从而节省施工材料和施工时间，并使衬砌砼直接与围岩接触，最大程度地发挥永久性衬砌的支护能力。在衬砌施作时，井筒周边松散围岩的位移和应力已经释放大部分，作用在衬砌之上的压力较小，符合隧道开挖领域新奥法的理念——充分发挥围岩的自承能力。

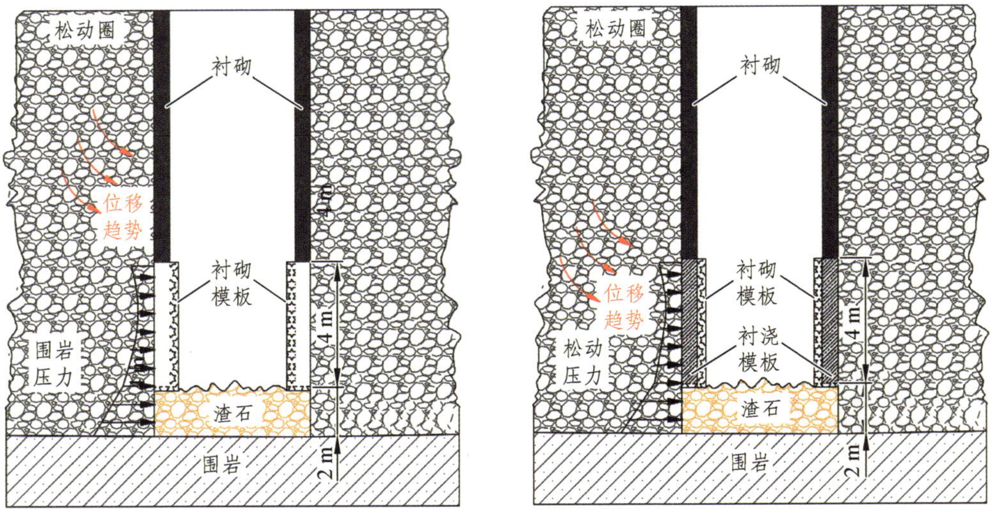

（a）衬砌模板下放　　　　（b）初始浇筑

图 7-7　施作衬砌环节围岩位移及荷载变化趋势

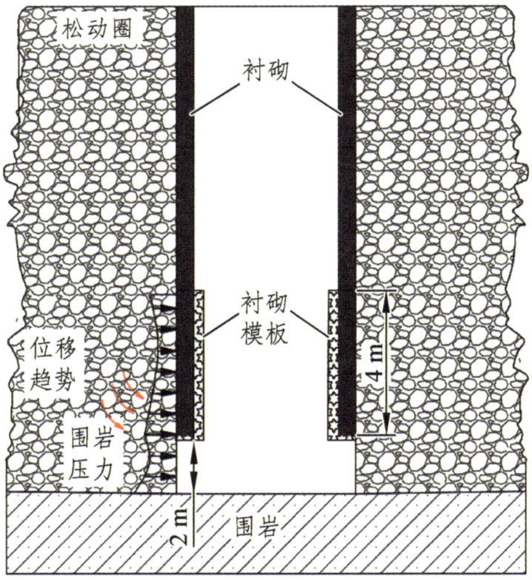

图 7-8　二次出渣及清底环节围岩位移及荷载变化趋势

2. 多施工循环分析

竖井开挖爆破是一个连续的多循环施工过程。对于采用一般施工方式的竖井而言，其周边围岩的位移变化呈现相同规律。随着掌子面的推进，后方围岩位移逐步发展，直至达到稳定状态。具体发展趋势如图 7-9（a）所示。但在采用短段掘砌混合作业法进行施工时，由于掌子面约束效应和施工特点，每幅衬砌上部和下部对应的围岩位移释放系数存在差异。其中，施作衬砌之前每个开挖步都会有 2 m 浮渣残留以做衬砌模板支撑平台，并且在本环衬砌施作完毕以及下一开挖步完成后，此部分和其下部 2 m 的围岩会成为整环衬砌支护范围，但此部分围岩已经进行过两次位移释放过程（经历两次开挖爆破影响），所以其位移大于本环衬砌范围下部 2 m 的围岩。因此，同一环衬砌对应的围岩位移变化规律并不一致，应是上大下小的位移状态。具体发展趋势如图 7-9（b）所示。

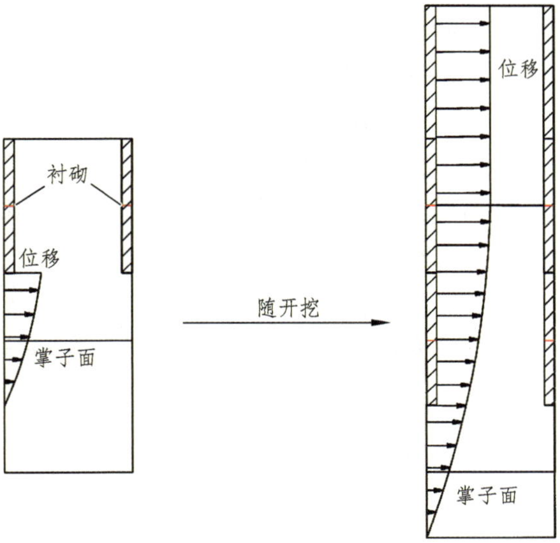

（a）一般施工方法围岩位移趋势

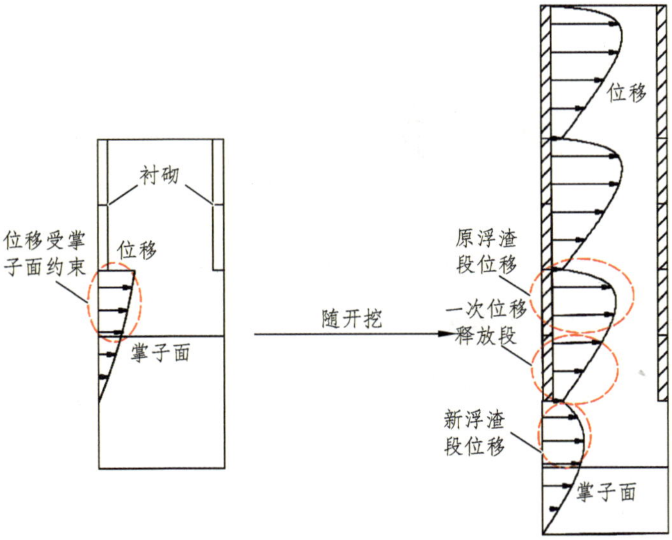

（b）短段掘砌混合作业法围岩位移趋势

图 7-9　不同竖井施工方法下的围岩位移趋势示意

7.2 基于短段掘砌法的深大竖井径向荷载模型搭建

根据以上对竖井施工各个时期围岩位移和荷载变化的分析，本部分对采用短段掘砌混合作业法施工的深大公路隧道竖井荷载模型进行搭建，提出针对性的荷载计算公式。

在提出公式前，本书做出假设如下：

（1）井壁周围受爆破扰动而松散的围岩之间无黏聚力；

（2）完整围岩地应力完全由完整围岩自身承担，即竖井松动圈不受地应力作用；

（3）衬砌与松散围岩结合为整体。

假设条件确定后，在已经支护且进入稳定状态的竖井平面取二维对称单元体进行受力分析，具体如图 7-10 所示。其中，单元体除重力作用外，其顶部受到上覆单元体压力 σ_v，底部受到下部单元体给予的支撑力 $\sigma_v+d\sigma_v$，左侧受到完整围岩给予的水平夹持力 σ_f 和向上摩擦力 τ_f，右侧受到水平支护力 σ_n 和向下摩擦力 τ_n。

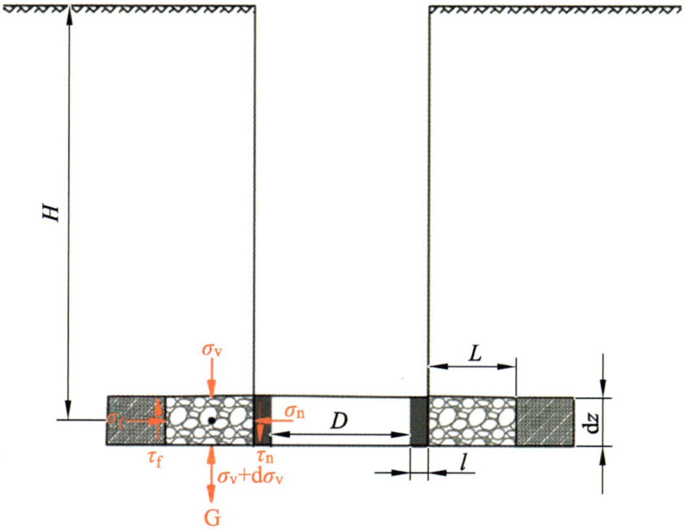

图 7-10　竖井单元体受力示意

采用散体极限平衡理论对各力进行求解：

（1）单元体自重

$$G=(L+l)\gamma dz \tag{7-1}$$

（2）上覆单元体作用的压力

$$P_v=L\sigma_v \tag{7-2}$$

（3）下方围岩体给予的支撑力

$$T=(L+l)(\sigma_v+d\sigma_v) \tag{7-3}$$

（4）作用于单元体外表面的竖向摩擦力

$$F=\tau_{\mathrm{f}}\mathrm{d}z \tag{7-4}$$

（5）作用于单元体外侧面的水平侧向压力

$$N_{\mathrm{h}}=\sigma_{\mathrm{n}}\mathrm{d}z \tag{7-5}$$

式中，L——松动圈范围，m；

l——衬砌厚度，m；

σ_{v}——单元体上部围岩压力，kPa；

λ——松散围岩侧压力系数；

τ_{f}——松散围岩抗剪强度，kPa；

γ——单元体均布容重，kN/m^3。

z——单元体埋深，m。

根据库伦准则得到

$$\sigma_{\mathrm{n}}=\lambda\sigma_{\mathrm{v}} \tag{7-6}$$

将$c=0$代入可以得到

$$\tau_{\mathrm{f}}=\lambda\sigma_{\mathrm{v}}\tan\varphi \tag{7-7}$$

式中，φ——松散岩体内摩擦角，(°)。

将式（7-7）代入式（7-4）得

$$F=\lambda\sigma_{\mathrm{v}}\tan\varphi\mathrm{d}z \tag{7-8}$$

在单元体竖向建立力学平衡方程

$$T+F-G-P_{\mathrm{v}}=0 \tag{7-9}$$

将式（7-1）~式（7-4）代入式（7-9）得

$$(L+l)\gamma(\sigma_{\mathrm{v}}+\mathrm{d}\sigma_{\mathrm{v}})+\lambda\sigma_{\mathrm{v}}\tan\varphi\mathrm{d}z-(L+l)\gamma\mathrm{d}z-L\sigma_{\mathrm{v}}=0 \tag{7-10}$$

求解得到

$$\sigma_{\mathrm{v}}=\frac{(L+l)\gamma-(L+l)B\cdot\mathrm{e}^{-\frac{\lambda z\tan\varphi}{L+l}}}{\lambda\tan\varphi} \tag{7-11}$$

式中，B——常数。

根据边界条件：$z=0$时，$\sigma_{\mathrm{v}}=0$。可以得到$B=\gamma$。所以

$$\sigma_{\mathrm{v}}=\frac{(L+l)\gamma}{\lambda\tan\varphi}\left(1-\mathrm{e}^{-\frac{\lambda z\tan\varphi}{L+l}}\right) \tag{7-12}$$

将单元体埋深 $z=H$ 代入式（7-12），得到竖向受到的围岩压力为

$$\sigma_v(z=H)=\frac{(L+l)\gamma}{\lambda\tan\varphi}\left(1-e^{-\frac{\lambda H\tan\varphi}{L+l}}\right) \tag{7-13}$$

则作用于井壁衬砌上的围岩压力为

$$\sigma_v(z=H)=\frac{(L+l)\gamma}{\tan\varphi}\left(1-e^{-\frac{\lambda H\tan\varphi}{L+l}}\right) \tag{7-14}$$

若是上覆有松散软弱岩层的竖井，在进行计算时围岩埋深 H 应当从硬岩顶板算起，具体如图 7-11 所示。其中，松散部分围岩压力可视为由于重力产生的作用于完整围岩之上的均布荷载 q。

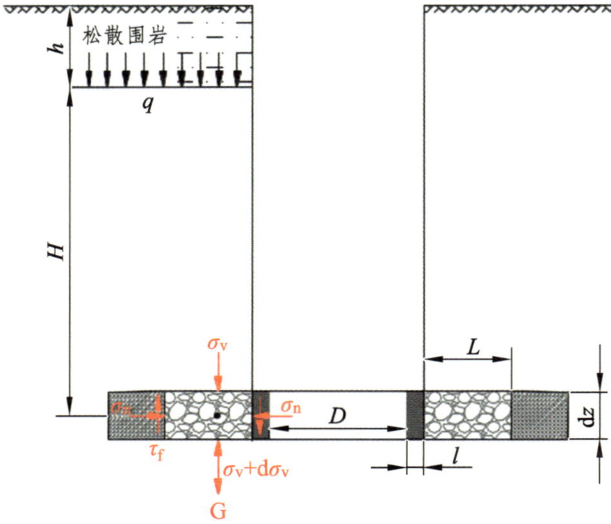

图 7-11　竖井围岩荷载分段计算

将“$z=0$ 时，$\sigma_v=q$”代入式（7-14）得

$$B=\gamma-\frac{\lambda q\tan\varphi}{L+l} \tag{7-15}$$

则埋深为 H 的单元体竖向受到的围岩压力为：

$$\sigma_v(z=H)=\frac{(L+l)\gamma}{\lambda\tan\varphi}\left(1-e^{-\frac{\lambda H\tan\varphi}{L+l}}\right)+q\cdot e^{-\frac{\lambda H\tan\varphi}{L+l}} \tag{7-16}$$

作用于完整围岩段井壁的围岩压力为：

$$\sigma_n(z=H)=\lambda\sigma_v=\frac{(L+l)\gamma}{\tan\varphi}\left(1-e^{-\frac{\lambda H\tan\varphi}{L+l}}\right)+\lambda q\cdot e^{-\frac{\lambda H\tan\varphi}{L+l}} \tag{7-17}$$

由式（7-17）可知，作用于井壁支护之上的压力大小受到松动圈范围 L、围岩自身容重 γ、围岩内摩擦角 φ、侧压力系数 λ 以及竖井深度 H 的影响。从函数关系可以看

出，在单一完整围岩地层竖井中随着深度 H 增加，作用于支护上的围岩压力是逐渐增大的并趋于稳定；在上覆松散软弱岩层的竖井中，上覆均布荷载 q 的作用随着竖井完整围岩段深度的增加而减小，围岩压力趋于稳定。

无论是在单一围岩地层竖井中还是上覆有松散岩层的竖井中，当围岩压力不再受竖井深度影响时，竖井围岩压力计算公式均可表达为

$$\sigma_{\mathrm{n}} = \sigma_{\mathrm{f}} = \lambda\sigma_{\mathrm{v}} = \frac{(L+l)\gamma}{\tan\varphi} \tag{7-18}$$

这里将竖井支护所受围岩压力达到稳定时的深度称为“极限深度”，即在达到“极限深度”之前，竖井围岩压力随着竖井深度的变化而增加或减小；在竖井围岩深度超过“极限深度”之后，竖井围岩压力保持稳定。

7.3 基于数值模拟的短段掘砌混合作业法研究

在竖井施工方法确定后，以实际竖井工程为例进行竖井施工阶段模拟，以深入探究短段掘砌混合作业法施工过程中的竖井围岩位移及荷载变化规律。

7.3.1 计算模型

现有数值模拟大多是采用有限元计算软件，以连续介质为基础对工程施工导致的围岩位移和荷载变化进行分析。在开挖爆破后，井壁周边围岩已经变为松散的非连续介质，此时采用连续介质模拟已不适用。但有限元计算软件可以模拟得到竖井周边围岩整体的位移和应力释放化情况以及释放过程，并对前文施工过程中围岩荷载变化推论进行验证。

这里根据实际施工模式和竖井轴对称的特点建立 1/4 竖井轴对称数值计算模型，具体如图 7-12 所示。其中，计算模型高为 450 m，长和宽均为 200 m。根据轴对称模型的特点，在对称面施加法向的位移约束，即只允许对称面上的节点产生切向位移，而不能产生法向位移。同时为了精确模拟竖井实际施工情况，计算模型在运算模拟时各施工段与实际情况对应，具体如图 7-13 所示。

为反映竖井开挖真实情况，在模型周边施加相互垂直的水平主应力，并按角度等比划分设置 5 个测点对竖井衬砌的径向位移和结构内力进行监测，具体如图 7-14 所示。选取 4 个不同断面提取数据进行分析，深度分别为 100 m、200 m、300 m、400 m。在计算过程中，对关键施工节点的围岩位移及荷载数据进行提取。施工节点选择为开挖爆破、围岩弱化、衬砌施作、开挖完成，分别命名为 s1、s2、s3、s4，并以位移释放率（即节点施工后侧向位移与最终总位移之比）作为分析评价指标。

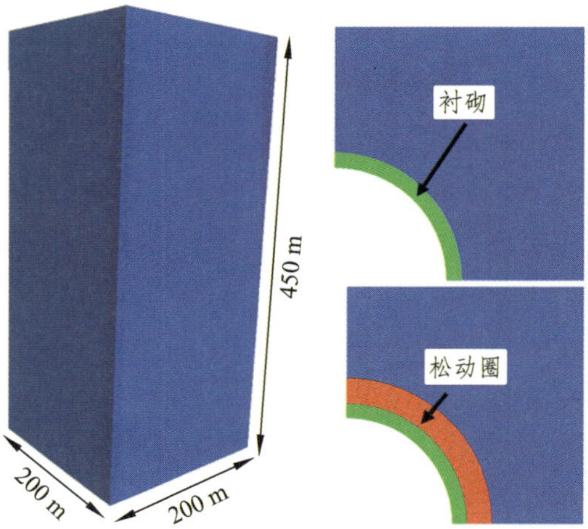

图 7-12　计算模型展示

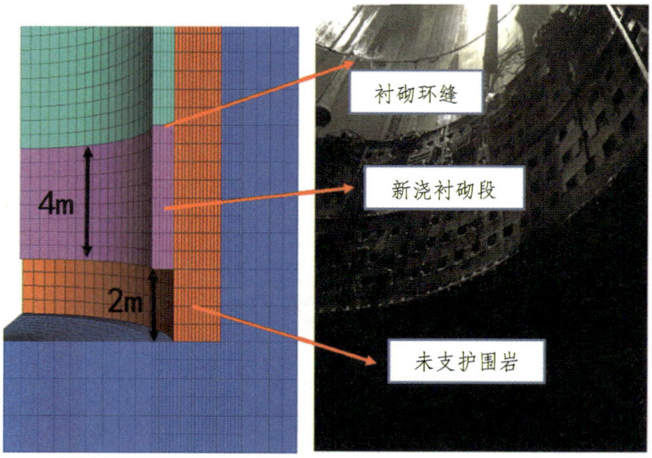

图 7-13　数值模拟与实际对应情况

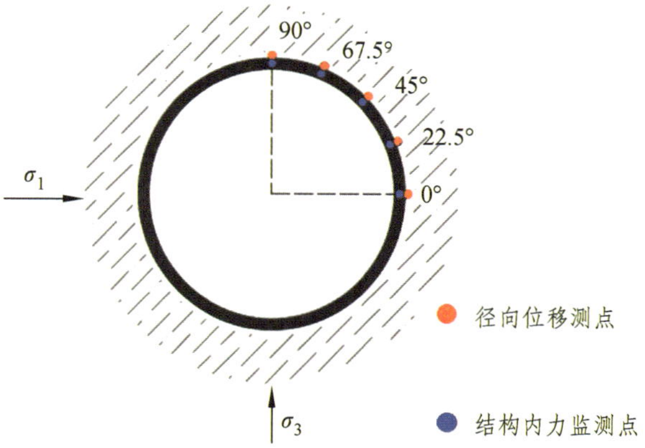

图 7-14　模型地应力及测点布置

7.3.2 竖井模拟结果

1. 竖井围岩位移分析

（1）竖井围岩整体位移特征。

计算得到竖井开挖过程中的围岩侧向位移特征，具体如图 7-15 所示。

分析可知，在同一衬砌段内，其周边围岩侧向位移大小呈现上大下小的“弧形状态”分布，并且随着竖井的掘进，该位移分布方式循环出现。这是由于每环衬砌上半段对应的围岩要经历两次无支护的爆破扰动，其中一次是为了得到上一环衬砌下半段的施作空间，另一次是为了得到本环衬砌下半段的施作空间，这与前文的分析结论相一致。

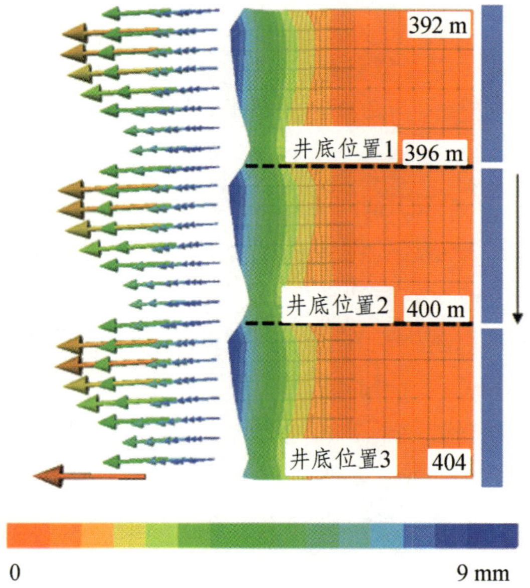

图 7-15 竖井整体围岩侧向位移特征

（2）竖井深度对围岩位移影响。

竖井施工过程中深度变化对周边围岩径向位移释放率的影响如图 7-16 所示。

分析可知，尽管各个点位深度有所不同，但在初次开挖爆破后的围岩位移释放率均达到了 85%以上，并且随着深度的增加而不断增长。当深度为 400 m 时，爆破后的围岩位移释放率高达 91.19%；造成各处初次位移释放率存在差异的原因是围岩深度越深，原始围岩地应力越大，在受扰动时释放程度也就越大；在本循环衬砌安装之前，位移已经释放绝大部分，仅有 3.44%~12.70%的位移释放发生在本循环衬砌安装之后，这也导致直接作用于井壁之上的围岩压力极为有限。

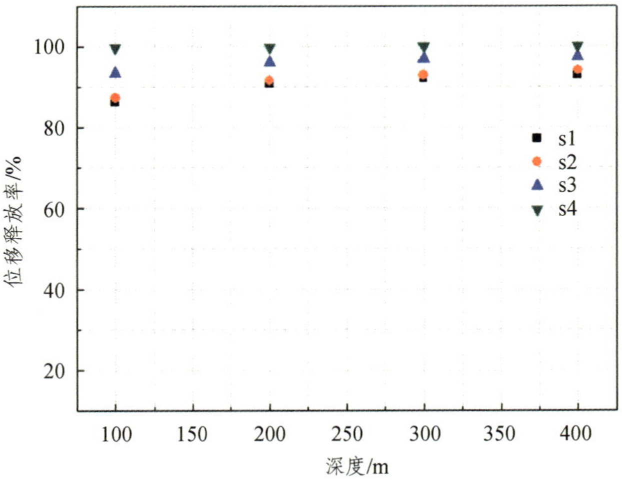

图 7-16　竖井深度对围岩位移释放影响

（3）与掌子面的距离对围岩位移影响。

竖井周边围岩位移释放情况与距掌子面距离关系密切。为探究二者之间的具体关系，在不同深度衬砌分界点附近分别选取四个测点，保证在该断面施工时从上至下分别距掌子面 3 m、2 m、1 m、0 m。竖井施工期间各测点围岩位移释放与掌子面关系如图 7-17 所示。

分析可知，距离掌子面越远，围岩在各个节点中的侧向位移释放率越加集中，掌子面处的初始围岩侧向位移释放率均在 5%以下。这是由于在爆破开挖后，围岩距离掌子面越近，受到的位移约束越强；在统一开挖进尺内，不同距离处的测点对应的释放率有明显不同。距离临时底部越远的测点，其各节点的释放率越集中。竖井深度越大，即地应力水平越高，位移释放率的分布越集中；每次开挖进尺中的上半部分在爆破后和围岩弱化后位移释放非常接近，主要是因为此处 2 m 范围内围岩位于单次暴露最大为 6 m 范围的围岩中部，不受上部衬砌和下方掌子面的约束，位移释放是最快的。

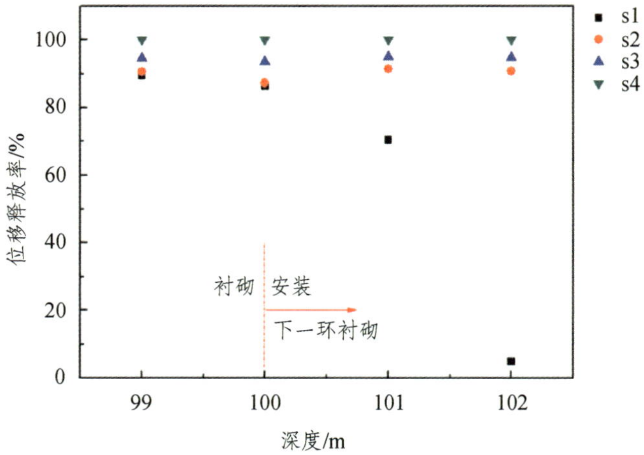

（a）断面 1（100 m）

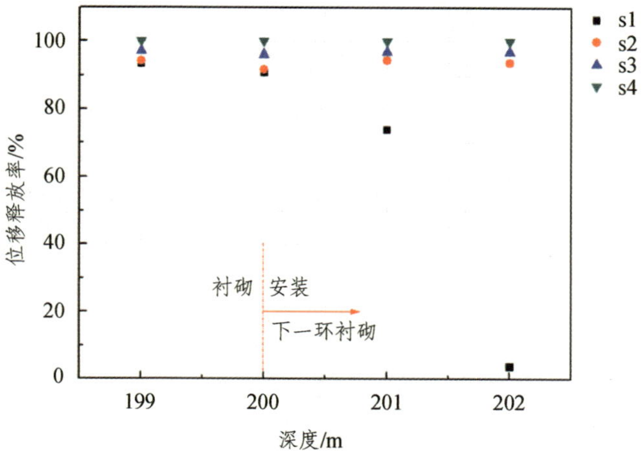

（b）断面 2（200 m）

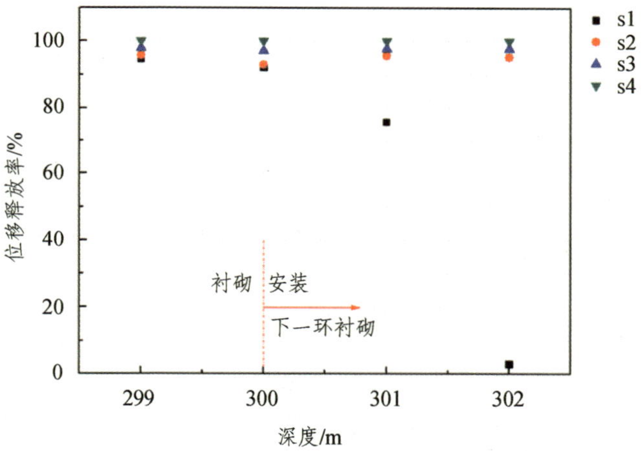

（c）断面 3（300 m）

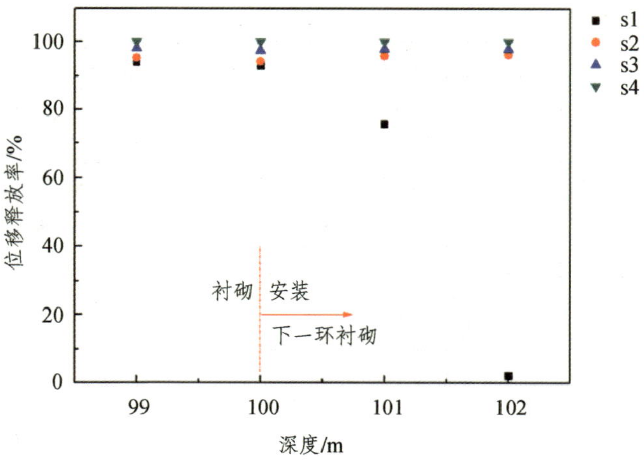

（d）断面 4（400 m）

图 7-17　不同施工节点对应的位移释放率

（4）松动圈对围岩位移影响。

松动圈关系着围岩应力和位移释放情况，并进一步影响到作用于井壁围岩压力的大小。因此，在数值模拟中设置有无松动圈两种工况以探明围岩松动圈对井壁周边围岩侧向位移的影响规律。具体如图 7-18 和图 7-19 所示。

分析可知，两种工况下，各测点井壁位移大小均是随着深度的增加而增大；在无松动圈情况下，不同角度测点井壁位移相差较大，角度越小（即越靠近最大水平主应力方向）井壁位移越大。400 m 深度的最大主应力方向处位移最大为 1.9 mm 左右；在有松动圈情况下，各测点井壁位移变化较为均匀，同一深度断面中各测点井壁位移相差不大，但是各断面整体井壁位移相较于无松动圈情况要大出很多，最大井壁位移为 9 mm；根据井壁位移与深度的函数关系可以看出，有松动圈情况下竖井井壁位移随竖井深度增加呈现幂函数变化关系，相比于无松动圈情况下的线性函数，此种变化规律更符合实际情况。

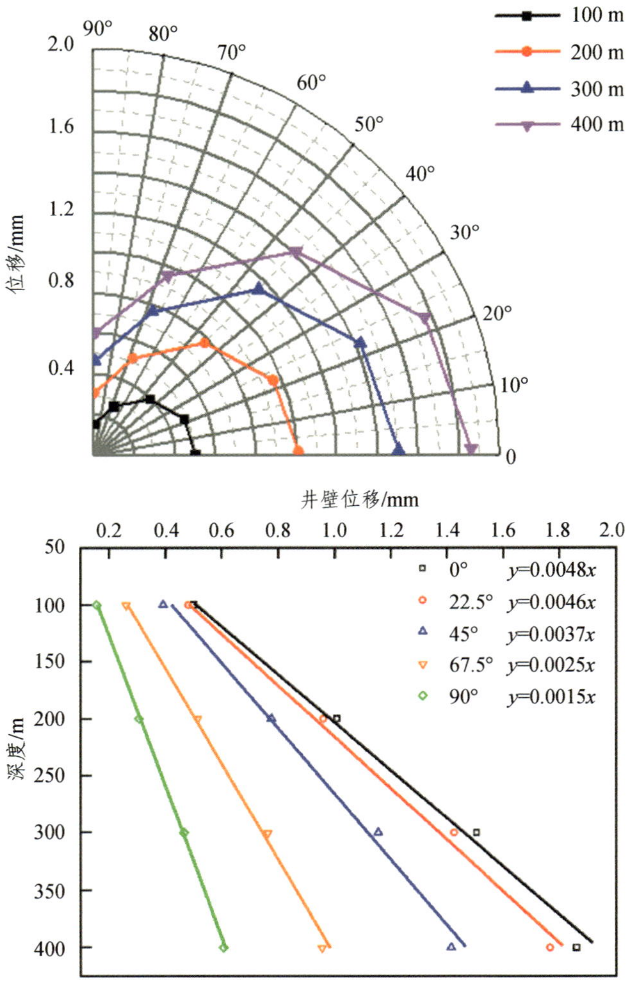

图 7-18　无松动圈井壁位移情况

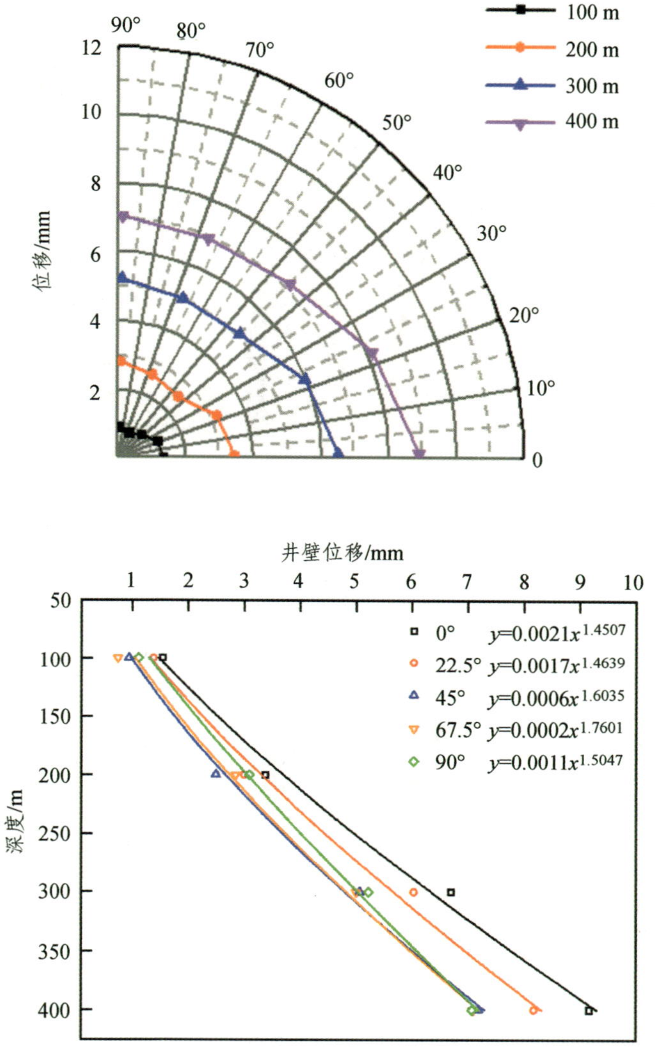

图 7-19　有松动圈井壁位移情况

2. 竖井衬砌内力分析

（1）应力。

对有、无松动圈情况下的各监测断面衬砌应力进行提取，具体如图 7-20 和图 7-21 所示。

分析可知，对于各个断面，最小水平主应力作用位置衬砌应力最小，最大水平主应力位置衬砌应力最大，且衬砌应力随着深度增加而不断增大，有松动圈情况下衬砌承受应力均大于无松动圈作用情况。对于深度 400 m 位置，无松动圈情况下衬砌应力最大为 3.25 MPa，有松动圈情况下衬砌应力最大为 4 MPa。整体而言，松动圈对衬砌应力大小影响不大，但是在松动圈作用下衬砌周边应力变化梯度有所增加。

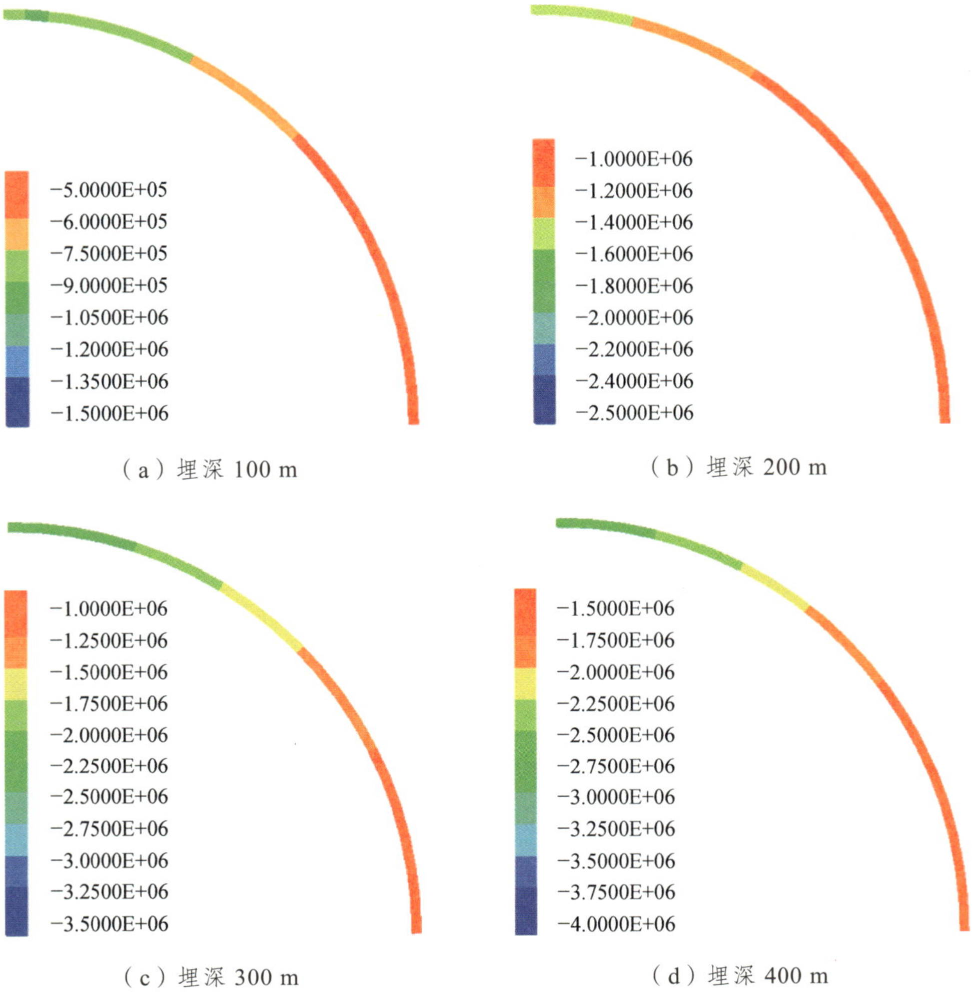

（a）埋深 100 m　　（b）埋深 200 m

（c）埋深 300 m　　（d）埋深 400 m

图 7-20　有松动圈不同埋深衬砌应力情况

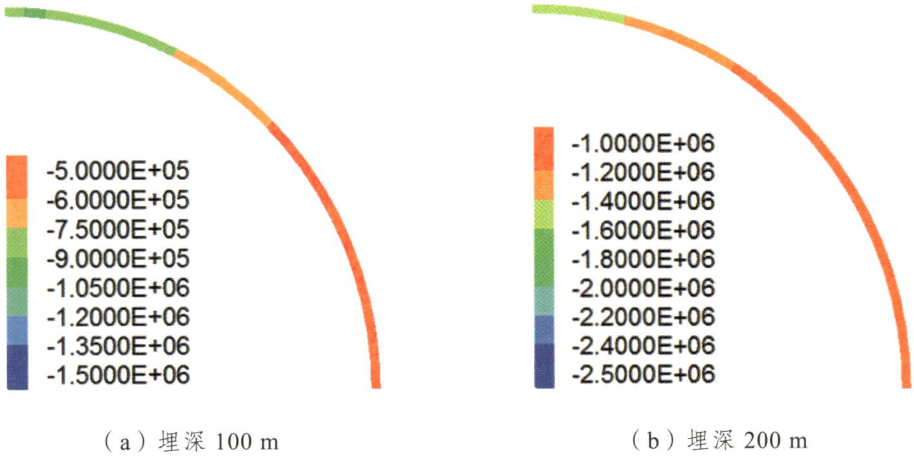

（a）埋深 100 m　　（b）埋深 200 m

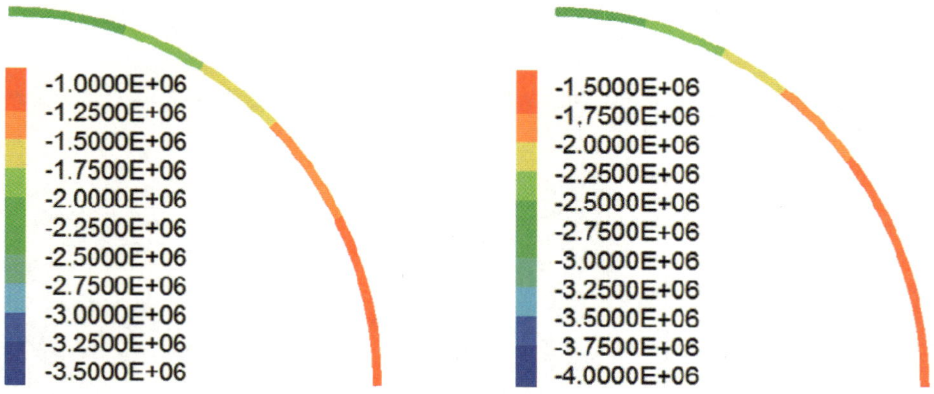

（c）埋深 300 m　　（d）埋深 400 m

图 7-21　无松动圈不同埋深衬砌应力情况

（2）轴力。

有、无松动圈工况下竖井衬砌各测点处轴力大小如图 7-22 所示。

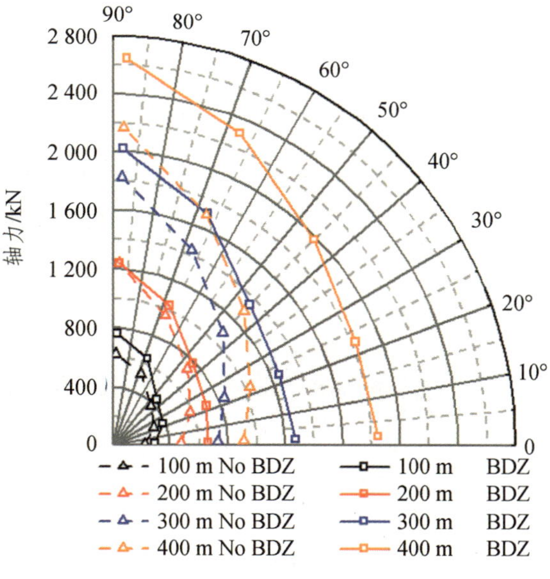

图 7-22　衬砌轴力变化情况

分析可知，不同深度的断面轴力变化规律均是从最大主应力方向朝最小主应力方向逐渐增大，并且随着竖井深度的增加逐渐增大；有松动圈工况下衬砌所受轴力明显大于无松动圈工况，并且随深度增加轴力相差越来越大，尤其是在最大主应力方向上相差最大。在井深 100 m、200 m、300 m 和 400 m 时，相较于无松动圈情况最大主应力方向处的轴力分别增加了约 30.2%、36.7%、73.0%和 102.5%。

（3）弯矩。

有、无松动圈工况下竖井衬砌各测点处弯矩大小如图 7-23 所示。

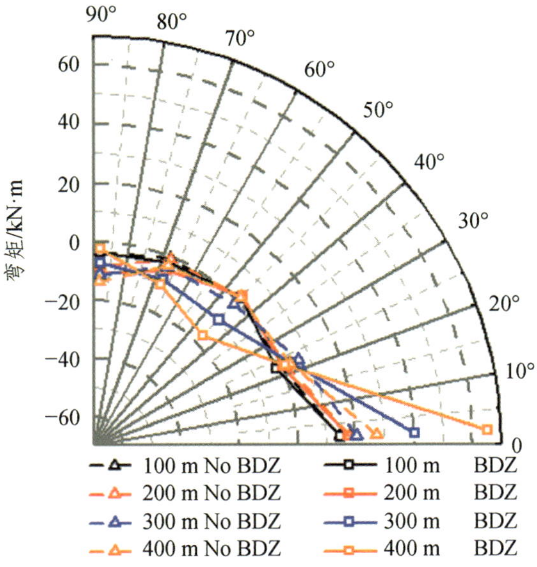

图 7-23 衬砌弯矩变化情况

分析可知，与衬砌轴力变化规律不同，衬砌所受到的弯矩从最大主应力位置向最小主应力方向逐渐减小，并且无松动圈衬砌弯矩由小于有松动圈弯矩逐渐转变为大于有松动圈衬砌弯矩；随着深度的增加，最大主应力方向衬砌弯矩由受压转变为受拉。

7.4 基于现场测试的短段掘砌混合作业法研究

7.4.1 工程概况

宝鼎 2 号隧道竖井的工程情况前文已有介绍，这里不再赘述。根据现场工程地质勘查，揭示竖井穿越地层围岩情况如图 7-24 所示。

可以发现，竖井穿越地层Ⅴ级围岩段为 62.5 m，上部 25 m 左右范围为松散状卵石土，呈稍密—中密状，粒间充填粉质黏土，可以考虑为作用于硬岩之上的均布荷载。下部为强—中风化砾岩，风化强烈，节理裂隙发育，岩体破碎；Ⅳ级围岩段为 165 m，岩性主要为中厚层状的中风化砾岩，节理裂隙较发育，砾岩为较硬岩。

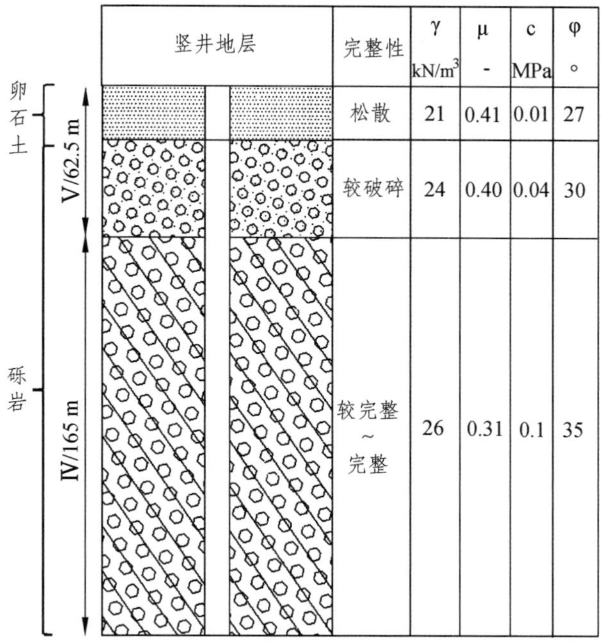

图 7-24　宝鼎 2 号隧道竖井地质情况

7.4.2　现场测试及分析

为掌握竖井施工过程中的周边围岩的松动圈规模及压力变化情况，在不同深度位置埋设相关仪器进行持续性监测。具体采用的测试仪器、布置方案，以及测试结果分析，在本书 2.2.2 和 2.2.3 节中已经介绍，这里不再赘述。

根据宝鼎 2 号隧道竖井实际情况，分别采用散体围岩压力理论、弹塑性围岩压力理论,以及本书 7.2 节提出的基于短段掘砌法的深大竖井径向荷载模型进行围岩压力计算，并与现场实测数据进行对比，以验证所提出模型的实用性。其中，在采用本模型进行计算时分两种工况进行考虑，一种是采用原始围岩参数进行计算，另外一种是假设受开挖爆破导致围岩破碎，采用上覆软岩围岩参数进行计算。围岩压力随竖井深度变化情况如图 7-25 所示。

分析可知，各类围岩压力理论计算均是随竖井围岩情况和深度变化呈现梯度变化，其中散体理论和弹塑性理论均是随深度增加而增大，而本文所提出的模型计算值在变化规律及取值方面均存在差异。在两种计算工况下，由所提出模型计算得到的最大围岩压力出现在基岩段顶部（即软硬岩交界处），“极限深度”位置在 150 m 左右，稳定围岩压力分别为 82.55 kPa 和 107.16 kPa；对比发现，所提出模型的计算结果更接近现场实际监测值，并且非常接近采用原围岩参数计算的理论值。考虑到实际竖井施工中的安全性，在模型实际应用中应采取第二种计算方式，并根据实际工程情况进行抗剪参数取值。

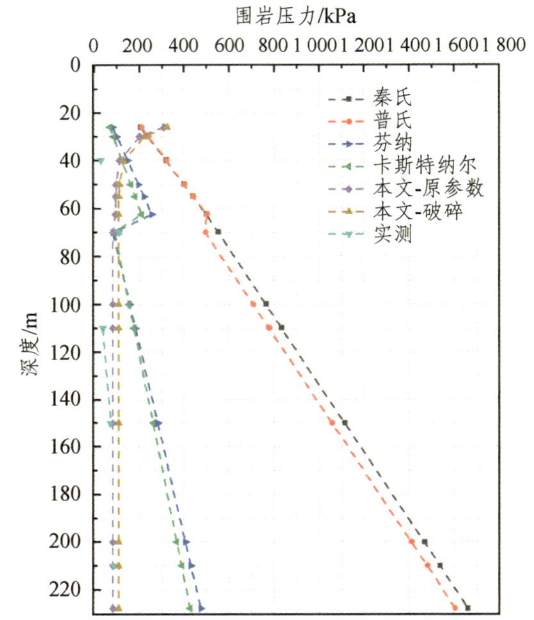

图 7-25　围岩压力理论计算值与实测值对比

7.5　深大竖井施工方法探讨

7.5.1　传统竖井施工方法

公路隧道竖井施工方法的确定需要考虑三个关键点：施工工期、通风效果以及结构安全[45]。同时，在竖井衬砌施工中工序控制也非常重要，需要明确衬砌的施工要求和浇筑要点[46]。《公路隧道设计细则》（JTG D70—2010）中规定，竖井多是采用复合式衬砌结构。另外，为保证施工安全，二次衬砌应该在竖井施工完成后再施作，初期支护应适当加强，且竖井初期支护应该紧跟开挖掌子面[47]。在现有公路竖井中大多还是使用复合式衬砌进行竖井支护，并且在竖井初期开挖后仅施加临时支护作为初次衬砌，二次衬砌一般在竖井开挖完毕后再进行施作。其大致流程如图 7-26 所示。

根据《公路隧道设计细则》（JTG/T D70—2010）规定，当竖井深度超过 200 m，在进行支护之时需考虑衬砌自重影响。衬砌本身能够支撑高度按式（7-19）计算：

$$H_{\text{lin}} = \frac{R_{\text{a}}}{K_{\text{s}}\gamma_{\text{con}}} \tag{7-19}$$

式中，H_{lin}——二次衬砌允许支撑高度，m；

K_{s}——安全系数，取 2.4；

γ_{con}——砼重度，kN/m³；

R_{a}——砼极限抗压强度，kN。

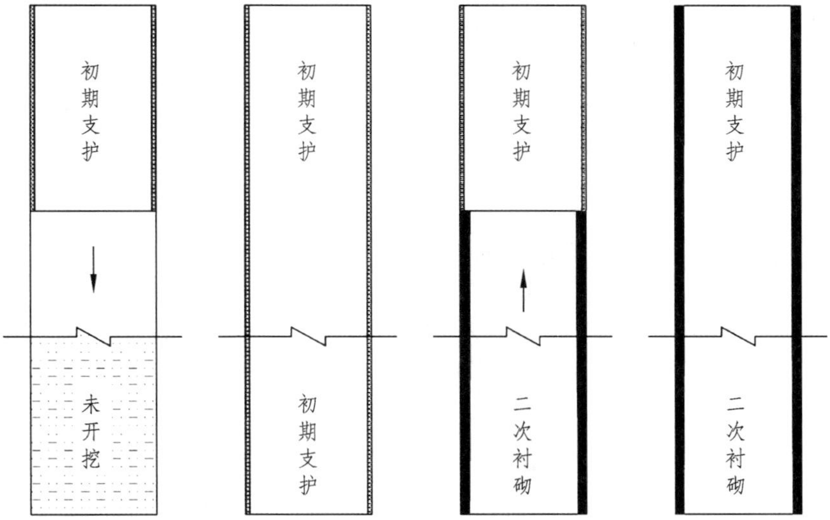

图 7-26 一般公路竖井支护施作流程

因此，在超过深度 200 m 的竖井中需设置壁座以支撑衬砌自重，壁座的形式可以分为单锥形和双锥形两种，构造形式如图 7-27 所示。其中，当竖井周围地层较为坚硬时可选用单锥形壁座形式，若周围地层以黏土或者砂土为主，则要选用双锥形壁座形式；关于壁座高度、宽度以及壁座倾角需根据竖井二次衬砌厚度和竖井围岩条件进行选取确定：壁座高度一般要不小于竖井衬砌厚度的 2.5 倍，取 1~1.3 m；壁座宽度要不小于衬砌厚度的 1.5 倍。按照经验，一般在Ⅱ、Ⅲ级围岩地层中可选取 0.6~0.8 m 宽度，Ⅳ围岩地层中可选取 1.0~1.2 m 宽度，Ⅴ围岩地层中宽度不可超过 1.5 m。同时，壁座倾角在Ⅱ、Ⅲ级围岩地层中可取 0°~15°，在Ⅳ级围岩地层中可取 25°~45°，在Ⅴ级围岩地层中可取 50°~60°。

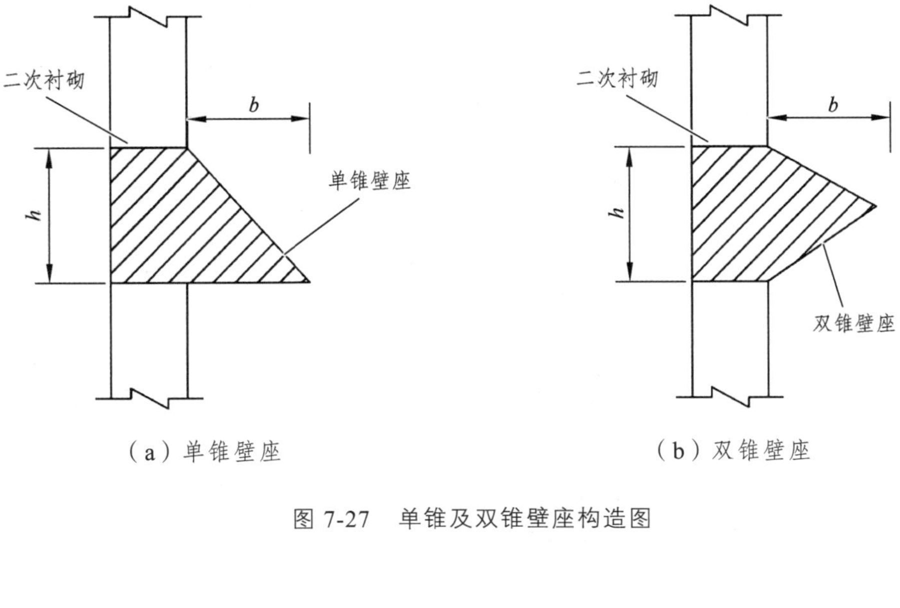

（a）单锥壁座　　（b）双锥壁座

图 7-27 单锥及双锥壁座构造图

根据以上介绍可以知道在公路竖井领域有较为系统的施工流程及注意问题，但主要还是针对一些浅埋小直径竖井，对于深大竖井则无法继续适用。下面将本书 7.2 节提出的竖井径向荷载模型应用至深大竖井工程中，提出新型竖井施工方法，用以指导竖井开挖施工。

7.5.2 新型竖井施工方法及优缺点分析

根据前述理论模型可知，基岩段竖井开挖后周边围岩荷载随深度变化而增加，但在到达极限深度后，竖井周边荷载便会趋于稳定，直至到达井底。因此，根据此变化规律可以对竖井开挖方法进行优化。

根据深大硬岩竖井的位移形式，首先采用数值模拟手段或者其他理论手段确定竖井开挖后围岩的整体位移情况，然后在此基础上对竖井提出新型开挖形式，具体如图 7-28 所示。

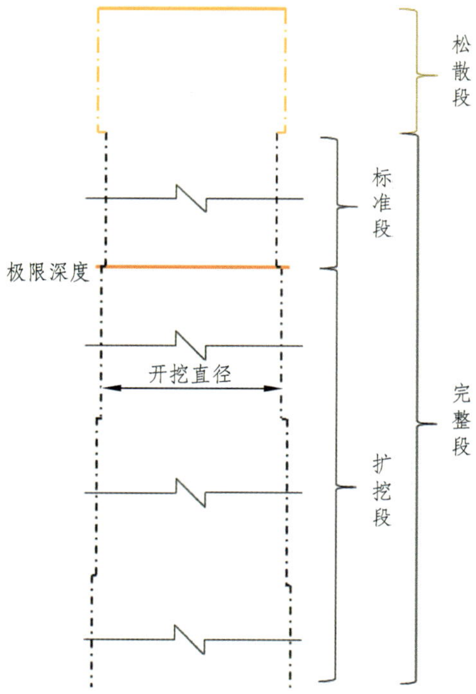

图 7-28 新型竖井开挖方法

对于深大竖井而言，松散软岩段一般较短，且松动圈界限不够明显，不能直接套用本文提出的围岩荷载模型。因此，在此段可按照一般公路竖井设计方法进行设计，需要扩大开挖直径，增大衬砌厚度以加强支护。

在松散软岩段掘进完毕后竖井即进入基岩段，这一部分围岩是竖井中占比最高的部分。根据本文提出的理论模型可以知道，在此阶段达到极限深度之前，作用于竖井井壁的围岩荷载是不断增加的，因此，竖井支护厚度确定后可直接按照极限深度处位移情况确定开挖直径，此段也可称为标准段。在开挖深度超过极限深度之后，虽然作用在井壁上的荷载再无变化，但是初期围岩位移是随深度增加而逐渐增大的。因此，在支护强度确定的情况下为保证竖井上下净空一致，随着深度增加需要逐步扩大开挖直径。可根据模拟得到的位移情况与竖井深度的函数关系设置一个“变化阈值”对竖井进行分段扩挖，当随深度发展，围岩位移达到此阈值后，便开始下一阶段扩挖，直至井底。

综上所述，该新型竖井施工方法具备一系列优缺点，在实际应用过程中应该予以重视。具体如表 7-1 所示。

表 7-1　新型深大竖井开挖方法优缺点

编号	优点	缺点
1	采用此方法设计时，深大竖井分若干阶段单独考虑，在保证竖井上、下净空相同的前提下，可以较为精确地得到竖井总体位移量以得到准确的竖井开挖直径，避免因预留形变量过大而产生的材料浪费	阶段划分较为细致，需要多次调整开挖范围
2	考虑到了发挥围岩本身的自承能力，取消了临时支护，同时有利于充分地发挥支护结构的支护能力，减少施工材料的浪费	适合围岩地层较为单一，对一般软岩类或者松散围岩地层适用性不强
3	可以取消竖井壁座的施工，节省施工材料和缩短工期	不适用于浅埋竖井

参考文献

[1] 李栋，荣耀，张尚斌，等. 西南地区大断面瓦斯隧道快速揭煤技术研究[J]. 地下空间与工程学报, 2019, 15(S1): 293-298.

[2] 李栋，卢义玉，荣耀，等. 基于定向水力压裂增透的大断面瓦斯隧道快速揭煤技术[J]. 岩土力学, 2019, 40(01): 363-369+378.

[3] 丁浩江，岳志勤，杨英，等. 玉京山隧道“四位一体”揭煤防突施工技术[J]. 铁道工程学报, 2018, 35(06): 47-53.

[4] 郭晨. 天坪隧道瓦斯快速抽放及揭煤工艺优化设计与实践[D]. 重庆科技学院, 2016.

[5] 刘闯. 天城坝高瓦斯隧道施工技术研究[D]. 安徽理工大学, 2017.

[6] 赵志飞. 公路隧道施工过程瓦斯安全控制技术研究[D]. 中南大学, 2012.

[7] 夏永旭，王永东，赵峰. 秦岭终南山公路隧道通风方案探讨[J]. 长安大学学报（自然科学版）, 2002(05): 48-50.

[8] 李建军. 大相岭泥巴山隧道巷道式通风施工技术[J]. 铁道建筑技术，2011(01): 26-32.

[9] 李永林，毛遵训. 二郎山隧道营运通风设计方案浅析[J]. 公路, 2000(12): 22-27.

[10] 田沛哲. 二郎山半横向通风公路隧道的火灾控制研究[D]. 北京工业大学, 2002.

[11] 周健，邹逸伦，徐汪豪，等. 米仓山公路隧道出口段施工通风方案设计[J]. 中外公路, 2020, 40(03): 199-204.

[12] 江俊杰. 米仓山隧道通风防尘技术探讨[J]. 四川水泥, 2015(08): 17.

[13] 韩瑀萱. 米仓山隧道通风联络道结构稳定性研究[J]. 公路交通科技（应用技术版）, 2017, 13(08): 279-281.

[14] 乔春江，柯小华. 大坪里隧道通风方案设计[J]. 中南公路工程, 2006(01): 83-87.

[15] 毛雪梅. 宝天高速大坪里隧道通风系统施工设计[J]. 中国交通信息化，2014(12): 133-134.

[16] ZUO J, WANG Z, ZHOU H, et al. Failure behavior of a rock-coal-rock combined body with a weak coal interlayer[J]. International Journal of Mining Science and Technology, 2013, 23(06): 907-912.

[17] 王勇. 含软弱层隧道结构受力特征和稳定性研究[D]. 重庆大学, 2011.

[18] 李桂臣. 软弱层顶板巷道围岩稳定与安全控制研究[D]. 中国矿业大学, 2008.

[19] HUANG M, WANG H, SHENG D, et al. Rotational–translational mechanism for the upper bound stability analysis of slopes with weak interlayer[J]. Computers and Geotechnics, 2013, 53: 133-141.

[20] 韩瑀萱，冷希乔，严金秀，等. 米仓山特长隧道竖井施工技术[J]. 现代隧道技术, 2019, 56(03): 133-138.

[21] 郑玉欣. 内昆线邓家湾 1 号隧道三线大跨段稳定性分析及施工技术[J]. 隧道建设,

2005(03): 35-38.
[22] 范琨. 雪山梁断裂带隧道施工技术研究[D]. 重庆交通大学, 2018.
[23] 李波. 忻保高速公路芦芽山隧道断层破碎带围岩稳定性分析[D]. 长安大学, 2011.
[24] 刘运微. 隧道穿越断层破碎带施工关键技术研究[D]. 长安大学, 2013.
[25] 徐兵, 马龙, 李志刚. 浅谈刘庄煤矿主井井筒的快速施工[J]. 煤炭科技, 2005(02): 28-29.
[26] 梁袁, 潘怀南, 郝劲松, 等. 刘庄煤矿主井冻结表土段快速施工经验[J]. 建井技术, 2005(01): 1-3+6.
[27] 中华人民共和国行业标准. 公路隧道设计规范: JTG 3370.1—2018[S]. 北京: 人民交通出版社, 2018.
[28] 中华人民共和国行业标准. 公路隧道设计细则: JTG/T D70—2010[S]. 北京: 人民交通出版社, 2010.
[29] 唐协. 米仓山隧道营运通风方案研究[A]. 中国公路学会隧道工程分会、重庆市交通委员会. 2013 年全国公路隧道学术会议论文集[C]. 中国公路学会隧道工程分会、重庆市交通委员会, 2013: 8.
[30] 中华人民共和国行业标准. 铁路瓦斯隧道技术规范: TB 10120—2002[S]. 北京: 中国铁道出版社, 2002.
[31] VFRID. Rock Forecasting Rockburst with the Electromagnetic Emission Method in Coal Mine [J] . Mechanics & Rock Engineering, 1997, 11 (04): 229-236.
[32] 谭竣. 孙家寨隧道瓦斯地质超前与预报防治措施[J]. 路基工程, 2007(03): 159-161.
[33] 丁睿. 瓦斯隧道建设关键技术[M]. 北京: 人民交通出版社, 2010.
[34] 国家铁路局. 中华人民共和国行业标准: 铁路瓦斯隧道施工技术规范: TB 10120—2019 [S]. 中国铁道出版社有限公司出版, 2019.
[35] 四川省交通运输厅公路规划勘察设计研究院. 四川省地方标准: 公路瓦斯隧道技术规程: DB 51/T 2243—2016[S]. 成都: 西南交通大学出版社, 2016.
[36] 吴秋军, 于丽, 王峰, 等. 高海拔特长隧道低压低氧环境施工控制技术研究——供氧技术标准、关键通风技术、施工人员组织、施工装备效率[J]. 隧道建设, 2017, 37(08): 973-979.
[37] 袁文忠. 相似理论与静力学模型试验[M]. 成都: 西南交通大学出版社, 1998.
[38] 重庆交通科研设计院. 公路隧道设计规范: JTG D70—2004[S]. 北京: 人民交通出版社, 2004.
[39] 方勇, 符亚鹏, 杨志浩, 等. 公路隧道下穿煤层采空区开挖过程相似模型试验[J]. 土木工程学报, 2015, 48(02): 125-134.
[40] 霍润科, 王艳波, 宋战平, 等. 黄土隧道初期支护性能分析[J]. 岩土力学, 2009,

30(S2): 287-290.
[41] 章光, 朱维申. 参数敏感性分析与试验方案优化[J]. 岩土力学, 1993(01): 51-58.
[42] 台启民, 张顶立, 房倩, 等. 软弱破碎围岩隧道超前支护确定方法[J]. 岩石力学与工程学报, 2016, 35(01): 109-118.
[43] 李德荣. 短段掘砌混合作业技术在大井径井筒施工中的应用[J]. 神华科技, 2014(01): 45-47.
[44] 唐协, 林国进, 何佳, 等. 米仓山隧道深大竖井建井新法[J]. 隧道建设(中英文), 2019, 39(02): 268-274.
[45] 梁大勇, 夏刚. 黄金矿山竖井设计新技术[J]. 科学技术创新, 2014(13): 43-43.
[46] 黄廷, 伍毅敏. 特长公路隧道斜竖井设计施工关键技术[J]. 湖南交通科技(03): 93-96.
[47] 徐伟. 公路隧道竖井衬砌施工滑模浇筑工序控制[J]. 建筑技术开发, 2019(12).